English Language Teaching for Children

어린이 영어교육

장복명

박영사

머리말

인간이 자신의 모국어가 아닌 또 다른 언어를 자유롭게 구사할 수 있는 능력을 갖추어 이를 활용할 수 있다는 것은 다른 민족과 문화권의 사람들을 이해하고 소통할 수 있는 장점을 지녔다는 것으로 평가될 수 있다. 또한 국제사회에서 다 문화 간 의사소통의 능력을 발휘할 수 있다는 것은 국제사회에서 경쟁적인 위치를 선점했다는 것을 의미하기도 한다. 이런 점에서 외국어 교육은 국제사회의 인재를 양성하는 데 있어서 필수적인 영역으로 정의될 수 있다. 특히 영어는 이제 전 세계 사람들이 의사소통의 도구로 널리 활용하는 언어로서, 모국어로서의 영어(English as a Native Language), 제2언어로서의 영어(English as a Second Language), 외국어로서의 영어(English as a Foreign Language) 영역을 넘어서서 이제는 국제어로서의 영어(English as an International Language)의 개념이 강조되고 있어서, 그 어느 때보다도 영어교육의 중요성이 강조되고 있다. 이러한 점은 21세기 사회에서 영어가 수행하는 역할에 대한 브라운의 다음과 같은 정의를 통해서도 입증되고 있다. "영어가 미국과 영국의 문화적 가치를 이해하고 전수하기 위한 도구로 활용되지 않는 경우가 빈번하다. 대신에 영어는 교통, 상업, 금융, 여행, 기술, 외교 그리고 과학적 연구 분야에서 국제적인 의사소통의 도구로 변화되었다"(브라운(Brown), 2007, p.136).

우리나라에서 영어교육이 그 어느 때보다도 강조되고 있는 것은 이러한 시대 상황과 국제사회에서 수행해야 하는 우리나라의 당면한 과제를 반영하고 있는 것이라 할 수 있다. 그러나 영어 학습이라는 것도 인간의 언어습득 능력을 토대로 이루어지는 것이기 때문에 영어교육 이론은 인간의 언어 능력 및 학습 이론에 대한 이론적 고찰을 토대로 전개되어야 할 것이다. 특히 인간의 언어 능력 발달 과정에서 유아나 어린이의 시기가 매우 중요한 역할을 수행하고 있는 것은 널리 알려진 사실이다. 영어교육 영역에 있어서도 유아 및 어린이시기가 이후의 영어 습득과정에서 결정적인 부분을 담당하기 때문에, 어린이 영어교육에 대한 충분한 연구를 바탕으로 영어교육의 토대를 형성하는 것이, 이후의 영어교육과정 전반의 성공을 결정한다고 해도 과언이 아니다.

본서는 이러한 맥락에서 영어교육에서 핵심적인 역할을 담당하고 있는 어린이 영어교육에 대한 이론과 교육현장에서 활용할 수 있는 실제적인 지도방법론을 제시하고자 한다. 본서는 제1부 어린이 영어교육 기초 이론과 제2부 어린이 영어교육 지도 방법론으로 구성되었다. 제1부 어린이 영어교육 기초 이론에서는 제1장 어린이 발달 이론, 제2장 언어학습 이론, 제3장 어린이 언어습득 상황에 대한 최신의 이론을 고찰하였다. 제2부 어린이 영어교육 지도 방법론에서는 제1장 교육원리에 의한 지도법, 제2장 어린이 영어 교수 방법론, 제3장 영어 기능별 지도법, 제4장 교실수업 지도법, 제5장 어린이 영어교육의 주요 쟁점을 중심으로 교육현장에서의 어린이 영어교육에 대한 구체적인 지도방법론을 제시하고 있다.

영어교육 분야에서 다양한 이론서들이 소개되고 또한 교육 현장에서 활용되고 있는 것이 사실이다. 그러나 아동이나 어린이를 대상으로 영어를 가르치는 내용을 다룬 이론서는 일반적인 영어교육 저서에 비해서 그리 많이 소개된 편은 아니다. 본서가 어린이 영어교육을 담당하고 있는 교사나, 교재 개발자 그리고 대학에서 앞으로 영어교사로서의 꿈을 키우며 학업에 열중하고 있는 미래의 영어교사들에게 유용한 지침서가 되기를 희망해본다. 아울러 어린이 시기에 바른 학습 이론을 토대로 영어를 학습한 학생들이 올바른 학습 습관을 터득하고 이후에 빠른 속도로 영어를 습득하여, 유능한 영어사용자가 될 수 있으리라고 믿어 의심하지 않는다.

여러 가지 어려운 상황 속에서도 출판을 허락해 주신 박영사 안종만 회장님과, 출판의 처음 과정부터 마지막 과정까지 교정해 주신 편집부 직원님들의 노고에 감사의 인사를 드린다. 마지막으로 언제나 변함없는 신뢰와 사랑으로 나를 지켜보고 도와준 남편과 가족들에게 진심어린 사랑과 고마움을 전한다.

2013년 8월

남서울대학교 영어과 연구실에서 장 복 명

차 례

English Language Teaching for Children

PART I 어린이 영어교육 기초 이론

PART 1

어린이 영어교육 기초 이론

CHAPTER 01 어린이 발달 이론

English Language Teaching for Children

최근의 영어교육이 어린이의 제2언어 습득 과정에 초점을 맞추는 이유는 무엇일까? 그 이유는 어린이의 언어학습 과정이 성인과 비슷한 듯하면서도 특별한 차이점을 보이기 때문이다. 어린이들과의 수업을 효과적으로 운영하려는 선생님들은 이 유사점과 차이점을 발견하기 위해 매우 민감하게 주목하고 있다. 다양한 어린이를 위한 외국어 혹은 제2언어 프로그램이 매우 빠른 속도로 증가하고 있고 전세계적으로 각 정부는 어린이 언어교육을 위한 프로그램을 교육의 초기 단계－특히 초등학교나 유치원 단계－에서 도입하고 있다. 본 저서의 중요한 목적은 어린이시기*에 언어가 학습되는 다양한 상황을 소개하고 어린이의 제2언어 학습과 교실수업 실행 사이의 연결성을 논의하고, 교육실행자들이 그들 자신의 국부적인 연구를 계속적으로 수행하도록 해주는 것이다.

이 책에서는 광범위한 교육적 정의가 사용될 것이고 어린이시기는 학교 전 및 초등학교 학령을 지칭할 것이다. 이러한 광범위한 교육적인 정의 내에서도 나라와 나라 간에 상당한 차이가 있다. 전형적으로 어린이는 약 3세 정도에 시작해서 5-7

* 어린이시기 혹은 아동시기(childhood)를 어느 특정한 연령 범위에 정확하게 맞추는 것은 어렵다. 법적・정치적 정의로는 선거, 운전, 음주, 결혼을 할 수 없는 개인의 시기로 정의하나 생물학적, 교육적인 측면에서 정의하는 내용은 매우 다양하고 상이하다. 본 저서에서는 어린이학습자는 5-12세에 해당하는 학습자를 의미하며, 문맥상의 표현에 따라서 "어린이"와 "아동"이란 용어가 함께 사용되고 있음을 밝혀둔다.

세까지의 초등학교 시기로 이전되고 11-12세 정도에 초등학교를 떠나게 된다. 약 13세부터는 '사춘기 초기'가 시작된다. 보통 유치원 시기(Preschool; 3-5세)는 형식적인 학습 경험과 문해적 기술이 없고, 학교에 갈 준비성의 측면에서 어린이들 간의 차이점이 많은 시기로 특징지을 수 있다. 초등학교 시기(Primary school years; 6-11세)는 초등학교 교육을 받는 시기로서 일반적으로 초등학교 저학년 시기와 고학년 시기로 구분된다. 사춘기 초기(Early adolescence; 13세 이후)는 중고등학교에 입학하는 시기로 일반적으로 11-12세에 입학하기도 하지만 14세에 입학을 하는 나라도 있다.

이번 장은 어린이발달 측면에 대해서 언어적 발달, 피아제의 인지발달론, 비곳스키의 발달이론, 정보처리 이론을 고찰하여, 어린이발달과정에 대한 이론적 토대를 구축하고자 한다.

1.1 언어발달론

이번 절에서는 어린이의 발달 이론 중에서 언어발달 측면에 초점을 맞추어서 고찰하고자 한다. 어린이 발달 이론 중에서 가장 기초적인 인간의 언어능력 발달 측면에서, 인간의 언어능력에 대한 정의, 랑그와 빠롤, 언어능력과 언어수행에 대해서 정의를 내리고 언어발달 단계를 기술하여 어린이의 언어발달의 기초이론을 제시하고자 한다.

1.1.1 인간의 언어능력

인간생활은 언어생활이라고 해도 과언이 아니다. 동물과 인간을 구별하여 인간성을 정의하는 데 가장 중요한 요소는 언어이기 때문이다. 인간은 이 언어를 통하여 사회생활을 영위해 나간다. 그렇다면 인간으로 하여금 사회생활을 통한 인간다운 삶을 가능하게 하는 언어능력의 실체를 규명하는 것은 가치 있는 일로 생각된다.

우리가 어떤 언어를 알 때, 우리는 그 언어를 말할 수 있고 듣는 사람들은 우리

말을 이해할 수 있다. 이 말은 우리가 어떤 의미를 나타내는 소리를 산출할 수 있고, 다른 사람들이 산출한 소리를 이해하고 해석할 수 있는 능력이 있다는 것을 뜻한다. 여기에서 우리는 건강한 청취능력이 있는 개인들을 가리키고 있으나 청각 장애인도 정상적 청취능력이 있는 사람들이 구어(spoken language)를 말하고 이해할 수 있는 것처럼 기호언어를 말하고 이해한다.

다시 말하면 정상인이나 장애인이건 간에 누구나 다 언어에 대한 지식을 갖고 있다는 말이다. 어느 언어이든 간에 5살 정도의 어린이이면 그들의 부모처럼 자신의 모국어를 능숙하게 말하고 이해할 수 있다. 그러나 간단한 대화일지라도 이것을 수행하는 데는 대부분의 화자(話者) 스스로조차 알지 못하는 심오한 언어지식이 발현된 것이다.

이 무의식적인 언어지식이 있기 때문에 어느 언어를 모국어로 하든 누구나 사람은 언어를 통해 그가 속한 언어공동체에서 사회생활을 영위해 나아갈 수 있다. 이 무의식적이며 잠재적인 언어지식을 촘스키(Noam Chomsky)는 언어능력(competence)이라 부르고 언어능력의 구체적인 형태인 언어수행(performance)과 구별하였다. 촘스키의 언어능력과 언어수행을 자세히 고찰하기에 앞서 현대언어학의 시조라고 말할 수 있는 스위스 언어학자 소쉬르(Ferdinand de Saussure)가 주장한 언어의 양면, 랑그(langue)와 빠롤(parole)의 개념부터 살펴보자.

1.1.2 랑그(Langue)와 빠롤(Parole)

소쉬르는 그의 사후 그의 제자들이 그의 강의노트를 모아 출판한 『일반언어학강의』(cours de linguistique generale, 1916)에서 언어에는 랑그와 빠롤의 양면이 존재한다고 주장하고 랑그를 음악에 있어서 작품 그 자체에, 빠롤은 실제의 연주에 비유하였다. 베토벤의 교향곡 5번은 지휘자가 누구냐에 따라 또는 같은 지휘자가 같은 교향악단과 연주한다 하더라도 발화하는 장소, 시간, 그리고 그 대상에 따라 그 발화(utterance)는 다르게 마련이다. 그러나 그 발화의 기저에 있는 추상적인 문장은 동일하다. 이때 구체적으로 실현되는 발화문은 빠롤이요, 추상적인 기저문은 랑그에 해당된다. 다시 말하면 랑그는 한 언어사회의 모든 구성원이 공유하고 있는 추상적인 언어목록과 문법규칙을 말하며 빠롤은 구체적인 발화를 뜻한다고 하겠다. 언어의 양면을 이루는 랑그와 빠롤은 다음과 같이 대비된다.

(1) ⓐ 랑그(langue): 사회적, 추상적, 잠재적(언어목록 및 문법규칙)
ⓑ 빠롤(parole): 개인적, 구체적, 실현적(구체적인 발화)

다음 (2)의 예를 가지고 랑그와 빠롤에 대해 좀 더 논의해 보자.

(2) apple, sugar, snow, the White House

주어진 단어나 구를 실제의 화자들이 구체적인 상황에서 실제로 발화했을 때 영어사용자들은 누구나 'apple'하면 감이나 오렌지가 아니고 가을에 따는 불그스름한 과일을, 'sugar'하면 소금이 아닌 단맛을 주는 어떤 물질을, 'snow'하면 여름에 많이 오는 비가 아니라 '흰 눈'을, 'the White House'하면 미국 대통령과 그의 가족이 사는 공관을 연상하게 될 것이다. 영어 사용자들은 단어와 구라는 언어목록을 공유하고 있기 때문에 청자는 화자가 의도한 대로 그 뜻을 정확히 이해하게 되는 것이다.

그러나 (A)라는 화자가 "sugar, please."라고 발화를 했는데 (B)라는 청자가 'sugar'의 지시물을 '소금'으로 이해하고 해석하여 소금을 가져다준다면 (A)라는 화자와 (B)라는 청자사이에 언어목록의 공유가 존재하지 않게 되어 커뮤니케이션이 불가능해진다.

다음 (3)의 예를 하나 더 살펴보자.

(3) Tom loves Mary.

(A)라는 화자가 (3)의 문장을 발화했을 때 (B)가 메리를 사랑하는 사람이 (A)가 아니고 톰이라고 이해하고 해석하게 되는 것은 영어사용자는 영어에서 긍정의 뜻을 서술할 때 주어 다음에 동사가 위치하고 그 다음에 목적어가 뒤따른다는 문장구성요소의 배열에 관한 문법규칙을 공유하고 있기 때문이다.

이와 같이 한 언어사회의 구성원들 사이에 커뮤니케이션이 이루어져 원만한 공동생활을 영위하기 위해서는 각 구성원이 공유하고 있는 언어목록이나 문법규칙이 동일해야 하며 또 실제로 동일하다. 그러나 이 랑그가 구체적인 발화로 나타날 때는 개인차를 보이며 동일한 화자라 할지라도 장소, 시간, 대상 및 화자의 기분에 따라 달리 표현된다. 이러한 차이는 지역, 성별, 인종 및 사회계층에 따라 달리 나타나기도 한다. 이와 같은 구체적인 발화, 즉 빠롤은 개인적인 활동이다. 이처럼 구체적인 발화는 천차만별이어서 그 각각을 개별적으로 연구한다는 것은 불가능에 가까운 일이다. 따라서 언어연구에서 구체적인 발화 이면에 존재하며 말하는 사람의 머릿속에 잠재해 있는 랑그를 연구대상으로 한다.

그리고 (1)에서 나타낸 바와 같이 빠롤이 개인적(personal), 구체적(concrete)이라면, 랑그는 사회적(social)이며 추상적(abstract)이다. 언어가 사회성이라는 특성을 갖는 것은 언어사회에 공통된 랑그에 기인한다 하겠다.

1.1.3 언어능력과 언어수행

지금까지 고찰해 온 랑그와 빠롤 대신에 미국 언어학자 촘스키(Noam Chomsky)는 언어능력(competence)과 언어수행(performance)을 구별했다. 그는 모든 인간에게는 보지도 들어보지도 못한 새로운 문장을 무수히 산출할 수 있고 또 그것을 들으면 즉각 이해할 수 있을 뿐만 아니라 비문법적인 문장을 식별할 수 있을 추상적이며 잠재적인 언어능력이 있는데, 이 능력은 구체적인 언어수행의 배후에서 그것을 규제하는 것으로 언어수행과 구별하고 있다.

촘스키(1965: 4)는 언어능력을 '화자-청자'의 그의 언어에 대한 '지식'(the speaker-hearer's knowledge of his language)으로, 반면에 언어수행은 '구체적인 상황에서 언어의 실제의 사용'(the actual use of language in concrete situations)으로 정의하고 있다.

그리고 그는 인간은 언어구조에 관해서 이미 무엇인가를 알고 태어난다고 주장한다. 다시 말하면 인간은 특이한 유전자 구조에 의해서 언어의 특성이 이미 들어있는 심적 상태를 갖고 태어난다는 것이다. 그리고 이 최초의 심적 상태에 포함되어 있는 언어적인 특징은 모든 언어에 공통적이라고 했다. 태어나면서부터 지니고 있는 이러한 언어지식을 언어능력이라고 한다. 반면에 언어능력이 실제의 상황에서 말의 산출과 이해로 구현되는 것을 언어수행이라 한다.

그러나 여기에서 유의해야 할 점은 언어능력과 언어수행 사이에는 등식관계가 성립하지 않는다는 사실이다. 독자들은 갑자기 예기치 못한 사건에 접해 말문이 막히는 경험을 누구나 체험한 적이 있을 것이다. 이때 언어능력이 없어서 일까? 나중에 정신을 가다듬고 나면 그 상황에 맞는 말이 떠오르는 것을 보면 언어능력이 있는데도 불구하고 그 순간 언어능력의 발현을 가로막는 어떤 요인이 작용하여 구체적인 언어수행으로 나타나지 못했을 뿐이라는 것을 쉽게 알 수 있을 것이다. 또한 사람들은 말할 때 실수를 저지르는 일이 비일비재하다. 그들은 어순이 틀리기도 하고 주어와 동사를 일치시키지도 않는 등 갖가지 통사적인 실수를 저지른다. 그렇다면 사람들이 적격한(well-formed) 문장과 부적격한(ill-formed) 문장과의 차이를 알 수 있다고 주장하는 것은 올바른 일인가?

같은 물음에 우리는 다음과 같이 대답할 수 있다. 어떤 사람이 문장을 구성할 수 있는 원리를 마스터했다는 것은 그가 언제나 이 원리를 적응하는 데 실수를 하지 않는다는 것을 뜻하는 것은 아니라는 것이다. 이것은 마치 우리가 더하기, 빼기, 곱하기, 나누기를 할 수 있는 능력이 있다고 해서 언제나 셈본에서 정답만을 도출하는 것이 아닌 것과 같다.

그 밖에 어떤 사람은 너무 피곤해서 그가 하고 있는 말에 주의를 집중할 수 없기 때문에 말하는 도중에 주의가 산만해지면서 말하는 동안 그가 말하고자 하는 내용에 대한 생각이 바뀌거나 때로는 문장이 너무 길어서 그 문장이 어떻게 시작되었는지 잊어버려서 문장을 말할 때 실수를 할 수 있다. 이렇게 놀라움, 충격, 피로, 지루함, 술에 취함, 기억력의 한계, 부주의, 잡음 등과 같은 여러 요인 때문에 모든 사람이 태어나면서 타고난 언어능력의 구체적인 발화로의 전환이 저해될 수도 있다. 이러한 의미에서 언어수행을 적절하게 기술하기 위해서는 언어능력에 대한 적절한 기술이 전제되어야 하므로 언어능력은 언어수행에 선행한다. 다시 말하면 화자와 청자가 실제로 언어를 어떻게 사용하는가를 올바르게 이해하려면 우리는 언어가 어떠한 종류의 것인가에 대한 올바른 이해가 선행되어야 한다는 말이다. 따라서 우리는 언어 연구에서 언어능력과 언어수행 이 둘 중에서 언어능력을 연구대상으로 한다. 이 언어능력은 언어학적 능력과 의사소통적 능력, 그리고 문화적 능력으로 구성된다. 언어를 사용하여 적절히 의사소통을 하기 위해서는 언어학적 능력만으로 담화에 참가하는 것은 불가능하다. 누구에게, 언제, 어디에서, 무엇을 말할 것인지를 아는 의사소통 능력이 필요하며, 또한 문화적으로 적절한 언어적, 비언어적 태도와 타인의 태도에 대한 이해가 필요하다. 이러한 언어 능력의 개념이 효과적인 의사소통에는 필수적이며, 언어를 가르치는 측면에서도 학습자가 문법적인 문장을 이해하고 쓸 수 있는 능력뿐만 아니라 언어가 사용되는 사회의 문화를 인식하는 것이 중요하다.

그럼 각각의 능력에 대해서 다음에서 간단히 알아보자.

1.1.3.1 언어학적 능력

언어학적 능력은 언어의 네 가지 요소를 완벽하게 사용하는 능력이다. 즉 음운론과 철자법, 문법, 어휘론, 의미론 더 나아가 담화론까지 포함하는 능력이다. 이 네 가지 요소의 사용 순서를 도표로 나타내 보면 <도표 1-1>과 같다.

<도표 1-1>에서 보듯이 문장생성은 그 방향이 하향적, 즉 위에서 아래로, 담화에서 음성학으로 발전하며, 외국어를 학습할 때는 그 방향이 상향적, 즉 아래에서 위로, 즉 음성학에서 담화로 발전한다.

도표 1-1 문장생성과 학습과정

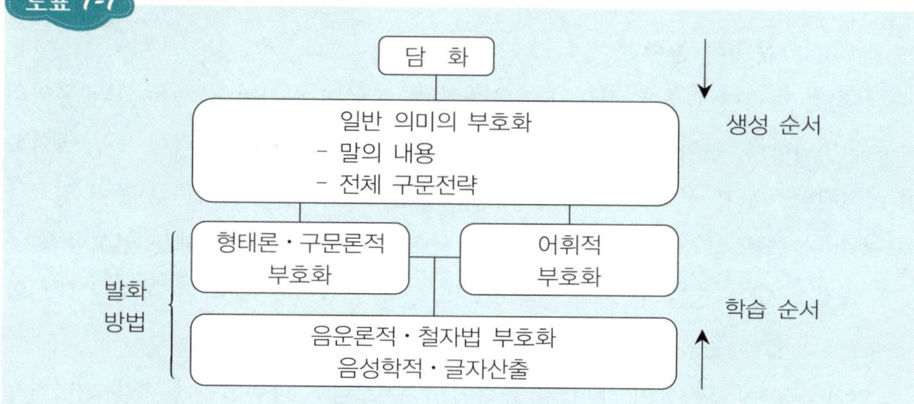

(Hammerly, 1982; 박경자 외, 2011)

1.1.3.2 의사소통 능력

의사소통 능력이란 델 하임즈(Dell Hymes, 1972)가 그의 "사회언어학 이론"(socio-linguistic theory)에서 촘스키의 언어능력 개념과 구분하여 사용한 용어이다. 이 능력은 화자가 실생활에서 적절하고 효과적인 언어내용을 생성하는 능력을 말하며 여러 의사소통 활동에서 상황적으로 적절하고 합당한 대화의 기능이다. 의사소통 능력에서 중요한 것은 발화(utterance)이다. 모든 발화는 언어행위를 수행하는 것이라는 주장 아래 언어의 지식보다 언어의 사용을 강조하여 실제 상황 내에서 언어의 의미를 파악하려는 것이 화행론이다.

화행(Speech Act)은 다음과 같은 여러 가지 기준에 따라서 나누어질 수 있다.

① 기능: 설득하기, 기분 돋우기, 감사함을 표시하기 등

② 상황: 길, 정류장, 공원, 수영장 등 야외 및 거실, 부엌, 가게 등 실내 상황과 같은 사회적 상황 등

③ 역할: 일반적 역할로서 어머니, 택시기사, 교수 등

④ 화제: 개인적 문제, 가정문제, 오락, 여행 등

⑤ 양상: 듣기, 말하기, 읽기, 쓰기 등 언어의 네 가지 기술

⑥ 형식성: 파티에서 친근감을 주는 어투, 연설장에서의 공식적 어투 등

⑦ 영역: 집, 버스, 학교 등

⑧ 대화의 수준: 일상적, 공시적 수준에서 감정의 동화 수준까지

1.1.3.3 문화적 능력

문화적 능력이란 중류 정도의 교육을 받은 모국어 화자가 갖는 문화와 문명의 지식을 의미한다. 문화적 능력은 언어적·비언어적 태도와 수행능력이 모두 결합하여 형성된다. 그러나 의사소통 능력과 문화적 능력 간에는 중복되는 부분이 있으나 강조하는 측면에 따라서 구분될 수 있다. 언어적 규칙을 강조할 때는 언어학적 능력에 속하고 내용 전달의 강조는 의사소통 능력 중심이며, 모국어 화자의 태도와 지식을 강조할 때는 문화적 능력을 강조한 것이다.

언어능력이라 함은 이 세 가지 능력이 모두 포함된 함축적인 능력을 의미하는 것이며 청자와 화자간의 의사소통이 원만히 이루어지기 위해서는 이 모든 능력이

골고루 발달되어야 한다.

1.1.4 언어발달

이번 절에서는 어린이의 언어발달 단계를 구분하고, 그 단계별 특징을 고찰해 봄으로써 어린이의 언어 발달에 대한 이해를 도모하고자 한다.

1.1.4.1 어린이의 언어발달

심리학자인 레네버그(Lenneberg, 1967)는 주로 어린이의 언어습득, 정상아와 언어능력이 손상된 어린이와의 비교, 그리고 실어증(aphasia)과 같은 언어와 관련을 갖는 환자들을 연구하여, 그들의 언어가 무엇이든 어떤 환경하에서 그 언어를 배우든 간에 대부분 어린이들의 언어발달에는 보편적인 단계가 있으며 이 보편적인 단계는 일반적인 성장과정과 신경발달(motor development)과 관련이 있음을 밝혔다. 어린이의 언어 발달 단계는 다음과 같다.

(1)

나이	단 계
12주	모음 같은 발성(cooing)
20주	성인어의 자음과는 매우 다르지만 마찰음과 비음 같은 자음 이 더해진다.
6개월	발성이 옹알거림으로 바뀌면서 1음절 발화와 비슷해진다.
12개월	동일한 음성연쇄가 반복되는 단어가 나타난다(mama, dada 등).
24개월	어휘는 50배 이상 증가하며 어휘를 두 단어에 결합하기 시작한다.
30개월	어휘의 수가 약 100배 정도로 증가하고 발화는 알아들을 수 있고 성인의 문법형태(실수를 하기도 한다)에 도달한다.

레네버그는 (1)과 같은 일반적인 발전과정은 보편적으로 생물학적 성숙과 상관관계가 있다고 주장하였다. 그리고 어린이들이 습득하는 개별언어는 그가 노출되어

있는 사회 환경에 의해서 결정되며 결손환경은 언어의 정상적인 발전을 저해할 수 있다고 하였다. 그러면 이러한 보편적 언어발단 단계를 밟고 있는 유아들의 언어는 어떤 통사적 특성을 갖는지 알아보자.

유아들이 처음 사용하는 문장은 한 단어 문장으로 종종 몸짓, 손짓을 수반하는 것이 보통이다. 그러나 대략 1-2세 사이 유아들이 사용하는 문장은 두 단어 문장이 상당한 비율을 차지한다. 그들의 문장은 전형적으로 그 수가 비교적 적은 중추부류(pivot class)와 새로운 단어를 끊임없이 받아들여 그 구성요소가 중추부류보다 많은 개방부류(open class)로 구성되어 그 실제 문장형태는 (2)와 같다.

(2) 문장=중추부류+개방부류=두 단어 문장

중추부류에 속하는 구성요소는 형용사, 동사, 인사말 등으로 다음과 같다.

(3) allgone, byebye, big, more, pretty, my, see, nightnight, hi

이에 반해 개방부류에 속하는 요소는 (4)에서 보이는 바와 같이 성인의 문법범주로 명사에 해당한다(단수와 복수의 구별은 그 뒤에 이루어진다).

(4) boy, sock, fan, milk, plane, vitamine, celery, shoe, hot, Mommy, Daddy

(3)의 단어가 (4)의 요소와 결합하여 유아들은 다음과 같은 두 단어 문장을 형성한다.

(5) a. Big boy.
b. Allgone milk.
c. my shoe.
d. Byebye celery.
e. Byebye daddy.

f. See daddy.

g. Nightnight Mommy.

위의 예는 어린이들이 초기에 구성하는 문장은 (3)의 패턴을 따라 중추부류 다음에 개방부류에 속하는 요소들이 결합함으로써 형성된 문장들이다.

어린이들이 가장 많이 사용하는 문장의 또 하나의 특징은 간결 전보식 문체(telegraphic)로 그들의 문장에는 대명사, 전치사, 접속사, 심지어는 be동사나 can과 같은 서법조동사는 흔히 생략되며 동사의 시제나 명사의 소유를 나타내는 어미(ending)도 생략되는 것이 보통이다. 따라서 어린이들이 2·3·4단어를 결합해 문장을 구성한다면 그들은 다음 (6)과 같이 말할 것이다.

(6) a. See plane

b. Adam make tower.

c. Cat stand up table.

d. Pop go weasel.

e. Where Ann pencil?

(6)에서 생략된 단어나 단어의 부분들은 통상 성인의 말에서 강세가 없는 것으로 점진적으로 나중에 나이가 들면서 더해진다. 그러면 이와 같은 현상을 생성문법의 입장에서는 어떻게 설명하는지 알아보자. 처음 어린이들은 단 한 가지 형태의 문장이나 두 서너 개의 기본문형을 사용하다가 변형이 더해지면서 부정문, 의문문과 같은 다양한 형태의 문장을 말하게 된다. 어린이들이 제일 먼저 발전시키는 변형규칙은 부정변형인데 다음과 같은 여러 단계를 거쳐 (7)의 질문에 답하게 된다.

(7) A: Do you want some food?

B: (a) No want some food.

(b) I no want some food.

(c) I don't want no food.

(d) I don't want some food.

(e) I don't want any food.

어린이들이 (7)에서 보인 순서대로 변형규칙을 습득한다면 어린이 통사능력의 습득을 연구하는 학자가 해야 할 일은 이러한 변형규칙들이 어떻게 어떤 순서로 발전하는가를 밝히는 일이 될 것이다. 이러한 맥락에서 심리학자이자 언어습득의 전문가인 슬로빈(Slobin, 1973)은 문법규칙의 습득에 관한 관찰을 다음과 같이 일반화하였다.

(8) a. 접미사나 후치사(postposition)와 같은 어말의 굴절을 접두사나 어중의 내적인 변화보다 먼저 배운다. 따라서 'Mommy'가 'to Mommy'보다 먼저 나타난다.

b. 표준어순을 먼저 배워 표준어순에서 벗어난 것은 표준어순으로 해석한다. 따라서 어린이들은 다음과 같은 (8b)의 문장을 (8bb)로 잘못 해석한다.

(8b) The Girl is pushed by the boy.

(8bb) The girl pushes the boy.

c. 현제시제를 다른 시제보다 먼저 배운다.

d. 일반적인 규칙과 보다 적용범위가 넓은 규칙을 특별한 경우에만 적용 되는 규칙보다 먼저 배운다. 따라서 거의 모든 어린이들은 동사의 과거형과 명사의 복수형을 (8d)와 (8dd)처럼 규칙을 일반화하여 말하는 것으로 보인다.

(8d) knowed, runned, hurted

(8dd) sheeps, childs, mouses

일반적으로 무표형태(unmarked form)를 먼저 배운다(영어로 말하면 단수형). 그리고 가장 빈번히 쓰이는 유표표시(marking)는 그 다음에 배우게 되는데(key/keys, doggie/doggies) 이 유표표시는 모든 명사에 과대 일반화된다. 끝으로 예외를 배워 성인의 문법체계를 습득하게 된다. 지금까지 어린이가 어떻게 통사능력을 습득하는가를 살펴보았다. 그러면 어린이들이 어떻게 음운적 능력을 습득하는지 알아보자.

영어를 모국어로 사용하는 18개월 된 한 어린이는 [d]처럼 들리는 단 하나의 중간 정지음(medial stop)만을 사용해 거의 모든 자음을 'd'와 비슷하게 발음하여 다음 (9)에 나열된 단어들은 거의 비슷하게 발음하였다고 한다. 부모에게는 그렇게 들리지 않았음은 물론이다.

(9) Jill[di∂], dear[di∂], doggie[dodi], Tommy[dami],
Daddy[dadi], Give me[dimi], kitty[didi], sticky[didi]

그러나 어휘의 수가 증가하면서 어린이들은 음소체계의 필요한 대조를 더 많이 나타내 중간정지음과 연구개 정지음(d/g), 유성음과 무성음(d/t), 그리고 정지음과 마찰음(d/j) 등을 구별하기에 이르러 (9)는 (10)으로 발음하게 된다.

(10) [jil], [di ə], [dogi], [tami], [dadi], [gami], [t ə mi], [kiti], [tiki]

(10)의 단계는 성인의 발음에 비추어 완전하지 못한 것은 사실이나 (9)의 단계와 비교해 훨씬 이해하기 쉬운 것은 물론 훨씬 덜 중의적이다. 그러나 어린이들은 여기에서 그치지 않고 발음습득 노력을 계속하여 그들이 배우는 개별언어에 필요한 모든 음운적인 대조를 익히게 된다. 음운적인 능력의 습득에도 통사능력 습득에서와 마찬가지로 일반화된 순서가 있음은 물론이다.

의미능력도 앞에서와 비슷한 순서를 밟아 습득되어 어린이는 비로소 성인과 같은 언어능력을 구비하여 언어생활을 영위하게 된다. 그러나 어린이가 통사, 음운, 의미능력을 습득하였다고 해서 이것이 바로 완벽한 언어사용능력을 뜻하는 것은 아니다. 이것은 마치 사법시험 합격자가 바로 재판이나 범죄 수사를 담당할 수 없는 것과 마찬가지 이치이다. 사법고시 합격자가 판사나 검사로 임용되기에 앞서 사법연수원에 입소하여 법관 실무를 연수받는 것과 마찬가지로 언어능력을 습득한 어린이는 성인으로서의 언어생활을 위한 가장 중요한 언어훈련을 받아야 한다. 왜냐하면 각 개별언어에는 동일한 명제적 의미를 갖는 여러 가지 언어형태가 존재하기 때문이다. 즉 동일한 명제적 의미라 하더라도 사회적인 상황에 따라 다른 언어표현이 사용된다. "조용히 하라"는 명제적인 의미로 쓰이는 한국어와 영어의 여러 가지 표현을 생각해 보자.

(11) a. 조용히 합쇼.
b. 조용히 하오.
c. 조용히 하게.
d. 조용히 해.

(12) a. Your silence is cordially requested.
b. Would you please be quiet?
c. Please be quiet.
d. Be quiet!
e. Shut up!
f. Drop dead!

(11)과 (12)의 목록 중에서 어느 하나를 골라 쓰는 것은 화자의 자의적인 선택이 아니라 대화가 일어나고 있는 장면이나 상황적 특성, 사회적인 지위, 서열의 상하, 친소관계 등 대화 참가자 사이의 사회적인 관계, 대화의 주제 등에 따라 적합한 형태가 선택되는 것이다. 따라서 그때그때의 대화상황에 따라 비격식형에서 격식형으로, 격식형에서 비격식형으로, 높임말에서 낮춤말로, 낮춤말에서 높임말로의 전환이 필요하다.

다음의 예를 하나 더 살펴보자.

(13) Hi! Long time no see. Been doing all right?

(13)의 표현은 영어에서 오랜만에 만났을 때 가까운 친구사이에는 절절하고 자연스러우나 학교 선생님에게 이런 표현을 쓰는 것은 영어사용 사회에서 받아들이기 어려운 표현으로 이때에는 (14)로 전환이 요구된다.

(14) Good morning! I haven't seen you for a long time.

Have you been doing all right?

이와 같이 실제 언어생활에서 화자가 자기 의사를 효과적으로 나타낼 수 있는 언어표현을 선택할 수 있는 단계에 도달하기 위해서는 사회적으로 용인 받을 수 없는 표현을 걸러내고 사회적으로 용인 받을 수 있는 자연스럽고 적절한 표현을 자유롭게 구사할 수 있는 언어훈련이 요구된다 하겠다.

1.1.4.2 언어발달 단계의 특징

정상적으로 아동*은 18개월~24개월 사이에 말을 하기 시작한다.

갓 태어난 유아(infant: 라틴어의 in-'not' fari-'speaking'에서 유래)는 말을 할 수는 없지만, 언어가 상대방의 반응을 불러일으키는 사회적 도구라는 사실을 점차 인식하게 된다. 아동의 언어발달 단계에 대한 일치된 견해를 제시할 수는 없으나 일반적으로 다음과 같은 단계를 거쳐서 아동은 언어 능력을 발달시키며, 그 시기별 특징을 간단히 정리하면 다음과 같다.

도표 1-2 아동의 언어발달 단계의 특징

시기별 구분	특 징
① 0 - 6개월	비언어적이고 생물학적 조건으로 발성을 하는 시기
② 6 - 9개월	억양, 리듬, 음의 고저, 장단 등 모국어의 특징이 나타나는 시기
③ 9 - 18개월	옹알이 시기에서 의미 있는 언어음을 발성하고, 첫 단어가 발화되는 시기
④ 18 - 24개월	두 단어 발화 시기
⑤ 24 - 30개월	세 단어 발화를 구사하기 시작하고, 24개월에는 50개 정도의 어휘를 구사하고 전보식 발화의 특징을 띄는 시기
⑥ 30 - 36개월	복문을 집중적으로 습득하여, 구사할 수 있거나 이해가능한 어휘가 2000-3000개에 달하게 되는 시기
⑦ 36개월 이후	어린이는 꾸준히 문법구조를 통합, 강화, 확장시켜서 새로운 문장을 발화하여 성인과 같은 문법 수준에 도달한다.

* 이번 절에서 "아동"은 폭넓은 의미로, 출생 후 청소년기 이전 시기(12·13세)까지를 의미한다. 어린이의 발달 단계를 보다 세분해서 구분하면, ① 신생아기, ② 영아기(신생아기~유아기 이전), ③ 유아기(1세~6세경), ④ 아동기/어린이시기(6·7~12·13세)로 구분할 수 있다. 그러나 본 절에서는 용어의 혼동을 피하기 위하여, 출생 직후부터 4·5세까지의 인간의 발달 시기를 정의하는 넓은 의미의 "아동" 개념으로 통일해서 적용하고자 한다.

① 출생 직후에서 약 6개월경까지

아동은 출생 후 배가 고프거나, 어디가 불편하거나 아플 때 우는 울음소리에서부터 기분이 좋을 때 내는 소리에 이르기까지, 여러 가지의 비언어적-생물학적 조건으로 인한 소리를 발성하게 된다. 출생 몇 주 후에는 여자의 음성에 보다 즉각적인 반응을 보이며, 3개월경에는 미소를 짓거나, 모음에 유사하며 음의 고저가 있는 목구멍을 울리는 까르륵 소리(cooing sounds)를 냄으로써 언어음에 대한 반응을 보인다. 약 4개월 때엔, 손에 딸랑이를 쥐고 흔들며 놀게 되고, 말을 듣는 경우 눈과 머리를 소리 나는 쪽으로 돌리게 된다. 약 5개월에는 앉을 수 있으며, 모음에 유사한 목구멍 울리는 소리에 자음에 유사한 소리가 삽입되게 된다. 약 6개월 때, 목구멍을 울리는 소리 mo, mu, da, di 등의 단일음절발화인 옹알이(babbling)로 바뀌게 된다. 이 시기의 아동이 발성한 음은 아동이 출생한 언어적 환경과 무관하며, 청각장애나 언어장애 아동도 유사한 음을 발성하고 있다는 사실로 미루어 보아서 비언어적이며, 따라서 이 시기는 언어적 단계가 아니라는 의견이 지배적이다.

② 6개월에서 9개월 사이

아동들은 모국어의 특징－억양, 리듬, 음의 고저, 장단 등－을 취하기 시작한다. 물론, 이러한 어떤 특정언어－모국어－에서만 찾을 수 있는 특징에 대한 아동의 반응은 2~3개월경에도 찾아볼 수 있지만, 이러한 특징을 어린이 스스로 체계적으로 발성하는 것은 이 시기에 와서야 볼 수 있다. 8개월쯤에 음절중복(redupication: mama, dada 등)이 빈번히 사용되며, 성인 언어에서 찾아볼 수 있는 억양도 발견된다. 따라서 이 시기 아동의 발화를 듣고 아동의 언어배경－모국어의 특징－을 알 수 있다.

③ 9개월에서 18개월 사이

어휘에 일치되는 분절음을 아동어에서 찾을 수 있으며 또 식별할 수 있다. 이 시기는 단순한 옹알이 시기에서 출발하여 의미 있는 언어음을 발성하는 시기로 접어들게 되는 단계이다. 옹알이를 그치고 말을 하는 아동도 있고, 옹알이를 계속해서 오랫동안 하는 아동도 있고, 옹알이와 유사어휘를 일정한 방식으로 혼합하여 과도기 단계로 사용하는 아동들도 있다. 약 12개월이 되면 아동들의 '첫단어'(first word)가 출현하게 된다. 생후 18개월, 층계를 기어 올라갈 수 있을 정도가 되면, 상대방이 한 말을 대부분 이해할 수 있으며 어휘의 수도 3~50개 정도가 되고 Thank you

같은 공식화된 발화도 할 수 있게 된다.

④ 18개월에서 24개월 사이

이 시기 아동들의 발화는 대체로 길이에 있어서, dada gone, gone car, move train 등등의 예에서 볼 수 있듯이, 2어문장의 형태를 취하게 된다.

⑤ 24개월에서 30개월 사이

이 시기 아동들의 발화는 3어문장의 형태를 취하게 된다(예: daddy kick ball, where man go, that big bag 등). 생후 약 24개월이 되어 층계를 걸어서 오르락내리락 할 나이가 되면 아동들은 대략 50개 이상의 어휘를 구사할 수 있으며, 자신이 접하고 경험하는 사물의 이름을 댈 수 있다. 또한, 이 시기에는 공식화된 발화(speech formulae)보다는 자신이 창조한 2어 또는 3어문장을 구사하게 된다. 아동에 따라서는 어형변화가 없는 관사, 전치사, 접속사, 부사, 감탄사 등의 불변화사를 사용하여 문장을 구성하기 시작하는 아동도 있다(예: daddy kick a ball, daddy kicking ball 등). 그러나 대부분의 경우, 이 시기 아동의 발화는 굴절형, 불변화사가 결여된 문장이므로 이 시기 발화를 전보식 발화(telegraphic speech)라고도 한다.

⑥ 30개월에서 36개월 사이

아동이 30개월 정도가 되면 발화가 증가되고 문장도 where my mummy's hat gone, Susie going to town today 등 다어 문장의 형태를 취하고 있다. 생후 30개월이 지나서, 아동이 양발로 뛸 수 있을 정도가 되면 어휘의 수가 급증하게 되며, 새로운 어휘를 매일매일 습득하게 되고, 옹알이도 대체로 나타나지 않게 된다. 즉 이 시기 아동발화는 의사소통 가치를 지니게 되어, 아동의 말을 상대방이 이해하지 못하는 경우, 아동들은 상당히 당황해 한다. 이 시기 아동 언어의 특징은 첫째, 복잡한 명사구(man with a hat on)를 동사 다음에 사용하려는 경향, 둘째로 어귀 내에 동격어(coordination)의 출현(boys and girls), 셋째로 다양한 유형의 단문 습득(명령문, 진술문, 의문문 등)을 들 수 있으며 기본문법을 습득하게 되는 시기라고 정의할 수 있다.

⑦ 생후 3년에서 3년 반 사이

아동은 하나 이상의 절을 포함하는 복문을 집중적으로 습득하게 된다. 특히, 등위접속사 and(Daddy gone in the garden and-be felled over-and-and he hurt his knee…)와 종속 접속사 but, so, 'cos(because) 등의 사용이 특히 주목할 만한다. 비교절(It's bigger than that), 목적으로 사용되는 절(I said he did it), 관계절(This is the house that I built yesterday)을 현저하게 사용하는 시기이다.

생후 3년이 지나, 아동이 세발자전거를 타는 나이가 되면, 아동의 구사가능 어휘는 대체로 1000여 개에 이르고, 이해 가능한 어휘의 수도 대략 2000~3000여 개에 이른다고 할 수 있다. 또한, 생후 42개월 정도가 되면, 아동은 기본적인 언어의 창의성을 습득하여 매우 긴 문장을 구사할 수 있다. 이 시기 아동발화의 문법적 복잡성은, 물론 오류(성인어의 관점에서 볼 때)가 많기는 하지만, 아동언어의 관점에서는 오류라고 할 수 없으며, 성인들이 사용하는 구어(colloquial speech)의 복잡성과 동일한 것이라고 할 수 있겠다. 그 후 4세가 되어 공을 던지고 받을 정도의 나이가 되면, 모국어에 필요한 기본적인 문법을 통달한 상태로 새로운 문장을 무한히 창조해 낼 수 있게 된다. 이 시기 아동은 구문적·형태론적 오류를 제거하고 새로운 형태의 문법적 특징을 발달시킨다. 예를 들어, 대부분의 불규칙동사와 명사, 수동형(I just been stung by a wasp, I got kicked 등)을 습득하게 된다.

⑧ 4세 반 이후

생후 54개월 이후에도 문법구조 습득은 계속되며, 아동은 자신이 갖고 있는 문법적 지식을 통합, 강화, 자동화하며 확장시킨다. 예를 들어, 6세된 아동의 경우 he bought와 he buyed를 모두 사용하는데, 주로 정확한 형태인 bought로 정정, 사용함으로써 과거형을 정확히 알고 있음을 표시하고 있다. 이 시기 이후 아동의 언어학습은 주로 새로운 구조를 습득하는 과정(actually, however, really, frankly 등의 부사적 연결사를 사용하여 Actually, I said I'd see him tonight. 등의 문장을 형성하는 과정)과 낯익은 구조를 충분히 이해하는 과정이라고 할 수 있다. 이후 약 10여 세에 이르기까지 어린이들은 자신의 언어를 정제하고 닦아서 모국어 문법의 복잡한 모든 규칙을 내재화하게 된다.

촘스키(1965)는 어린이가 4,5세가 되면 성인문법에 도달한다고 주장하고 있다.

이러한 촘스키의 주장은, 표면구조상으로는 유사하나 내면구조상으로는 완전히 다른 문장도 4세 이후의 어린이가 이해할 수 있다는 입장과 동일하다 하겠다. 그러나 캐롤 촘스키(Carol Chomsky, 1969)의 실험결과는 5세 이상의 어린이들도 The doll is easy to see.와 The doll is hard to see.의 문장을 제대로 이해하지 못하는 경우가 있으며, 6세 이전에는 easy to see와 hard to see 구문상의 차이점을 습득하지 못하고 있음을 증명하고 있다. 따라서, 어린이들은 4~5세 이후에도 계속하여 언어를 학습하고 있다고 볼 수 있다. 사실 언어 음체계 습득은 약 9개월에서부터 시작하여 7세경까지 계속되며, 대부분의 음운체계는 5세까지는 습득되지만, 어떤 특정한 음자질의 경우(예를 들면 마찰음 th[ð 또는 θ]나 대조(contrast)의미를 표시하는 억양의 경우)는 10세경에 비로소 이해할 수 있음을 알 수 있다.

그러면 문법습득이 마감되는 시기는 언제인가? 사춘기라는 주장이 있으며, 사실 사춘기를 전후하여 언어습득 과정상의 성격이 급진적으로 변화한다는 증거가 있다(레네버그(Lennenerg), 1967). 보다 구체적인 증거는 언어 병리학(language pathology)에서 찾아볼 수 있다(크리스탈(Crystal), 1976; 레네버그, 1967).

어린이 언어 습득에 대한 연구는 참으로 신비스러운 것을 파헤쳐 내려는 연구라고 할 수 있다. 출생 시에는 아무 말도 못하던 어린이가, 제한된 입력으로 모국어 문법에 도달할 수 있다는 사실과, 어린이 언어 학습에 가하는 보상(칭찬과 처벌)의 양에 따라 어린이 언어 습득의 질이 달라진다고 볼 수도 없기 때문이다. 따라서 어린이 언어발달 과정에 대한 연구는 인간 언어의 본질을 파헤치는 데 매우 결정적인 역할을 수행하고 있어 언어 연구에서는 빠질 수 없는 부분이라 할 수 있다.

1.1.5 언어의 생물학적인 기초

이번 절에서는 어린이의 언어발달 과정을 이해하는 데 중요한 요인으로 작용하는 언어의 생물학적 기초에 대해서 논의하고자 한다. 대뇌반구의 편기화 현상과 뇌 성숙과 언어의 관계를 고찰함으로써, 언어의 생물학적인 기초에 대한 이해를 도모하고자 한다.

1.1.5.1 대뇌반구의 편기화 현상

인간의 뇌는 신체의 반대편에서 정보를 받는 뇌의 양반구가 각기 상호 보완적인 작용을 하며 그 기능, 특히 언어능력 면에 있어서도 불균형을 이루고 있어서 언어능력은 주로 좌반구에 전문적으로 되어 있고 언어능력의 각 부문은 좌반구의 각 영역에 국재(局在, localization)되어 있다.

좌반구가 손상된 환자는 언어 장애자라는 사실을 포함하여, 언어와 좌반구의 특별한 관계는 1861년 이래 수백 년 동안 인정되어 내려오면서 언어는 좌반구의 지배를 받는다는 생각이 깊게 뿌리박히게 되었다. 이와 같이 뇌의 한쪽 반구가 어떤 특정한 기능을 수행하기 위하여 전문화되는 과정을 대뇌반구의 편기화(lateralization) 과정이라고 하며, 이러한 현상은 유전적으로 미리 계획되어(preprogrammed) 있지만 발전하는 데 시간이 걸리기 때문에 이 성숙 과정(maturational process)이 후속되어서 두뇌의 성숙이 이루어진다. 또한 이 편기 과정은 인간에게만 있는 특수한 과정으로 인식되어 왔으며 약 2세부터 시작해서 사춘기가 시작되는 시기에 완성된다고 생각되어 왔다. 그로브(Groves)와 험프리(Humphrey)에 의하면 포유동물 중 뇌기능의 편기는 인간에게서만 찾아볼 수 있으며 이는 언어능력과 관계되어 있다고 한다.

이러한 대뇌반구 편기화의 증거로 여겨지는 언어습득의 결정적 시기에 대한 실례는 1970년 LA에 살고 있었던 한 사회사업가가 발견한 지니(Genie)의 경우와 1947년 데이비스(Davis)가 보고한 늑대아이(wolf child)의 경우라 하겠다. 지니의 경우를 살펴보면, 사회사업가가 지니를 발견했을 당시 지니는 13세의 어린이였으며, 어찌된 연유인지는 알 수 없으나 지니의 부모는 완전히 격리된 상태에서 소리 지르며 구타하기도 하여 감정적, 감성적 면에서 완전히 소외된 희생물로 지니를 양육하였는데 그 결과 지니는 말을 하지 못하게 되었다. 그 후 사회사업가의 배려와 도움으로 지니는 심리언어학자, 언어학자 등의 지도 아래 언어를 습득하게 되었는데 처음에는 상당히 빠른 속도로 발전하여 장족의 효과를 거두었을 뿐더러 정상아들이 거치는 것과 똑같은 언어습득 단계를 거쳤고 지니는 어휘 기억력이 좋고 일반 지적 발달(intellectual development)도 만족할 만했다. 그러나 영어의 문법적 구조 중 간단한 면만 제외하고는 언어 습득시 상당히 힘들여서 배웠다고 하는 사실은 언어습득의 결정적 시기가 있다는 가설과 언어습득 능력은 다른 지적 능력과는 별도로 독립적인 것임을 입증하고 있다고 볼 수 있다.

그러면, 좌반구가 손상된 경우는 어떠한가?

좌반구 손상을 입은 경우(만약 언어습득의 결정적 시기, 즉 대뇌반구의 편기 과정이 마감되기 이전에 입은 손상인 경우), 우반구가 좌반구의 역할을 대신 담당할 수 있다는 사실이 밝혀짐으로써, 대뇌반구 편기의 유전적 결정 시기에는 다소 유연성이 있다고 볼 수 있다. 그러나 언어습득의 결정적 시기 후에 좌반구 손상을 입은 경우, 뇌 손상을 입은 시기가 언어습득의 결정적 시기에서 멀리 떨어지면 떨어질수록 언어습득 면에서도 부정적이라 할 수 있다. 또한 유아기에 좌반구를 제거한 사람을 대상으로 주의깊게 관찰한 결과 어떤 특정한 문법구문에 어려움을 느끼고 있다는 사실이 밝혀짐으로써 우반구는 역시 문법적으로 복잡한 구문을 이해·해석하는 데는 월등한 기능을 발휘하고 못하고 그 대신 물리적 실체를 나타내는 간단한 단어를 이해, 해석하는 데는 문제가 없다는 것을 알 수 있으며, 비언어음을 효과적으로 직접 처리하는 데도 월등한 기능을 발휘하고 있다는 것을 알 수 있다. 또한 시공간적 처리능력(visuo-spatial processing)뿐만 아니라 억양유형(intonation pattern)의 인식, 음악의 이해에도 효과적 기능을 발휘하고 있는데 반대로 좌반구는 언어음을 처리하는 전문적 역할을 담당하고 있을 뿐만 아니라 연관사고(associative thinking), 분석·처리 과정에 적절한 역할을 한다.

언어행동은 다수의 신경물리적으로 분명한 과정의 혼합체인 것은 사실이며, 가장 현저하게 언어적 부문으로 인식되고 있는 것은 좌반구와 연관되어 있다고 생각된다.

이러한 좌반구의 언어능력 편기에 대하여 이의를 제기한 사람은 라보브와 왕(Labov & Wang, 1977)이다. 이들에 의하면, 언어란 환경과 유전의 공동산물이며 따라서 생물학적, 사회적 영향이 인간 언어발달에 미치는 정도가 크다고 주장하면서, 언어의 근원을 생물학적 면에서만 찾거나 또는 환경적인 면에서만 찾는 것은 부당하다고 하였다. 뿐만 아니라, 특정 언어반구에 언어능력의 편기가 우선적이라는 사실은 그들의 실험 결과 사실이 아닌 것으로 입증되었고, 따라서 어떤 언어의 경우에도 좌반구의 언어지배 우위성을 찾아 볼 수 없다고 하였다. 그들의 실험은 동의성(synonymy)과 번역(translation)의 판단에 관한 것인데 좌반구가 공간(space)에 우월하다는 문헌상의 연구 결과에 착안하여 "책"이라는 단어를 한자와 영어로 다음과 같이 한자를 먼저 쓰고 그 옆에 영어로 쓰고, 다른 하나는 한자어 바로 밑에 영어로 써놓고– 즉, 'Book'이라고 써놓고– 102명을 대상으로 실험한 결과 47명이 좌측시계(left visual field)로, 46명이 우측시계(right visual field)로, 19명은 양쪽(좌측과 우측)시계로 번역어와 동의어로 보았다고 각각 대답함으로써 편기가 어떤 특정한 구에 우선적으로 편재하여 있지 않다는 증명을 하였다. 그들은 또한 2개 국어를 말하는 20명의 피험자들을 대상으로 한 실험의 결과 어떤 언어에서도 대뇌반구의 특수화 현상, 편기현상을 발견하지 못하였다고 하였다.

1.1.5.2 뇌 성숙과 언어의 관계

대뇌반구의 편기를 성숙 과정이라 하였는데, 이는 뇌 또한 성숙한다는 것을 암시하고 있다. 그러면, 뇌의 성숙이란 무엇인가?

레네버그(1967, p.162)는 구조적 성장, 생화학적 변화, 신경·물리적 변화 등 세 가지를 뇌 성숙과 관련시켜 설명하고 있다.

(1) 구조적 성장 측면을 살펴보면 첫째, 출생 후 뇌의 무게가 상당히 빨리 증가된다는 점으로 생후 2년 동안 약 350%의 무게 증가가 있고, 그 후 10년은 겨우 35%의 증가가 있을 뿐 이며, 약 14세에는 뇌의 무게가 성인 뇌의 무게와 같게 되어 더 이상 무게의 증가는 없게 된다고 함으로써 뇌의 무게의 증가를 뇌 성숙으로 인정하고 있다. 다음으로, 뇌의 신경세포 수를 들 수 있는데 초기 유아기(약 2세)에 신경세포가 상당히 자라게 되고 그 후 성장속도가 현저하게 둔화되어서 사춘기 후에는 변화가 거의 없다는 사실을 들어 신경세포의 성장 및 증가를 뇌 성숙으로 보고 있다. 셋째로, 뇌 확장 시기에 일어나는 중요한 변화로 세포의 상호 연결성을 들고 있다. 즉, 신생아의 피질에는 수(지)상 돌기(dendrites)가 없거나 있더라도 별로 없으며 수(지)상 돌기의 출현 시기는 상이한 피질 영역에 따라 각기 다르다는 것이다. 이때 세 가지 상이한 피질영역이 제시되고 있으며 이들은 각기 특정 시기에 성숙하게 된다고 함으로써 각 피질의 성숙 시기가 다르다는 것을 암시하고 있다. 이 세 영역은 먼저 중요한 시각과 청각의 투사영역과 감각운동 영역 그리고 뇌 피질(롤랜드 피질, Rolandic strips) 영역을 말하며, 약 2세 때에 대부분의 연상영역과 브로카(Broca) 영역, 그리고 전두엽의 일정 부위, 후두엽의 중간 영역이 발달되며 약 4세에 이르러 수상돌기 발생(신경수목 발생, dendro genesis)이 완성된다고 한다. 또한 두뇌가 성숙함에 따라서 세포체(cell bodies) 사이의 거리가 확대되어 세포 밀도(cell density)가 감소된다고 한다.

(2) 다음으로 생화학적 변화로서 뇌의 화학적 구성상의 변화를 살펴보면, 대뇌 피질의 연령에 따른 구조적 변화는 그와 연관된 대뇌조직 구조상의 변화를 수반한다는 것으로서, 약 2세에 시작하여 10세 초기에 끝나게 된다는 것이다.

(3) 세 번째로 전기·물리적 변화 면에서 볼 때의 뇌 성숙은 현재로서는 뇌파 기록기(electroencephalograph)에서 찾아 볼 수 있는 것인데 이 분야에서의 변화는 상당히 주목할 만하다 할 수 있다. 즉, 지배적인 뇌파 리듬은 연령에 따라 그 진동수가 변화한다는 것으로 언어발달과 관련된 중심알파(central alpha) 리듬의 성장 곡선의 경우, 성장속도의 변화는 2세경에 가장 현저하게 나타난다는 것이다.

이상의 세 가지 변화, 즉 뇌의 구조적 성장의 변화, 생화학적 변화, 그리고 신경·물리 변화를 비교하여 보면 공통된 점을 발견할 수 있는데, 이것은 세 가지 변화가 모두 다 생후 2세경에 성장 비율 면에서 상당히 현저하다는 것을 나타내 주는 경계선의 역할을 한다는 것이며, 이것이 바로 뇌 성숙의 의미라고 할 수 있다는 점이다. 언어가 나타나기 시작할 때면 뇌는 약 60% 정도가 성숙되어 있다고 볼 수 있으며 따라서 이후의 성장 속도는 늦춰지게 되고 대뇌반구의 편기로 이루어지게 된다고 한다.

그러면 이와 같은 뇌 성숙 현상과 언어학습 능력의 시작과 감퇴 현상의 일치는 무슨 의미가 있는 것일까? 생후 약 12개월 동안의 기간에 볼 수 있는 유아의 원시적 형태의 언어능력은 대뇌가 아직 성숙하지 못하였다는 사실을 나타내주며, 이는 인간의 경우 언어습득 현상이 지속적으로 언제까지나 이루어지는 것이 아니라 뇌 성숙이 마감되는 시기까지 왕성하게 지속적으로 이루어지다가 뇌성숙이 끝나고 나면 자연히 감퇴한다는 것을 나타내준다.

레네버그(1967)는 언어의 생물학적 유전적 근거를 밝히는 데 운동기술(motor skill) 발달과 언어발달(language development) 사이의 상호관계가 있음을 지적하고 이러한 상호관계는 이 두 가지 능력의 발달이 뇌와 지배를 받기 때문이라고 설명하고 뇌 성숙이 완료되는 시기가 바로 이 두 가지 능력이 완성되는 시기라고 설명하고 있다(<도표 1-3> 참고).

레네버그(1967, 1969)는 아이들의 운동(신경)발달 과정을 살펴보면 거기에는 어떤 일정하게 정해진 순서(determined order)가 있는데 이것은 나이에 관계없이 보편적(universal)이라고 말하고 있다.

도표 1-3 운동기술 발달과 언어발달의 관련성

지표 / 연령	운동 지표	언어 지표	
	운 동	이 해	말
0.5세	앉는다	?	까르르 소리~옹알이
1세	일어선다	몇 마디 이해한다	음절 반복, 첫단어 발생
1.5세	긴다	이해면에서 발전	3~5어 문장
2세	달린다		2어 문장 50개 이상의 어휘 구사 (예: happy boy, milk mommy 등).
2.5세	깡총 뛰어오른다	거의 모든 말을 이해한다	3어 문장 성인어의 심층구조를 말하나 변형규칙을 이해·습득하지 못함.
3세	발끝으로 선다		100여 개의 어휘를 구사함. 성인어에 유사한 말을 함. 80%는 이해가 가능함.
4.5세	줄 위를 넘어 뛴다		성인문법에 유사함. 대체적인 언어능력이 성립됨.

(Lenneberg, 1969; 박경자, 1984, p. 534).

따라서 앉기 전에 걷기부터 하는 아이는 없으며, 걷지도 못하는 아이가 달리는 것을 본 적이 없다고 주장하고 있다. 그는 또한 이러한 운동발달 과정과 더불어 언어발달 과정을 비교·조사하였는데 여기에서 상당한 상호 관계를 발전하였다(<도표 1-3> 참고). 여기에 힘입어 그는 언어현상을 개괄하려 했다. 언어현상에 대한 대부분의 자료는 주로 발화(production)에 관한 것이고 이해(understanding)에 관한 것은 거의 없었다(사실 말, 즉 발화에서 일어난 상황이 꼭 이해에서도 일어나리라는 보장은 없는 것이다). 따라서 그의 언어발달 현상에 대한 조사는 발화의 발달에 관한 것이라 하겠다. 사실, 이해는 상당히 어려운 문제라 할 수 있다. 그 이유는 아이들이 말하기 전에는 얼마나 정확히 이해하고 있는지 알 수가 없기 때문이다. 비록 연령에 따라 언어발달 과정에 차이가 있는 것은 사실이지만 발달순서는 보편적이라고 볼 수 있다. 운동발달 과정과 언어발달 과정이 어떤 면으로 보면 대등하고 균형이 잡힌 것이라는 점에서도 알 수 있다. 왜 이러한 높은 대등관계가 운동발달 과정과 언어발달 과정에 존재하는가라는 이유에 대하여 레네버그는 이것은 뇌지배 및 성숙에 의한 것이라고 하고 있다. 뇌 성숙은 ① 피질의 무게, ② 피질의 신경세포 밀도, 그리고 ③ 백질과 회백질 비율의 변화, 즉 나이에 따라 두 뇌의 무게가 다르다는 점과 피질 내에 있는 신경세포(neurons)의 수, 그리고 신경세포의 백질과 회백질 비율– 초기(어린아이)의 피질은 백질인데 시간이 감에 따라 회백질로 된다는 것–에 기인한다고 하고 있다. 다시 말해서 다음이 가능하다는 것이다.

뇌(brain)

운동(motor) 말(speech)

(박경자, 1984, p. 535)

이에 의하면, 운동변화가 언어변화를 일으킬 수 없고 둘 다 뇌에 의하여 작용되는 것이다. 뇌에서의 생물학적 변화 때문에 우리는 운동발달과 언어의 발달이 이루어진다는 것이다. 레네버그는 이와 관련해서 언어습득에 절대적인 시기, 즉 언어습득의 결정적 시기(critical age of language acquisition; primary(1st) language acquisition)에 관하여 이야기하고 있는데, 뇌 성숙이 나이에 따라 다르기 때문에, 또 언어발달과정이 뇌 성숙과 관련이 되어 있기에 언어습득에 결정적인 시기를 제공해주는 나이가 있다는 것이다. 이 나이를 사춘기 나이라고 부르며 이 시기에는 완전한 성숙(complete maturation in structure, function, and biochemistry)이 이루어지는 시기이므로 이 시기가 지나서 언어를 배운다는 것은 힘들다고 하고 있다. 왜냐하면 이 시기에는 뇌가 완전히 성숙되기 때문이다. 따라서, 이 시기가 지나면 무게, 밀도 그리고 신경세포의 수는 증가되지 않는다고 할 수 있다.

뇌는 두 개의 반구(hemisphere)로 구성되어 있고 언어는 주로 좌반구의 지배를 받는다고 말할 수 있다. 만약 어떤 사고가 일어나서 좌반구가 4세 이전에 상실되었다고 가정하면 이 아이는 언어를 배울 수 있으며(우반구에 언어가 국재되어 있다), 만약 4세에(언어학습이 시작된 연후에) 좌반구 손상을 입었다면 언어학습 과정에 상당한 지장은 없다고 볼 수 있다. 6세나 8세 그리고 13세까지도 언어학습이 가능하지만 13

세가 지나 좌반구가 상실되는 경우, 언어학습은 불가능 하게 된다. 이때 발음은 운동능력과 관련이 되어 있다. 그러나 구문론 또는 의미론은 운동능력과 관계가 없다고 보아야겠다. 기계적 암기는 뇌 성숙과 관계가 있으므로 13세 이후에는 기계적 암기가 거의 불가능하다고 볼 수 있다. 이러한 결과는 제2외국어를 13세 이후에 공부한다는 것이 왜 힘이 드는 일인가 하는 점을 잘 설명하여 주고 있다.

또한 레네버그에 의하면 뇌의 반구와 언어나 손잡이(handness)가 서로 관련되어 있다고 한다(<도표 1-4> 참고).

도표 1-4 뇌의 반구와 언어 · 손잡이의 관련성

	손잡이	손잡이 편애 현상을 관리하는 반구	언어 국재 반구
대부분의 사람	오른손잡이	좌반구	좌반구
소수의 사람	뇌손상 없는 왼손잡이 (왼손 우선)	좌우반구	좌우반구
예외적인 경우	2세 이전에 뇌손상 있는 왼손잡이(왼손을 2차적으로 사용)	우반구(?)	우반구
양손잡이인 사람	양손잡이	좌우반구	좌우반구

(박경자, 1984, p. 537)

다시 말해서 레네버그는 언어가 특수한 생물학적 근거를 갖고 있다는 것을 나타내기 위하여, 운동기술 발달과 언어발달 사이에는 필연적인 관련성이 있으며 이 관련성은 뇌 성숙에 기인한다고 주장하고 있다. 즉 그는 언어발달이란 것이 하나의 생물학적 현상이라고 볼 수 있으며(즉 뇌성숙의 관점에서 언어발달을 보고 있으며), 이러한 그의 주장을 지지하기 위하여 그는 다음과 같은 몇 가지 실증을 증거로 들고 있다.

도표 1-5 뇌손상과 언어학습의 관계

오른손잡이		언어학습에 미치는 영향
	좌반구 손상	언어학습에 별 영향이 없다
2세		일시적 실어증
4세		어휘사용능력의 상실
13, 14세 이전		회복 가능
13, 14세 이후		회복하기 어렵다

(박경자, 1984, p. 538)

① 언어발달이 예견 가능하다는 점.

② 사회적 환경의 차이 및 다양성을 보더라도 언어능력이란 것이 자체의 자연적 순서(natural history)를 따라가고 있다는 점.

③ 유전적 환경의 다양성 효과를 여러 가지 면에서 입증할 수 있다는 점.

레네버그는 언어발달이란 것이 생물학적 현상의 한 가지 증거임을 이상과 같은 증거를 들어서 입증했다. 또한 뇌손상과 언어학습의 관계는 <도표 1-5>에 간결하게 요약되어 있다.

1.2 Piaget의 인지발달론

어린이발달 이론의 두 번째 절로서 피아제의 인지발달들을 고찰해보고자 한다.

피아제(Piaget, J)는 인간의 발달과정을 임상 관찰 기록을 토대로 체계적으로 정립하여 인지발달이론을 확립하였다. Piaget의 인지발달 단계를 구분하는 기준으로는 주로 1) 감각운동 단계(sensori-motor period), 2) 조작이전 단계(Pre-operational period), 3) 구체적 조작 단계(the period of concrete operations)와 4) 논리적 조작 단계(the period of formal operation)의 4단계로 나누는 견해가 있으나 피아제와 인헬러(Inhelder)는 인지발달 단계의 구분을 인지발달의 질적 차이에 두어 <도표 1-6>과 같이 3단계로 나누었다.

도표 1-6 피아제의 인지발달 단계 요약

제1단계	감각 운동 인지 단계(sensori-motor intelligence)	(0세~약 18개월로 언어훈련 시기까지)
특징	연속적 동작으로 행동을 소급하여 되풀이 할 수 있는 역전환 행동체제	
제2단계	종류, 등급, 관계 및 수에 대한 구체적 조작 준비단계(concrete operations of classes, relation, and numbers)	(생후 18개월~11,12세)
특징	A) 조작 이전 단계(생후 18개월~약 7세) : 구조가 표시 적이긴 하지만 비조작적이며 역으로 할 수 없다. ① 개념 이전 시기(pre-conceptual stage) (생후 18개월~약 4세) ② 직관 시기(intuitive stage) (약 4세~7세)	
	B) 구체적 조작 단계(period of concrete operations) (약 7세~11, 12세) 논리적 조작단계며 분류·배열·균형 등을 표시하는 시기	
제3단계	형식적 조작단계(formal operations)	(약 12세~15, 16세)
특징	가정이나 추측, 토론, 협동, 추리 등을 표시하는 시기. 보다 복잡한 연역법은 수학법칙에 좌우되는 시기	

다음에서는 위의 세 가지 기준에 근거하고, 박경자(1984)의 인지발달이론에 기초하여 각 단계별 인지 발달상의 특징을 고찰하기로 한다.

1.2.1 감각운동 단계

감각운동 단계는 몇 몇 개의 반사작용과 더불어 시작되고, 언어나 기타 상징적 표현 방식이 처음으로 나타나게 되는 시기에 끝나는 인지발달 단계라고 할 수 있다. 이러한 감각운동 단계는 그 이후의 모든 인지발달에 근본이 되는 동시에 초기 어린이 언어가 대체로 이 시기에 시작된다는 점에서 중요한 의미를 갖는다고 볼 수 있다.

가장 기본적인 인지발달이 이 단계에서 일어나며, 0세에서 18개월 사이의 시기에 해당한다. 피아제는 이 단계를 감각적, 운동적 특징에 의거하여 다시 6개의 하위단계로 세분화하고 있다. 박경자(1984)는 각 하위단계의 명칭과 특징을 아래와 같이 정리하고 있다.

제 1단계: 반사작용

시기: 0.0~0.1세

일반적 특징: ① 빨기, 혀 움직임, 삼키기 등의 반사작용

② 자극을 받으면 손을 쥔다.

대상물에 대한 개념: 대상물에 대한 개념과 조직체계(schema)가 구분되지 않음. 즉, 자신과 외부 사이의 차이를 구분하지 못함.

모방개념: 다른 아이가 우는 경우 그 울음이 울음을 자극할 수 있음.

놀이개념: 없음.

원인개념: 없음.

시간개념: 없음.

제 2단계: 적응성 및 제 1순환 반사작용의 습득

시기: 0.2~0.4세

일반적 특징: ① 손 빨기에서 시작되어 3~4개월에는 손과 입의 조정이 가능.

② 사물을 두 눈으로 좇아 따라갈 수 있는 능력이 발생하여 환경을 탐험·조사할 수 있음.

③ 반사 작용에서 직접 파생되지 않은 새로운 행동이 발생하므로 유아는 팔, 입의 동작을 조정하여 자유재로 엄지손가락을 빨 수 있는데, 이러한 유아의 행동을 피아제는 최초로 습득된 적응작용(first acquired adaptations)이라고 칭하고 있다.

④ 이 시기의 유아는 손을 입으로 가지고 가고, 손에 쥔 것을 입으로 가지고 가며 눈에 보이는 것은 손에 잡으며, 닿은 것을 잡아서 눈으로 들여다보는 단계를 거친다. 이렇게 우연히 얻어진 어떤 결과를 능동적으로 반복 재생하는, 성공적인 행동의 순환작용을 제1순환작용이라 하며 이러한 순환반응은 목적의식 없이 스스로 이루어지는 경우를 말한다.

이 순환반응은 기억과 인간관계의 행동을 나타내는 증거라는 점에서 상당한 의미가 있으며 행동순서가 중요하므로 시간관계를 나타내는 의미가 암

시적으로 포함되어 있다는 점에서 중요한다.

대상물에 대한 개념: 대상물과 조직체계가 아직 구분이 되지 않음.

모방개념: 자신의 습관적 행위를 시작하고 강렬하게 할 정도임.

놀이개념: 대부분 적응적 놀이이나 때때로 쾌락적 이유로 제1순환 반응을 행할 때도 있음.

공간개념: 구강공간이나 시각공간 등등의 개별 공간.

인간관계: 없음.

시간개념: 지속적 시간개념만이 존재함.

제 3단계: 제2순환 반응과 흥미로운 광경을 오래 지속시키는 과정

시기: 0.4~0.8세

일반적 특징: 끌기, 당기기, 부수기, 휘두르기, 차기 또는 몸을 흔들기.

대상물에 대한 개념: 눈에 보이는 장애는 제거하나 먼 데 있는 장애물은 제거 못함. 뚜렷한 목적의식을 갖고 외부환경에서 발생된 결과에 집중된 동작. 새로운 장난감을 주었을 때 유아는 그 장난감을 이용하여 자기의 모든 행동 조직체계를 시행해보고 만족스런 결과가 나타나면 계속 재생함.

- 감추어진 대상에 대한 개념은 없음.

모방개념:
- 음과 동작을 모방.
- 시야 밖의 것은 모방하지 못함.
- 이미 소유하고 있지 않은 행동은 모방하지 못함.
- 모방이 점점 더 고의적이고 체계적으로 되어감.

놀이개념: 쾌락으로 조직체계를 반복함.

공간개념: 가까운 공간에 대한 인식은 있으나 먼 공간에 대한 인식은 없음.

원인개념: 서로 연관성이 없는 사건의 연속을 나타내기 위해 때리는 행위, 당기는 행위를 함. 따라서 한계가 있음.

시간개념: 과거를 기억함.

제 4단계: 제2조직체계를 새로운 상황에 적용

시기: 0.8~1.0세

일반적 특징: 목표에 달하기 위해 장해물 치우기. 대상을 이용하여 목적 달성. 신호를 보고 어떤 것을 기대하는 기대감.

대상물에 대한 개념: 보이지 않게 숨긴 대상물을 찾기 시작. 물건이 보이지 않더라도 존재한다는 것을 안다.

모방개념: 새로운 모형을 활발히 모방.

놀이개념: 놀이의 결과 아닌 수단 자체를 즐김.

공간개념: 자신과 대상물 간의 객관적 공간관계 인식.

원인개념: 자신이 아닌 외부적 근거가 원인이 될 수 있음을 인식.

시간개념: 시간적 개념의 이해가 증진됨.

제 5단계: 제3순환 반응

시기: 1.0~1.6세

일반적 특징: 능동적 실험을 통해 새로운 방법을 발견. 이 시기 순환반응은 단순히 그대로 모방·반복하는 것이 아니라 다양하게 반복하여 새롭고 흥미로운 행동결과를 초래하게 됨.

- 목표달성을 위하여 도구를 사용함.

대상물에 대한 개념: 제일 나중에 보였던 물건을 찾으려 함. 그러나 손에 쥐고 있어 눈에 보이지 않으면 못 찾음.

모방개념: 모방하는 대상에는 차이가 없으나 질적으로 우수해짐.

놀이개념: 놀이 의식에 새로운 적응이 일어남.

공간개념: 공간에 있는 대상물 사이의 관계를 탐구.

시간개념: 오래 기억함.

원인개념: 자신을 원인과 결과의 지배를 받는 대상물과 같은 것으로 인식하게 됨.

제 6단계: 지적 결합을 통한 새로운 방법의 고안

시기: 1.6~2.0세

일반적 특징: 보이지 않는 대상물을 묘사하여 표시할 수 있다. 상징적 표상(symbolic image)의 출현. 실제 단어나 분명한 시각적 영향 없이도 단순한 운동 지표를 상징적 표상으로 사용하여 문제를 해결함.

대상물에 대한 개념: 여러 번 대상물이 이동되어 옮겨 놓아진 후에라도, 또 자기가 보지 못하게 대상물을 옮겨 놓더라도 대상물의 내구성을 깨달은 어린이는 그것을 찾을 수 있다.

모방개념: 대상물을 모방하고 새로운 모형을 즉각 모방함.

놀이개념: 대상물을 사용하여 다른 대상물을 상징하는 놀이를 함. 예를 들어 잠자는 놀이에서 헝겊으로 베개를 대신한다.

원인개념: 어느 길로 가야 집으로 돌아갈 수 있는지 알게 됨. 즉, 공간에서 자신의 계속적 동작을 추적할 수 있음.

시간개념: 직전 과거보다 더 먼 시간의 것을 오래 기억함.

위에서 살펴본 6단계는 어린이 인지발달에 기본이 되는 단계들로서, 간단한 반사작용에서 시작되어 감각운동 시기 마지막 단계인 제6단계에서는 상징적 표상, 심적 표상으로 새로운 수단을 만들어 낼 정도로 발전되어 있으나 조화작용은 나타나고 있지 않음을 알 수 있다.

피아제는 주로 인지발달을 중심적으로 생각하였으므로, 언어발달에 대한 구체적인 증거를 제시하지 않으나, 다른 학자들의 연구결과와 비교하여 보면 감각운동 시기 마지막 6단계 때에 2어 문장이 나타나기 시작한다(<도표 1-7> 참고). 따라서, 유아시기에 상당한 관심을 기울이고 대화할 수 있는 기회를 제공하여 주며 좋은 자극을 줄 수 있는 주위 환경을 만들어 줌으로써 어린이의 능력을 최대한으로 개발하여 발달시키는 결과를 얻을 수 있다고 말할 수 있다.

도표 1-7 어린이(0-2세) 언어발달 개요

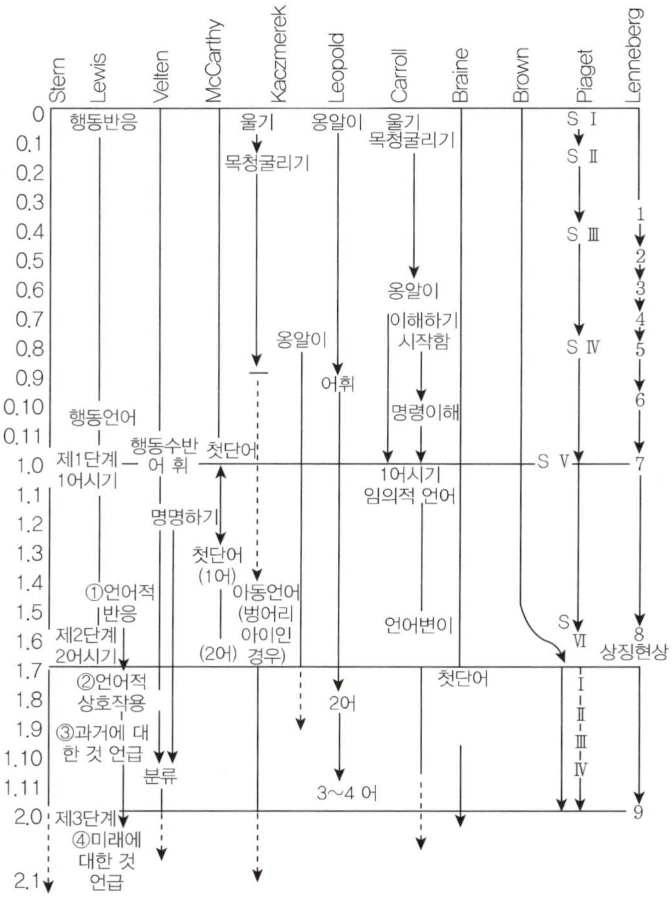

(박경자, 1984, p. 446)

1.2.2 구체적 조작 준비 단계

이 단계는 감각운동 단계에 이어 오는 두 번째 단계로, 종류, 관계 또는 수에 대한 구체적 조작을 위한 준비 단계로서 대체로 18개월에서 11세 또는 12세까지를 말한다. 이 단계는 다시 조작 이전의 단계와 구체적 조작 단계로 나뉘며, 전자는 다시 개념형성 이전 시기와 직관시기로 나누어진다.

1.2.2.1 조작 이전 단계

이 시기는 구체적 개념이 형성되기 이전의 시기를 말하며, 따라서 조작적 개념이 확고하지 않은 시기로 주로 생후 18개월에서부터 약 7세까지를 말한다.

조작 이전 단계는 먼저 구체적 조작을 위한 준비 시기인, 개념 이전 시기를 들 수 있는데, 이 시기는 생후 18개월에서 약 4세까지를 말하며, 감각운동 단계에서 조작적 사고로 가는 전환기를 말한다. 감각운동 단계에 유아는 인접환경에만 관심을 갖고 단기적 목표를 이루기 위해 운동과 지각을 조정하지만, 가능한 행동을 재빨리 관찰·측량하는 힘이 없으며 시간적·공간적으로 요원한 목표를 달성하는 행위나 기술을 평가하는 힘도 없다. 그러나 개념 이전 시기에서는 어떤 하나(A)를 다른 것(B)으로 나타낼 수 있는 상징능력이 사고 및 인지 속도나 범위를 증가시키고, 이는 언어발달에 따라 더더욱 현저함을 알 수 있다. 그러나 언어란 서서히 습득되는 것이어서, 행동이 담당하던 역할을 곧 대신할 수 없으므로, 사고 또한 상당한 정도까지는 행동을 따르게 마련이다.

상징능력의 발생이 언어를 사용하고, 그림을 그리고 이해하고, 놀이의 영역을 확대하고 후에는 읽기와 쓰기를 할 수 있는 능력을 어린이들에게 부여한다고 할 수 있으나, 이 시기 어린이는 완전한 개념을 형성할 능력이 없는 상태이다. 따라서 A라는 단어를 한 종류의 대상물에만 한정시켜 쓰는 것이 아니라 다양한 수의 유사한 행동이나 경험, 심지어는 일관성 없이 아무렇게나 사용하는 경우도 있다. 예를 들면 아이들이, 자기 아버지가 하듯이 담배에 불을 붙이거나, 양팔을 뻗는 사람은 무조건 '아빠'(Daddy)라고 하거나, 어떤 것을 요구하는 말로 '엄마'(Mummy)란 단어를 쓰는 경우는, 이 시기 어린이들이 개념화되는 과정에 있지만 감각운동 단계와 개념조작 단계 사이의 전환기에 있다는 것을 표시 한다고 볼 수 있다.

1.2.2.2 직관시기

아동은 개념 이전 시기를 거치고 직관시기에 이르게 되는데 대체로 4세에서 7세까지 단계를 의미하며, 이 직관시기의 특징은 다음과 같다.

첫째, 완전히 논리적은 아니지만, 개념이 형성되기 시작하며, 자기가 믿는 것에 대한 이유를 말하기 시작하지만, 사고는 조작적 단계에 들어서지 못한 상태이다. 다시 말해서, 아직까지 사물을 지적으로 비교하지 못하고 한 번에 하나씩만 생각할 수 있다.

둘째로, 이 시기에는 상상이나 공상으로 흉내내는 놀이(game of pretence)의 빈도수가 낮아지게 되며, 따라서 현실을 모방하기 시작한다. 규칙경기에 참가하지는 못하고 자신의 기술을 행사하는 데 불과하지만, 규칙이 존재함을 알고 있고 또 그 규칙이 절대적이라고 믿고 있다. 다시 말해서, 이 시기 어린이의 세계관은 자아 중심적이라 할 수 있다.

셋째로, 물리적 인간관계를 보다 더 인위적으로 설명하게 되고, 모든 물질에 생명·마음이 있다는 물활론적 믿음에 기반한 신비로운 설명은 이전보다 줄어들며, 더 이상 자신의 행동으로 대상물을 움직일 수 있다고 생각하지 않게 된다.

넷째로, 직관시기에는 지적 조작을 할 수 없으므로 아이들은 지각적 판단에 의거하게 되고 어떤 한 양상이나 관계에 집중하여 판단하게 된다. 따라서, 숫자를 이해하거나 양을 재는 경우, 약 4세가 되면 아이들은 여러 컵에 달걀을 다 집어넣거나, 꽃병에 꽃을 넣을 수 있지만, 달걀이나 꽃을 컵이나 꽃병에서 빼내어 모아 놓으면, 아이들은 그 수나 양에 변화가 없다는 사실을 잊고, 수가 줄었다고 생각하고 반대로 분산시켜 놓으면 수가 증가하였다고 생각한다.

다섯째, 직관시기에 공간에 대한 어린이의 개념은 그 어린이의 행동과 아주 밀접하게 연관되어 있다. 그러나 어린이들이 다른 것과 연관시켜 한 가지만을 볼 수 있으므로 근접성(proximity), 분리성(separation), 순서(order) 그리고 연속성(continuity)을 설명할 수 있으며, 따라서 신체의 각 부분을 올바른 순서로 제대로 그릴 수 있다.

여섯째, 적절한 지적 표시(mental representation)가 결여되어 있음은 순서나 매듭을 복사하는 데서 분명히 나타난다. 즉, 4~5세 때 어린이들은 철사 줄에 낀 색구슬의 순서를 모방할 수 있으나, 만일 순서를 거꾸로 하라든가, 원형 철사 줄에서 직선으로 된 철사 줄로 옮겨서 순서대로 모방하라고 하면, 잘 해내지 못하고 어려움을 겪게 되는 경우를 발견할 수 있다.

1.2.3 구체적 조작 단계

이 시기는 종류, 등급 그리고 연속성 형성이 지적으로 발생하는 시기로서 물리적 행동이 지적 행동이나 조작으로 내재화(internalize)되기 시작하는 단계이다.

이 시기의 특징은 다음과 같다.

첫째, 어린이들이 복잡한 관계를 정복하여 거기에 숙달하게 된다. 또한 동시에 여러 방법으로 분류할 능력도 갖게 된다.

둘째, 이 시기는 상징적 놀이가 (수적으로) 감소되고 극적 즐거움은 발전되는 단계다. 약 7세부터 어린이들은 실제로 (움직이는) 모형을 만들고자 하며, 또 정확한 복사를 하길 원한다.

셋째, 피아제는 약 11세까지는 대부분의 경우, 어린이들이 구체적 조작을 성취하게 된다는 의견을 제시하고 있다.

넷째, 이 시기의 특징은, 언어적 추리나 논리(verbal reasoning)상의 한계라고 할 수 있다. 피아제(1926, 1928)는 어린이들이, 어떤 대상물 대신에 언어적 명제를 써야만 하는 경우, 직관시기의 어린이들이 대상물을 다루고 처리할 때 한 번에 하나의 관계만을 고려한 것과 같이, 한 번에 한 가지 진술(statement)만 생각하게 된다고 주장하였다.

1.2.4 형식적 조작 단계

피아제는 협동이 논리형성 발달에 중요한 일련의 행동 형태 중 첫 번째에 해당하므로 형식적 조작은 다른 것과 협동함으로써 시작된다고 생각하고 있다. 사춘기 초 사회생활은 새로운 국면에 접어들게 되어 다양한 관점을 서로 교환하게 되는 공동 협조생활이 증가되게 된다. 이러한 협조 활동은 어린이들로 하여금 더욱 서로서로 이해하도록 하게 하며, 자신을 다른 사람의 관점이나 입장에 놓게 하는 습관을 갖게 하는 것이다.

피아제의 인지발달 이론은 다음과 같이 요약될 수 있다.

첫째, 피아제는 인지발달의 제 단계를 제시하고, 언어를 인지발달의 지표로 삼음으로써 인지중심적 입장을 취하고 있다. 다시 말해서, 어린이의 인지는 서서히 여러 단계를 밟아 발전되며, 인지발달이 언어발달에 선행한다는 것이다.

인지발달 단계를 레네버그의 뇌성숙과 국부화 현상과 연관시켜 연령상으로 대조하여 보면 <도표 1-8>과 같다.

도표 1-8 사고발달모형과 뇌성숙의 관계

Piaget	Lenneberg
지각적 불변수 (perceptual invariants)	하나의 반구가 지배적으로 되기 시작: 2세
직관적 사고 (intuitive thinking)	편기현상(Lateralization) 시작: 7세
구체적 조작 사고 (concrete operational thinking)	
형식적 명제 사고 (formal propositional thinking)	언어가 편기화됨. 변화 불가능: 11세

둘째, 어린이의 언어발달을 조사해 보면, 자아 중심적인 것에서 출발하여 점차 사회적 언어 방향으로 발전되어 화자의 입장에서 청자의 입장으로 발전되어 결국 진정한 대화가 가능하게 된다는 것이다. 이러한 어린이의 언어발달을 <도표 1-9>와 같이 요약할 수 있다.

도표 1-9 어린이의 언어발달 모형

자아 중심적 언어		자아경계		사회적 언어
반복 독백 복수 또는 집합독백	→	자 아 경 계	→	정보 제공 비평 명령, 요구, 협박 질문 대답 등

(박경자, 1984, p. 458)

이러한 피아제의 인지발달이론에서 나타난 언어에 대한 근원은, 모든 언어는 그 근본이 사회적인 것이라고 강조하고, 어린이의 초기 언어의 명백한 기능을 찾고자 한 비곳스키(Vygotsky)와는 대조를 이루고 있다. 비곳스키는, 자아중심적인 언어가 결국 퇴화하여 없어진다는 피아제의 견해에 반대하여, 초기의 자아 중심적 언어도 의사소통적 언어에서 분열되어 나온, 큰 소리로 말하는 완전한 말과 침묵의 사고 사이에 존재하는 전환단계로서, 발전 과정에서 자아중심적 언어는 더욱 생략되어지고 특수화되어 결국 내적 언어나 언어적 사고가 되어 외적언어(outer speech)와 결과적으로 상이하게 된 것이라고 하였다.

1.3 Vygotsky 발달 이론

비곳스키(Vygotsky, 1896-1934)는 러시아의 심리학자이면서 피아제와 동시대인으로 피아제처럼 그도 그의 교육 분야에서는 상당한 영향력있는 인물이었다. 피아제와는 달리 그는 인간발달 과정에서 사회적 환경이 매우 결정적인 역할을 수행한다는 점에 초점을 맞추고 전문가적 도움의 역할과 신임 학습자에 대한 그들의 조력의 자질에 강조점을 두었다. 비곳스키는 사람들 사이의 학습 과정의 사회적 측면에 관심을 갖고, 이러한 과정이 대인적인 내적 발달에 어떻게 공헌하고 보상하는지를 연구하였다. 어린이가 부모와 교사들로부터 어떻게 학습하는지 기술하기 위해서 그는 "어린이발달법칙"을 제안하였다. 성인과 어린이는 상호작용하면서 새로운 지식(중간단계: Intermental stage)을 함께 형성한다. 이러한 단계를 따르면서 어린이는 개인적인 성찰과 이해를 위한 새로운 지식을 내재화하는 것이 가능하다(intramental stage).

비곳스키 발달 이론의 가장 큰 특징 중의 하나는 "근접발달영역"(zone of proximal development; ZPD*) 개념이다. "근접발달영역(ZPD)"은 어린이의 문제 해결 능력과 잠재적 능력(이것은 누군가의 신중한 도움으로(교사나 부모와 같은 지식전문가가 신중하게 계획한 방법으로) 획득될 수 있는 능력이다) 사이의 상징적인 거리감을 의미한다. "근접발달영역"은 학습과 지적 발달은 문맥적인 요소이고, 전문가와 새로운 학습자들 간의 효과적인 대화가 학습 과정을 촉진시킨다는 비곳스키의 신념을 나타내는 용어이다. 그의 접근 방식이 언어교사들에게 주는 함축성은 개인차에 주의를 기울이는 것이 중요하고 학습자를 도와주는 수준과 방식을 고려해야 하는 것이 중요하다는 점이다. 학습자가 언어문제를 해결하는 데 있어서 다소간의 책임을 감당해야 하는 경우라면 적은 양의 도움을 제공함으로써 가능하다.

"근접발달영역"의 개념은 어린이의 교육적인 실행에 막대한 영향력을 행사해왔다. 우드, 브루너와 로스(Wood, Bruner & Ross, 1976)의 비계**(scaffolding) 이론도 "근접발달영역"을 토대로 발전된 개념이다. 비계(scaffolding)는 전문가가 새로운 학습자들에게 문제 해결 과업에 관여하면서 제공해주는 특별한 보조 유형이다. 전문가는 정보를 주고 안내할 뿐만 아니라 과업을 단순화하고 초보 학습자가 그 과업을 계속

* "근접발달영역(ZPD)"은 문제해결 과정을 통해서 결정되는 실제적인 발달수준과 성인의 지도를 받거나 보다 더 유능한 동료들과의 협동과정 속에서 문제를 해결함으로써 달성되는 잠재적인 발달 수준 사이의 거리감을 나타내는 개념이다(비곳스키, 1978: 86).

** 비계(scaffolding)이론: 어린이의 요구나 능력에 맞추어 교육이 이루어질 수 있도록 고안된 보조적인 도움의 형태. 학습자들이 목표로 하는 언어기술을 터득해서 자립적인 학습자가 될 수 있도록 도움을 주는 것이 비계이론이다.

(사진: 비계)
높은 곳에서 공사를 할 수 있게 도와주는 역할을 한다.

유지하도록 북돋아주는 역할을 한다. 근접발달영역에서 전문가와 초보 학습자 사이의 효과적인 상호작용이 매우 중요하다. 교실수업에서 대화의 중요성을 인식하게 됨으로써 "안내된 참여"(guided participation; 로고프(Rogoff), 1990), "교사가 주도하는 교육적인 대화"(teacher-led instructional conversation; 샤프와 갈리모어(Tharp and Gallimore), 1988)와 같은 개념이 탄생되었다. 다음과 같은 수업기술을 고려해보자.

1) 학습은 교사와 학생의 공동의 책임으로 간주한다.
2) 학습자는 교사로부터 단지 질문에 대답하는 것이 아니라 자발적인 발언을 한다.
3) 교사는 학습자의 기존의 지식과 새로운 과업 사이에 연결고리를 제공한다.
4) 교사는 학습자의 문제해결을 도와줄 수 있도록 초점과 구조를 제공한다(기억을 상기시킬 수 있는 단서를 제공하기, 문제를 단순화하기, 주위분산요소를 제거하기, 결정적인 요소를 강조하고 불필요한 요소를 감추기 등).
5) 교사는 학습자가 문제해결 과정에 능동적으로 참여하도록 독려한다.
6) 교사는 학습자의 반응에 기초하여 수업을 진행한다.
7) 교사는 학습자로 하여금 발화를 풀어서 의미를 전달하고, 보다 더 형식적 문구를 도입함으로써 언어 사용을 효과적으로 하도록 장려한다.
8) 교사는 자신의 목표어 발화를 연구하기 위해서 수업 내용을 녹음하고 효율적인 수업대화내용을 분석 연구한다. 이러한 분석과정을 통해서 어떻게 교사의 발화가 서로 다른 학습자들의 요구에 적용되는지를 알아보고, 어떠한 풀어쓰기와 지시사항이나 설명을 수정하는 것이 모든 학습자들에게 이해 가능한 입력의 역할을 수행할 수 있는지 예견할 수 있다.

비곳스키는 언어의 기능에 초점을 맞추어 두 가지 기능을 강조했다. 첫째는 의사소통의 도구로서 언어이다. 이러한 방식으로 우리는 언어를 사용하여 지식을 공유하고 발전시킨다. 둘째는 언어는 우리가 구상하고, 계획하고 생각과 행동을 되돌아볼 수 있는 심리적인 도구이다. 교실수업에서 언어의 두 가지 기능이 동시에 사용된다. 언어를 사용하여 서로 서로 의사소통을 하지만 동시에 우리 자신을 되돌아보게 된다. 학습자들에게 과업이 부여되면, 그들은 언어구조와 형식을 협동적으로 상의하게 된다. 예를 들면 시제, 구 등에 대한 올바른 사용법에 대해서 협동적으로 검증한다.

스웨인(Swain, 2000)은 제2언어로 협동적으로 과업을 논의하는 과정에서 두 명의 학습자가 도움을 얻을 수 있는 방법에 대해서 제시하고 있다. 이 연구에서 학습자들은 과제를 들은 후에 본문의 내용을 원래 모습에 가깝도록 재구성한다. 이 과정에서 함께 작업하고 언어적인 해결방안을 함께 모색해야만 한다. 이런 협동 과정에서 학습자들은 언어를 심리적인 도구로 사용한다. 그들은 각자의 근접발달영역 내에서 서로에게 도움을 제공한다. 오타(Ohta, 2001)는 언어능력이 동일한 수준에 놓여 있는 학생들이라 할지라도 서로에게 도움을 줄 수 있다고 주장한다.

그러나 학습자들 사이의 대화가 모두 유용한 것은 아니다. 때로는 학습자들이 동료들을 서로 잘못 인도하기도 하고, 언어학적으로 올바르지 못한 해결책으로 인도하기도 한다. 게다가 모든 학생들이 집단이나 짝을 이루어서 효율적으로 대화를 하는 것도 아니다. 교사는 학생들이 서로 어떻게 대화하고 작업하는지에 대한 효율적인 방법을 제공함으로써 학생들을 훈련시킬 필요가 있다. 제2언어 교실수업에서 효과적인 집단 토론을 훈련시키는 것의 중요성을 인식할 필요가 있다. 비곳스키는 교사와 학생을 모두 포함하는 교실 대화에 주의를 집중해야 하는 점을 강조하고 있다.

1.4 정보처리 이론

정보처리 이론(IPA: The information processing approach)은 비교적 최근의 이론으로 피아제나 비곳스키의 이론처럼 하나의 이름이나 연구자의 이름으로 명명되지 않는다. 이 이론은 인지에 대한 연구과정으로 인간의 두뇌가 어떻게 작동하는지 알려주기 위해서 컴퓨터 작동을 유추하여 설명하는 이론이다. 정보처리 이론의 발달과정은 인간의 두뇌에 대한 연구와 밀접한 연관성이 있다. 인간의 두뇌를 하드웨어와 소프트웨어로 구분하고 하드웨어는 신경체계, 두뇌, 감각기관, 신경연결체로 구성되고, 소프트웨어는 다양한 지적 체제로 구성되는데, 여기에는 기억하기, 구성하기, 들어온 정보를 평가하기 등 다양한 과정이 포함된다.

하드웨어 발달의 핵심: 두뇌 성장

출생 시 두뇌의 무게는 성인 두뇌의 30%에 해당되며, 2세 70%, 6세 90%에 도달한다(태처 외(Thatcher et al.), 1996). 두뇌의 특별한 성장은 1.5-2세, 7.5-9세, 12-15세 사이에, 그리고 18-20세에 이루어지는데 그 특징을 정리해보면 다음과 같다.

첫째 발달 단계: 1.5-2세, 모국어 습득과 일치

둘째 발달 단계: 7.5-9세, 피아제의 조작 이전 시기/구체적 조작 단계 시기와 일치

셋째 발달 단계: 12-15세, 추상적 사고와 문해력 발달 시기와 일치

마지막 발달 단계: 18-20세 성인의 내면적 사고(reflective thinking) 시기와 일치 (피처와 로스(Fischer & Rose), 1995; 키츠너 외(Kichener et al.), 1993)

컴퓨터-인지의 구성요소와 처리과정을 이해하기 위해서 인간의 마음을 다중 모델로 연구하는 것이 선행되었다. 이 모델에 따르면 인간에게 새로운 정보가 들어왔을 때 먼저 단기기억 속에 보관되는데, 이 기억력은 용량의 한계가 있다. 원래 인간의 기억력 용량은 단지 서로 관련이 없는 정보 7개 조각을 기억하는 정도이다. 예를 들면 무작위 숫자를 7개 정도 암기하는 것이다(밀러(Miller), 1956). 그러한 이론은 개인이 어떤 책략을 사용하는가에 따라서 극적으로 발달할 수 있기 때문에 항상 정확한 것은 아니다. 배들리(Baddeley, 1994)에 따르면, 이러한 방식으로 20개 조각까지 확대될 수도 있다.

새로운 정보가 중요하다고 판단되면, 개인은 그 정보를 단기기억에서 장기기억으로 이전하는데, 장기기억의 용량은 무한하다. 정보처리 수준(levels of processing model; 배들리, 1992)에 따르면, 정보가 인간의 정신에 들어오면, 다른 방식으로 저장된다. 의미 있고 심오하게 해석된 정보는 다른 정보와 연결이 되고, 이것은 장기기

억 속에 더 영구적으로 저장될 수도 있다. 여기에 특별한 연결고리가 가미되면, 그 기억은 자동화된다. 자동화과정은 주의집중 장치가 거의 필요가 없고, 새로운 과업에 대해서 자동적으로 발휘된다. 언어학습에 있어서 자동화과정은 서로 별개의 구성 요소에 대해서 의도적으로 고려하지 않아도 장기기억 속에 저장되어 있는 무한한 언어 덩어리를 학습자가 이용하는 것을 도와준다. 이 과정은 학습자들이 제2언어 습득과정에서 유창성을 발달시키는 데 도움을 준다.

1.4.1 주의집중(Attention) 과정

정보가 들어와서 처리되기 전에 개인학습자들은 정보를 인식하고 주의를 기울인다. 어린이의 주의력 집중은 시간이 흐름에 따라서 발달한다. 주의력은 나이와 무관하게 발전하며 어린이는 과업의 핵심적인 특징에 주의를 기울이는 데 있어서 성인보다 더 능숙하다. 인지적 거부과정(특별한 과업에 집중하는 동안 주의분산 요소를 제거시키는 과정)은 나이와 함께 발전한다. 인지적 거부과정에서 생기는 이득은 초기부터 중간 어린이시기까지 발달한다. 그러나 청소년 시기에도 좀 더 발전한다. 계획을 수립하는 것은 주의력을 보다 효과적이고 목적지향적으로 만들어준다. 주의력 책략은 중간 어린이시기부터 급속하게 발전한다(스터트, 앤더슨과 웰(Sturt, Anderson and Well), 1975). 나이가 좀 더 많은 어린이들은 상황의 변화 조건에 보다 더 잘 적응하고 주의를 집중시킬 수 있게 된다.

1.4.2 정보처리 능력 및 기억 장치

하드웨어 체계의 정보처리 능력은 나이가 듦에 따라서 증가한다. 케일(Kail, 1993, 1997)의 연구에 의하면 7세에서 22세의 학습자들에게 다양한 과업을 주고 관찰한 결과 나이가 듦에 따라서 평균 과업 처리 시간이 감소하였다. 지속적인 감소 추세가 12세가 되면 가장 심해지는데 이러한 패턴은 박수치기와 같은 운동과업에도 반복된다.

기억 용량을 측정하는 연구에서, 연령에 따른 능력의 차이는 매우 신뢰할 만하다. 왜냐하면 학습자가 나이가 듦에 따라서 더 많은 정보를 보유할 수 있기 때문이다. 벌스윅, 골드쉐이더와 피렉(Burswick, Goldsheider and Pilek, 1932)은 기억 용량에서 선형적이고 가파른 증가 추세는 6-11세 사이에 일어난다는 연구결과를 제시하고 있다.

1.4.3 전문적 지식

인간이 나이가 듦에 따라서 인지능력 전반이 증가하기도 하지만, 특정한 영역에 대한 전문지식이 정보를 수집·기록·유지하는 능력을 발달시킨다. 세부적인 영역에 특수한 전문적 지식은 성공적으로 기억하는 데 필수적인 요소이다. 전문적 지식은 조직적으로 기억하는 데 보다 더 효과적이다. 우드(Wood, 1998)는 전문가나 신참 학습자는 모두 외부의 정보를 받아들이는 능력은 동일하다고 주장한다. 그러나 전문가는 하나의 독립된 조각보다는 6-7개의 의미 있는 연결체로 부호화할 수 있는 능력이 있다. 슈나이더와 브조크룬드(Schneider and Bjorklund, 1992)는 각 영역별 특수한 전문적 지식의 중요성을 강조했다. 특별한 영역에서 광범위한 지식과 경험의 양은 기억 능력을 향상시키는 데 효과적이다. 정보처리 과정에서 전문성의 증가하는 수준은 언어교사들에게 많은 함축성을 제시하고 있다. 점차 복잡한 과업을 대하는 어린이의 능력이 발전하기 때문에, 교사들은 어린이들을 대상으로 언어교육을 계획할 때, 나이 든 학습자들과 더불어 보다 더 도전적인 과업을 선택할 수 있다.

1.4.3.1 지적 표시

학습자에게로 들어온 정보가 어린이의 정신영역에 표시되는 방법이 정보처리 이론에서 매우 중요한 과제가 된다. 개념, 사실, 아이디어를 위한 생각의 표시의 측면에서 표시의 숫자와 연상의 강도는 발달과정을 거쳐서 증가한다. 시몬(Simon, 1974)은 연령이 높은 학습자는 어린 학습자보다 언어 덩어리(chunk)당 보다 많은 정보를 포함한다고 한다. 개념 항목 들 간의 연결의 측면에서 어린이는 지각적으로 구조화된 표시체계에서 보다 개념적으로 구조화된 표시체계로 발전한다. 어린 어린이는 지각적 유사성에 기초하여 유사한 사물들을 그룹화한다. 보다 나이가 든 학습자들은 유사성을 설명하기 위해서 상위의(super-ordinate) 관련성을 이용한다. 예를 들면 나이 어린 학습자들은 바나나를 원숭이와 연결시키는 반면 나이가 많은 학습자들은 바나나를 사과와 연결시킨다. 어린 학습자의 지식은 성인과 나이가 많은 학습자들의 지식과 동일한 방식으로 표시되지 않는다. 그들은 개념을 표시할 차원의 수가 적다. 나이가 많은 학습자들은 더 많고, 더 다양하고 더 추상적인 지적 표시 차원들을 활용하고 있는 경향이 있다. 어린이들은 전반적으로 계층적 구조가 부족하지는 않지만 신뢰도와 완전성이 부족한 정보를 포함하고 있다. 전반적으로 지적 발달이란 기존의 지식을 지속적으로 재구성하는 것이고 이 과정은 보다 더 분명하고 더 추상적인 속성이 높은 계층에서 저장될 수 있도록 반복된다.

1.4.3.2 기억 책략

기억 책략에는 단기기억 책략과 장기기억 책략이 포함된다. 단기기억 책략에는 '반복화', '조직화', '정교화' 책략이 포함되는데 이러한 책략은 기억을 쉽게 할 수 있도록 정보를 효율적으로 저장하기 위해서 사용된다. '반복화'는 구두적으로나 쓰기 과정에서 정보를 반복하는 책략을 의미한다. '조직화'는 정보를 조직해서 더 의미 있는 정보로 변화시키는 책략을 의미하는데, 예를 들면 유사한 단어 모으기 책략 등이 이 범주에 포함된다. '정교화'는 주어진 정보의 의미를 보다 더 확장하는 책략이다. 예를 들면 무작위 정보에다 자신의 정보를 부여하기 위하여 은유나 유추방식 사용하기 등이 포함된다.

장기기억 책략에는 '인식하기', '기억하기', '재구성하기'가 포함된다.

'인식하기'는 하나의 이미지나 개념이 주어진 자극과 동일한지 혹은 다른지 구분하여 인식하는 기능을 의미하는데, 이것은 유치원 시기에 자동적으로 처리되며, 장기기억의 탐색을 요구하지도 않는다. '기억하기'는 더 이상 존재하지 않는 어떤 것의 지적 이미지를 생성하는 과정이다. '재구성하기'는 정보를 기억해내는 복잡한 과정이며 해석을 필요로 한다.

어린이의 기억 책략은 나이가 들면서 보다 더 효과적으로 변하며, 필요한 때는 기억체계 속에서 정보를 꺼내올 뿐만 아니라 정보를 기억하고 또 저장한다.

첫 번째 기억 책략에는 기억의 반복, 구성, 정교화과정이 포함된다. 3-4세 어린이는 기억을 반복하지 않는다. 7-10세 어린이는 도움을 받아서 반복할 수 있고, 12세 어린이는 도움이 없이도 반복할 수 있다. 프라벨(Flavell, 1992)에 따르면 어린이는 5-10세에 반복 구성 책략이 빠르게 발달한다.

어린이가 반복하는 과정이 기억에 영향력을 행사하는 것은 6세부터이다. 슈나이더와 브조크룬드(Schneider and Bjorklund, 2003)는 어린이는 반복하는 책략을 훈련받을 수 있으나, 이것이 매우 단기적이고, 지속적인 훈련을 받는다 해도 즉각적으로 반복할 수 있는 나이든 학습자들처럼 잘하지 못한다고 한다.

8세 어린이는 하나의 단어를 기억하기 위해서 반복하지만, 그보다 연령이 높은 어린이는 개별 단어보다는 목록 안에 있는 단어들을 연결하고 그 목록을 기억한다. 이러한 과정이 기억을 증가시킨다(쿤징거(Kunzinger), 1985; 올스테인, 나우스와 리버티(Orstein, Naus and Liberty), 1975).

9-10세 정도가 되면 어린이들은 목록을 암기하기 전에 목록의 특성을 고려할 수 있다(맥길리와 시글러(McGilly and Siegler), 1990). 8세 이전의 어린이들은 주어진 항목이 매우 친숙하고 강하게 연결되어있지 않는 한, 항목들을 그룹화하지 않는다(베스트와 올스테인(Best and Ornstein), 1986; 브조크룬드와 제이콥(Bjorklund and Jacobs), 1985). 9-10세가 될 때까지 어린이들은 체계적으로 구성된 항목들이나 서로 연관성이 없는 항목들은 기억하지 못한다. 반복과 조직 책략이 학습된 후 한참 뒤에 정교화 책략이 발전된다. 정교화 책략은 어린이가 11세가 되기 전에 발생한다. 어린이의 기억력은 이 책략을 사용할 수 있기 전에 확장되어야만 한다. 나이가 듦에 따라서 어린이들은 암기되어야 할 항목들 사이의 의미 있고 기억할 만한 관련성을 만들어 나갈 수 있다. 어린이의 경험을 기억하고 보유할 수 있는 능력은 어린이시기에 지속적으로 발전한다. 'scripts'라고 불리우는 사건들의 일반적인 표시체계는 어린이들이 친숙한 경험을 해석하는 데 도움을 준다(벌크(Berk), 2000). 어린 아동들은 특별한 시점에 일어난 일들, 예를 들면 생일파티, 운동장, 식당 등에서 발생한 일을 점차로 흡수함으로써 사건의 "scripted memory"를 발전시킨다. 그리고 나서 이러한 경험들을 구성하고 해석하여 미래에 유사한 사건을 예견할 수 있게 한다. 새로운 경험이 기존의 경험 사이에 천천히 그리고 점차적으로 삽입된다. 자전적인 기억도 점점 형성된다. 부모가 어린이의 일생에 중요한 사건을 통해서 아동의 성장 과정

에 대한 얘기를 함으로써 아동이 점차로 복잡한 개인적인 담화를 구성하는 데 도움을 준다. 나이가 든 학습자와 성인은 'fuzzy trace memory'에 의존하여 상당한 양의 정보를 나타내준다. 이것은 한 단어 한 단어씩 기억하여 모든 것을 암기하기보다는 중요하지 않은 세부사항을 제외하고 핵심적인 내용에 집중하는 과정을 의미한다.

6-7세경에 어린이는 이야기의 중요한 특징들을 기억할 수 있고 그 이야기들을 일관적인 이야기가 될 수 있도록 정보를 결합하고 그 이야기가 보다 일반적인 이야기가 될 수 있도록 논리적인 순서로 재구성한다. 학교에 들어갈 연령의 학생은 이야기의 주인공과 이야기 행동에 대해서 유추할 수 있는 데 더 잘 적응하고 청자가 얘기를 이해할 수 있도록 이야기에 정보를 첨가한다. 그래서 이야기의 일관성과 기억가능성을 더 증가시킨다. 중요한 주제를 알아내고 요약하는 능력은 고등학교 시기까지 자발적으로 발생되지 않는다. 어떻게 책략이 발전하는가? 책략 발전은 점차적인 과정이고, 초기 단계에서 어린이는 다소 부족함을 보인다. 시이저(Sieger, 1995, 1996)의 책략 선택 이론은 어린이가 어떤 과업에 대해서 작업을 하는 과정에서 어린이들은 상이한 책략들을 만들어낸다는 것이다. 그는 어린이들에게 다양한 과업을 주고 그들의 책략 사용법을 기록했다. 다른 문제들(읽기, 철자쓰기, 시간 말하기, 단어 말하기, 단어 목록 기억하기, 기본 수학 등)이 사용되었고 어린이들의 책략 선택은 다른 상황에서 기록되었다. 관찰 결과 어린이들의 책략 사용법은 중첩적인 상승·하락곡선(overlapping waves pattern) 유형을 따른다. 즉 여러 가지 책략이 공존하다가 어떤 것은 자주 사용하게 되고, 어떤 것은 덜 사용하게 되고 또 다른 것은 상승과 하락 곡선을 반복하게 된다. 이러한 이론은 교사들에게 많은 내용을 함축하고 있다. 즉 어린 아동은 전통적인 듣기 연습을 잘할 수 없을지도 모른다. 어린이들이 이야기를 듣고, 운율이나 노래를 들을 수 있도록 해주는 과업을 개발하는 것이 가장 바람직하다. 어린이들이 기억책략을 순환적으로 발달시키기 때문에, 교사들은 학생들이 새로운 책략을 개발하고 동일한 과업에 관련된 상이한 책략을 사용할 것을 장려해야 한다.

1.4.3.3 사고력 발달에 대한 이해

인간의 사고력에 대한 정의는 다음과 같이 세 가지로 구분될 수 있다.

초기억력(metamemory): 기억의 기능에 대한 이해와 이해를 지칭함.

초인지력(metacognition): 인간의 사고와 정신이 작용하는 방법에 대한 지식과 이해를 지칭함.

초인지적 책략(metacognitive strategies): 학습과 사고 과정에 대하여 계획하고, 평가하는 것을 허용하는 책략을 지칭함.

어린이들의 정신은 정적이고 수동적이라고 생각하는 경향이 있다. 5세 어린이는 아무것에 대해서도 생각하지 않는 것이 가능하다고 생각하지만, 8세 어린이는 그것은 불가능하다고 생각한다. 왜냐하면 정신은 언제나 동적이기 때문이다(프라벨, 2000). 6세 이하 어린이는 방금 전에 일어난 일에 대해서 기억하는 데 문제가 있을 수 있으나, 학교에 갈 연령의 어린이들은 그들의 기억과 능력에 대한 이해과정에서 많은 성과를 얻을 수 있다. 그 연령의 어린이들은 인간의 정신은 정보를 선택하고 처리할 수 있는 능력이 있다고 간주하기 시작한다. 정보를 처리하는 책략을 좀 더 인식할 수 있고, 그들의 행동에 영향을 끼치는 다양한 과업에 대해서 더 많이 이해한다. 기억에 대한 지식은 4세에서 12세 사이에 증가한다. 8세 이하의 어린이는 자신에 대해서 잘 발달된 감각을 지니지 못하고, 자신을 평가할 능력도 갖지 못한다. 자신의 수행결과를 평가할 능력은 11세, 12세 이후에 증가하지만 자존감은 10대 중반까지 감소한다. 어린이의 증가하는 기억 능력과 초기억력 사이에는 연관성이 존재한다. 즉 얼마나 많이 기억할 수 있는지와 어린이들이 그들의 기억 기능에 대해서 얼마나 알고 있는지 사이에는 서로 상관관계가 존재한다. 이러한 연관성은 10세 이상의 어린이에게서 가장 강력하게 나타난다. 슈나이더(Schneider, 2006)는 초기억력, 기억 행위, 기억 수행 사이에는 강력한 연관성이 존재한다고 간주했다. 한 가지 기억 책략에 대해서 사고하고, 그 기억 책략이 어떻게 작동하는가를 생각할 수 있는 어린이는 더 훌륭한 기억력을 나타낸다. 교사의 관점에서 볼 때 이러한 학습자들은 자신과 동료의 평가에 더 관여할 준비가 되어 있고, 학습과정을 계획하고, 관찰하고, 평가하는 과정을 통해서 그들의 학습에 대하여 책임감을 가질 수 있다는 것이 분명하다.

1.4.4 감정 발달

언어 학습은 단어를 기억하고 정보를 기억하고 유지하고 재구성하는 효과적인 책략을 이용하는 것에만 관련된 인지적인 활동이 아니다. 어린이의 언어 학습은 감정 발달에 개입되어 있다는 점을 인식하는 것도 중요하다. 새로운 언어를 학습한다는 것은 새로운 자아와 대화하는 과정을 포함하며 우리란 어떤 존재인지, 어떤 인물이 되고 싶은지, 우리 자신에 대해서 어떻게 인식하고 있는지, 사회적인 관계를 어떻게 형성하는지와 연관되어 있다.

이번 장에서는 언어발달 이론, 피아제의 인지발달론, 비곳스키의 발달이론, 그리고 정보처리이론을 통해서 어린이 발달 과정의 특징을 고찰해보았다.

다음 장에서는 어린이 발달 과정에 대한 이해를 토대로 언어학습과 언어습득에 관련된 이론에 대해서 고찰하고자 한다.

연구과제

1. 랑그와 빠롤의 차이점을 설명하시오.

2. 언어능력과 언어수행을 정의하시오.

3. 대뇌반구의 편기화 현상을 설명하시오.

4. 피아제의 인지발달이론을 단계로 구분하고 각 단계별 특징을 기술하시오.

5. 비곳스키의 근접발달영역(ZPD)이란 무엇인지 개념을 정의하시오.

6. 정보처리이론이란 무엇인지 설명하시오.

CHAPTER 02 언어학습 이론

English Language Teaching for Children

이번 장에서는 언어학습 이론과 언어습득 이론을 통하여 어린이가 영어를 모국어나 외국어(제2언어)로 습득하거나 학습하는 과정에 대한 이론적 토대를 고찰하고자 한다.

2.1 언어학습 이론

인간의 언어능력은 학습된 행위이다. 여기서 '학습'의 의미는 교실에서 정해진 교사에 의해 일정한 프로그램에 따라 학습되는 언어학습을 뜻하는 것이 아니라, 주어진 언어사용 사회에서 무의식적으로 놀이처럼 이루어지는 학습 과정이다. 이러한 무의식으로 자연스럽게 이루어지는 언어학습을 언어습득이라 부른다.

다시 말하면 언어습득은 지능의 차이, 성품의 차이, 성장환경의 차이, 인정의 차이에 관계없이 모국어가 어떤 언어이든 상관없이 인간발달 과정의 특정단계, 즉 2세-12세 사이에 아주 빠른 속도로 (개인차는 있지만) 유사한 발전단계를 거쳐 달성되는 모든 인간에게 공통되는 보편적인 현상이다. 신생아들은 세계 어디에서나 몸이 불편하거나 매가 고프면 울음으로 그의 언어활동을 시작한다. 그리고 시간이 조금 지나면서 스스로 목구멍을 울리면서 울음 아닌 발성(cooing)을 하게 되고 이 발성은 음정이 또렷해진 옹알거림(babbling)으로 발전하게 된다. 머지않아 이 옹알거리는 발성단계는 단어처럼 들리기 시작하고 이 단어는 문장으로 이어져 성인이 갖는 언어능력을 습득하고 사회인으로 언어활동에 참여하게 되는 것이다. 이와 같은 현상은 모든 인간사회(human society)에 보편적으로(universally) 일어난다. 이것이 사실이라면 언어는 어떻게 습득되는 것인가?

언어습득에 관한 과학적인 논의가 시작된 것은 심리학과 언어학에서 언어습득이라는 공동관심사를 주로 다루는 심리언어학(psycho-linguistics)이라는 새로운 학문 분야가 생겨난 30여 년 전의 일이다. 그러나 언어습득의 문제는 유아 및 어린이의 발달심리와 관련시켜 발달심리학(developing psychology)에서 주로 다루어졌고, 직접적인 관찰을 통한 어린이의 언어발달 단계에 관한 연구결과가 발표되었으나 어떻게(How), 무엇이(What) 습득되는지에 대해서까지는 연구가 이루어지지 못한 것이 사실이다.

어린이가 모국어를 자연스럽게 익히는 과정을 습득이라고 정의한다면 학습이란 학습자가 학습 과정을 의식하고 학습 결과도 의식하며, 형식적인 교육을 통해서 얻어지는 과정을 뜻한다.

이번 장에서는 모국어의 습득 과정뿐만 아니라, 학습자의 여러 가지 인지적 측면에서의 학습과정을 포함하는 학습이론을 심성주의 가설, 경험주의 가설, 형태이론, 행동주의 가설로 구분하여 정리해 보고자 한다.

2.1.1 심성(이성)주의(Rationalism) 가설

심성주의 이론은, '내재적 관념은 이성을 통하여 성장하며, 내재성이란 사고능력으로부터 발생하는 것'이라는 데카르트(Descartes)와, 언어의 내재성을 인정하였던 플라톤(Plato)에서 그 역사를 찾을 수 있다. 심성주의 개념에 따르면, 인간은 육체와 구분되는 마음을 가지며 이 육체와 마음은 서로 상호작용을 하기 때문에 어떤 일이야기되기도 한다. 예를 들어, 마음 속으로 내일부터는 공부를 시작해야겠다고 결정하고 나서 실제로 책을 사서 읽고 공부하는 예에서와 같이 마음과 육체가 서로 상호작용을 하여 이 두 가지가 모두 연구의 대상이 된다는 주장을 하는 심성주의 학자들을 스타인버그(Steinberg, 1985)는 상호작용주의자(interactionist)라고 칭하고, 육체와 물질세계는 마음의 반영이므로 가장 기본적인 것은 마음이며 마음이 육체에 영향을 미치지만 마음과 육체 모두가 다 연구의 대상이 된다는 입장을 취하는 학자를 관념론자(idealist)라고 칭한다. 따라서 심성주의를 우리는 상호작용주의자적 입장과 관념적 입장의 두 가지 측면에서 생각해볼 수 있다.

모든 심성주의자들은 마음이 존재한다는 것, 또 인간은 마음속에 지식과 관념을 갖고 있다는 데에는 의견의 일치를 보고 있으나, 어떻게 그 관념이 마음속에 생겨나게 되었는가라는 점에 대해서는 의견이 나뉘고 있다. 다시 말해서, 관념이 아이가 태어날 때부터 이미 마음속에 어느 정도 있었는가(이성주의적 입장), 아니면 전적으로 경험에 의하여 생겨난 것인가(경험주의적 입장)에 따라서 이성주의적 입장과 경험주의적 입장의 두 가지로 갈라지게 된다.

2.1.1.1 언어 능력의 선천성

이성주의 언어 습득 이론에 대한 강력한 증거 중의 하나가 언어능력의 선천성이다. 촘스키 같은 이성주의자는 인간은 타고나면서부터 내재적인 언어습득장치(Language Acquisition Device: LAD)를 갖고 있다고 주장하고 있다.

레네버그(Lenneberg, 1969)는 언어란 특별한 생물학적 근거를 갖고 있는 유전적인 것이라는 점을 다음의 5가지 증거를 제시하면서 입증하고 있다.

첫째는 언어발달과 운동 기술 발달 사이에는 밀접한 상호관계가 있다. 생후 0세에서 3.5세 어린이의 언어발달을 관찰해 본 결과, 언어가 운동발달 단계에서처럼 정해진 순서대로 일정하게 발달하고 있음이 입증되었다.

둘째는 사회적 환경 차이에 따라서 어린이의 성격이나 기타 다른 측면은 영향을 받지만 언어능력은 규칙적으로 발전한다. 어린이가 성장하는데 환경적 차이－어머니의 대처 능력, 한부모가정에서 자라는 경우, 사회경제적 지위－에 따라서 어린이의 성격 형성에 영향을 받지만 유독 언어발달 시기에는 이러한 환경적 요소가 전혀 영향을 미치지 못한다.

셋째는 일란성 쌍둥이와 이란성 쌍둥이의 언어시작과 발달을 조사해 본 결과 전자의 경우가 후자의 경우보다 더 유사하다는 점이 밝혀졌다. 이러한 현상도 생물학적 유전성을 입증하는 것이다.

넷째로 유아 시기에 두뇌에 손상을 입으면 언어 습득에 지장이 없으나, 성인이 된 후에 두뇌가 파손되면 언어 생활에 지장이 있으며, 사춘기 이전과 이후의 언어 습득의 차이가 상당하다는 점도 언어의 생물학적 능력을 나타내는 것이다.

이러한 여러 가지 증거를 들어서 언어 능력은 선천적이라는 점을 주장하여 촘스키의 이론을 지지하고 있다.

2.1.1.2 촘스키의 언어습득장치(Language Acquisition Device: LAD)

촘스키는 언어와 관련하여 인간은 내재적인 장치를 갖추고 태어나며 인간이 태어나면서부터 갖고 있는 내재적인 장치를 언어습득장치라고 칭하였다. 촘스키는 이 언어습득장치 때문에 어린아이는 지능지수의 높고 낮음을 불문하고 언어 입력을 접하면 그 출력으로 문법이 나타나게 되며, 이것은 언어습득에 국한되는 특별한 장치라고 주장하고 있다.

촘스키는 어떠한 근거로 언어습득장치를 주장하고 있을까? 그 근거로는 다음과 같은 설명을 들 수 있다.

첫째는 언어란 지능지수에 무관하게 5-6세만 되면 그 나라 언어를 구사할 수 있다. 즉 지능지수가 언어능력의 차이를 초래하지 않는다.

둘째는 어린이들이 태어나서 5-6세가 될 때까지 접하는 언어 자료가 질적으로 우수한 것이 아닌데도 5-6세가 되면 성인과 대화를 하는 데 아무런 지장이 없다. 이러한 점도 언어 능력이 선천적이라는 사실을 입증하는 것이다.

이러한 언어 학습 이론을 정립하는데 역사적으로 매우 중요한 역할을 담당한 촘스키는 언어학 영역에서 어떠한 공헌을 했다고 평가할 수 있을까? 가장 큰 공헌은 어린이 언어 습득 이론의 일반적 이론적 틀을 제시했다는 점이다. 촘스키 이론은 모국어 화자의 언어 능력을 기술하는 데에 관심을 두고 이러한 언어 능력에 대한 설명이 어린이 언어 능력을 연구하는 데 활력을 불어넣는 역할을 하게 되었다.

2.1.2 경험주의 가설

이성주의 학자들은 어떤 과정이 내재관념을 활성화시키며 또 마음속에 어떤 종류의 관념이 내재하고 있는가에 대해서 의견의 일치를 보지 못하고 있다. 플라톤, 데카르트 같은 학자는 내재적 지식을 작용하기 위하여 경험과 더불어 이성의 조작이 필요하다고 생각했으나 촘스키는 이성, 논리, 또는 지능 등의 조작이 필요하지 않다고 주장한다. 한편 베버(Bever)는 모든 지식 분야에 걸쳐서 적용될 수 있는 매우 일반적인 인지적 내재구조를 가정하고 있다. 이들 학자들은 관념이 개인적 경험에서 지적 경험으로 파생될 수 없다고 주장한다. 그 이유는 유한한 경험에서 무한한 관념이 파생될 수 없다고 보기 때문이다. 그러면 관념들이 어떻게 인간에게 내재하게 되는가?

현대 경험주의자인 푸트남(Putnam)은 일반적 지능은 "다목적 학습책략"(General Multi-purpose Learning Strategies: 이하 GMPLS)의 형태로 내재하여 있고 인간은 이 지능을 사용하여 지식을 습득한다고 한다.

그러나 로크(Locke)에 의하면 지능이나 이상은 내재적인 것이 아니라 습득되어지는 것이라는 입장을 취한다. 피아제는 로크의 전통을 계승하여 행동이나 경험으로부터 지능을 얻어내는 입장을 취하고 있다.

경험주의자들은 이상에서 언급한 지능의 내재성 여부에 관해서 뿐만 아니라 지식을 구현하는 마음속의 관념이 보관적인 것인지 아니면 개체적인 것인지에 대해서도 서로 견해를 달리하고 있다. 제임스 밀(James Mill) 같은 개체론자는 보편적인 일반성은 찾아볼 수 없고 개체적인 것만 존재하므로 총칭적 의미의 '개'는 일단 마음속에서 개체적인 '개'의 관념으로 구성되어 개체적인 '개'의 집합을 나타내는 명칭이라는 입장을 취한다.

반면에 로크 같은 보편론자는 개체적인 것 이외에 보편적 · 일반적인 관념이 존재한다는 입장을 취한다. 따라서 로크에 의하면 총칭적 '개'의 의미는 모든 개체적인 '개'에 적용시킬 수 있는 보편적인 관념으로 구성된다. 이러한 입장을 개체론자들은 일반적인 관념을 생각한다는 것에 대해서 반대하고 있다.

또한 경험주의자들은 감각자료를 근거로 추상적 원리를 습득할 수 있느냐 없느냐에 대하여 의견을 달리하고 있다. 로크, 밀, 그리고 푸트남 등은 긍정적인 입장을 취하는 반면 밀, 흄(Hume) 등은 그 자체가 감각자료가 아닌 원리의 습득은 가능하지 않다고 주장한다.

2.1.3 형태이론(Gestalt Theory)

형태이론은 사물이 어떻게 전체로 연결·결합되어 있는지를 감지·지각하는 데 그 중요성을 두고 있다. 이런 면에서 볼 때 학습이란 일시적인 경험이라 할 수 있으며, 객관적으로 수량화할 수 있는 자극이 얼마나 작용했느냐가 중요한 것이 아니라 무엇이 감지·지각되었느냐가 학습에서 중요하다.

형태이론은 1912년 막스 베르하이머(Max Wertheimer)에 의하여 독일에서 처음 시작되었으며 그 후 코프카(Koffka)와 쾰러(Kohler)에 의하여 발전되었다. 이들 형태론자들의 주장은 "The whole is more than the sum of its parts."(전체는 부분을 합한 것보다 그 이상의 것이다)라는 말로 집약할 수 있다.

쾰러는 학습이란 사고를 요하는 것이라는 점을 유인원의 실험을 통하여 증명하였다. 즉 학습이란 시행착오에 의한 것이 아니라 마음속에서 내적으로 통찰력(insight)을 재구성한 결과에 의한 것임을 입증하였다. 코프카의 학습이론은 지각(知覺)의 결합구성 법칙이 학습에도 적용된다는 가설을 그 출발점으로 삼고 있다.

2.1.4 행동주의(Behaviorism) 가설

행동주의는 왓슨(John B. Watson, 1924)에 의하여 창시된 것으로, 마음과 의식을 심리학 연구와는 아무 관계가 없는 종교적인 미신으로 생각하는 입장이다. 따라서 행동주의자들은 어떤 것의 존재 여부를 결정하는 기준점은 그것의 관찰 가능성에 있다는 견해를 취하고 있기 때문에 인간의 마음(의식·감정·관념 등을 마음의 속성의 일부로 생각함)이 존재하느냐에 대해서는 부정적인 견해를 갖고 있으며, 이런 점에서 이성주의자들과 구별된다고 하겠다.

행동주의자들은 인간의 모든 행동을 자극(Stimulus)과 반응(Response)의 연상작용으로 정의하고 있다. 모든 자극에는 반드시 직접적인 반응이 있게 마련이며, 학습이란 이러한 자극과 반응의 연상작용을 습관화하는 습관형성(Habit Formation)이라 할 수 있으며 이러한 습관형성은 자동적으로 되어야 한다고 주장하였다.

2.1.4.1 전통적인 파블로프(Pavlov) 조건 학습 모형

소련의 생리학자인 파블로프(Ivan P. Pavlov, 1849~1936)가 개를 대상으로 한 실험을 근거로 제시한 학습이론이며, 제안자의 이름을 따서 파블로프 모형이라고 한다.

파블로프 학습이론의 바탕은 고대 그리스학자 아리스토텔레스(Aristotle)이 제시한 근접연상이론(Association by Contiguity)이라는 근본원칙에 있다고 할 수 있다. 즉 우리가 어떤 것을 기억하고 생각하는 이유는 그 어떤 것을 그것과 관련된 다른 것과 함께 과거에 접한 적이 있기 때문이라는 것이다. 파블로프는 학습의 기본과정을 다름 아닌 자극과 반응 사이의 연상관계를 형성한 것으로 간주하고 있다.

파블로프의 실험은 먼저 개에게 먹이를 보여주고 주지 않을 경우 개는 그 먹이를 보고 침을 흘리게 되는데, 이러한 먹이와 침을 흘리는 것과의 관계는 학습되어지는 것이 아니라 자연발생적이고 선천적인 것으로 이러한 자극과 반응사이의 관계는 본능적인 것이라고 할 수 있다. 다음으로 파블로프는 개에게 먹이를 주기 전에(약 3초전) 종소리를 내고 그 다음에 먹이를 보여 주었더니 개는 먹이를 보고 침을 흘렸는데, 이 경우 자극적인 종소리와 무조건 반응으로 나타나는 침흘리는 것 사이에 처음엔 아무런 연관성도 없었으나 여덟 번 내지 아홉 번 정도 이러한 실험을 하고 나서 종소리를 내자 개는 종소리만 듣고도 자동적으로 침을 흘리게 되었다. 이것은 종소리만 나면 개도 곧 그 종소리와 먹이를 연관시켜 생각하기 때문에 먹이가 나올 것을 예상하게 되고 따라서 침을 흘리게 되는데 이 경우 학습하고 있는 것은 결국 종소리와 먹이 사이의 연상관계라고 할 수 있겠다. 이러한 연상관계는 본능적·선천적으로 발생하는 것이 아니라 훈련을 거쳐 학습되어지는 것임을 파블로프는 강조하고 있다. 이 경우 종소리는 외부적인 자극의 통제 하에서 일어나는 자극이므로 조건자극(conditioned stimulus)이라고 칭한다.

파블로프가 제시한 학습모형의 중심이 조건적 자극과 무조건적 자극을 대치시키는 연상관계에 있으므로 결국 자극과 자극 사이의 연관관계가 그 학습모형의 핵심이며, 교사나 훈련사가 하는 일은 결국 하나의 자극(무조건적 자극) 대신에 다른 자극(조건적 자극)을 대치시켜 주는 자극대치(stimulus substitution) 작용을 행하는 것이므로 파블로프를 S-S심리학자라고 칭하기도 한다. 파블로프는 자신이 제시한 학습모형으로 모든 종류의 학습현상을 설명할 수 있다고 주장하고 있으며 행동장애 문제와 그 치료 문제에도 적용시킬 수 있다고 주장한다.

2.1.4.2 스키너(Skinner)의 조작적 학습모형

스키너의 모형은 파블로프의 모형과 더불어 행동주의 이론의 두 개의 근본적 학습모형을 구성하고 있다. 조작적 또는 도구적 조건법칙(operant or instrumental conditioning)이라고도 명명되는데, 학습자가 주체가 되어 조작하여 어떤 면에서 환경을 변화시킨다는 의미에서 그렇게 명명되고 있다. 스키너는, 반응이란 자극에 의하여 야기되며 주위 상황이 자극이란 형태로 인간에 작용한다는 반응적 조건법칙을 주장하는 파블로프와는 대조를 이루고 있다. 스키너는 막대를 음식물 주머니와 연결시켜 그 막대를 누르면 음식물 주머니에서 음식물이 실험용 상자 안으로 쏟아져 내리게 장치가 되어 있는 실험용 상자를 준비하고 그 안에 쥐를 넣어두고 쥐의 행위조절에 대한 연구를 시작하였다. 이 실험에서 스키너는 다음의 세 가지를 중점으로 생각하였다. 첫째, 쥐를 상자 속에 넣고 쥐가 막대를 누를 때까지 기다리고, 둘째는 쥐가 막대를 누르는 행위(즉 조작적 반응), 그리고 셋째는 쥐가 막대를 누르면 음식물이 쏟아져 내리는 보상행위. 그리고 그 외의 모든 것은 환경적 자극으로 취급하였다.

스키너는 이 실험에서, 쥐가 막대를 누르도록 실험자가 조작하는 대신 쥐로 하여금 그가 처한 주위 상황과 환경에 적용하도록 하면 막대를 누르는 행위를 쥐가 조작하게 되고 그 결과 음식물을 먹을 수 있으므로 쥐는 그러한 행위를 다시 하게 되고 따라서 여러 번 동일한 행위를 짧은 기간 동안에 반복하게 된다는 사실을 알게 되었다.

여기서 쥐가 막대를 누르는 행위인 반응(동물이 행하는 것은 어떤 것이나 반응이 될 수 있다)은 쥐에 어떤 자극(물리적 조건으로 인하여 발생되는 변화나 일반적 환경하에 있는 대상물을 말한다)을 주어서만 야기되는 것은 아니다. 왜냐하면 이 실험에서는 쥐를 그

대로 놓아두고 스스로 환경에 작용하여 우연히 또는 실수로 막대를 누를 수 있게끔 해두었기 때문이다.

또한 쥐를 훈련시켜서 불빛이 켜질 때만 막대를 누르도록 할 수도 있는데, 불빛이 비칠 때 막대를 누르는 경우만 보상을 해주고 그렇지 않은 경우는 보상을 해주지 않는 것을 반복하면 불빛이 비칠 경우 쥐는 더욱 더 능동적으로 막대를 누르고 불빛이 비치지 않으면 막대를 누르지 않게 된다. 스키너는 이때 불빛이란 쥐가 막대를 누르게 되는 이유(cause)가 되기보다는 오히려 막대를 누르는 행위가 발생하는 조건으로 보는 것이 타당하다고 주장한다. 따라서 불빛(자극)이 막대를 누르는 반응행위를 야기한 것이라 할 수 없고 불빛이 조건이 되어 막대를 누르는 반응행위가 나타났다고 볼 수 있다는 것이다.

무엇이 학습되느냐에 대한 대답으로 스키너는 자극이 조건이 되어 반응을 끌어냄으로써 S-R(자극-반응)의 관계를 학습한다고 주장한다. 그는 학습이 되는 이유는 보상에 있다고 함으로써 보상의 중요성을 강조하고 있다. 스키너는 반응은 자극이 개입되어야 야기되는 것이 아니라 자극이 개입되지 않아도 야기된다는 입장을 취한다. 이는 행동주의 입장 중 마음의 존재를 부정하고 육체의 존재만을 인정하고 연구대상으로 삼는 물질주의자들의 입장을 말하는 것이 아니라, 육체와 마음이 모두 존재하지만 육체가 마음에 영향을 미치고 따라서 육체가 연구의 대상이 된다는 부수현상주의자들은 입장을 취하는 것이다.

이러한 행동주의자들의 이론에 대하여 촘스키는 다음과 같은 근거를 들어서 비판하였다.

첫째는 언어를 인간의 다른 행동과 동일하게 실제로 조정할 수 있다고 생각하는 S-R 이론은 잘못된 것이다. 또한 반응은 자극에 의해서 조정 및 통제가 가능하다는 주장은 잘못된 것이다. 왜냐하면 동일한 자극에 대한 반응은 여러 가지로 나타날 수 있기 때문이다.

둘째는 자극의 유효성(stimulus effectiveness)의 주장도 타당하지 않다. 왜냐하면 언어 행위의 속도나 비율이 자극이 존재하는 경우 더욱 증가된다는 의미로 해석될 수 없기 때문이다. 예를 들어서 김씨라는 사람이 박씨라는 사람을 자극할 경우, 김씨는 자극이 된 박씨의 성명을 말할 것이나 박씨가 그곳에 존재할 때 박씨를 부르는 속도나 비율이 더욱 증가된다고 말할 수는 없다.

셋째는 자신 강화(self-reinforcement) 현상에서 보상이 반응을 강화시킨다는 주장은 타당성이 없다. 왜냐하면 작가의 작품은 작가의 후세에 출판되어 대중의 사랑을 받을 수도 있는데 이 경우에 독자들의 칭찬은 작가의 사후에 일어날 수도 있다.

이상에서 우리는 인간이 언어를 학습하는 방법 및 체계에 대해서 현존하는 이론을 이성주의, 경험주의, 형태이론, 행동주의로 구분하고 각 이론별 특징을 고찰해 보았다. 인간의 학습체계를 설명하려는 시도는 여러 언어학자뿐만 아니라 교육학자, 심리학자들의 끊임 없는 관심사이고 연구 주제이다. 이러한 이론 중에서 어느 것이 가장 정확하게 인간의 학습체계를 설명한다고 단언할 수는 없으나, 인간을 이해하는 데는 반드시 필요한 직관을 불러일으키는 연구 분야라고 할 수 있다.

2.2 제2언어 습득이론

앞 절에서는 인간의 언어 학습이론에 대해서 연구해 보았다. 언어 현상을 이해하고 이를 통해서 인간의 본질을 파악하기 위해서 연구를 보다 체계적으로 해야 하는 분야가 제2언어 습득 영역이다. 특히 이 분야는 우리나라와 같이 외국어로서 영어를 배우고 가르치는 것을 강조하고 있는 상황에서는 모국어가 아닌 또 다른 언어를 습득하는 것에 대한 연구에 대한 현실적인 요구가 매우 강하다.

다음에서는 모국어의 개념에 대응되는 제2언어의 개념 정의, 학습과 습득 구분 가설 및 제2언어 습득 이론에 대해서 고찰하고자 한다.

2.2.1 제2언어의 개념 정의

제2언어란 외국어(Foreign Language)와 제2언어(Second Language)의 두 가지 경우를 모두 포함하는 포괄적 의미로도 이해되는데 이 용어로 인하여 제1언어(L1)와 모국어가 아닌 제2언어(L2)의 구분이 초래되었다고 할 수 있다. 과거에는 모국어와 외국어에 대한 개념을 다음과 같은 용어로 정의해 왔다.

도표 2-1 모국어와 외국어의 용어 정리

모국어	외국어
first language	foreign language
native language	non-native language
mother tongue	second language
primary language	secondary language
stronger language	weaker language

과거에는 모국어(native language)에 반대되는 용어로 외국어(foreign language)라는 용어가 주로 사용되었으나 현재에는 모국어가 아닌 언어(non-native language)의 모든 유형에 제2언어(second language)를 적용하고 있다.

모국어인 L1과 모국어 이외의 언어인 L2로 나누어 구분하는 것이 과거에 비하여 매우 총칭적이고 간편한 구분법이라 할 수 있다. 그러나 오늘날과 같이 세계의 거리가 좁아지고 또 이주자가 많은 경우, 그리고 여러 민족이 함께 살고 있는 나라도 많기 때문에(예: 영국, 미국, 독일, 프랑스, 스위스 등등) L1과 L2를 2개 국어 사용(bilingualism)이라는 개념하에서 함께 고려하는 것이 바람직하다. 2개 국어 사용이란 2개의 언어를 제1언어로 동시에 습득하는 것으로, 예를 들면 어머니가 한국인이고 아버지가 미국인인 부모 아래 태어난 어린이의 경우 한국 어머니는 아이에게 한국어로, 미국인 아버지는 아이에게 영어로 말함으로써 그 아이는 결국 제1언어로 영어와 한국어를 동시에 습득하게 되며 그 결과 그 아이는 2개 국어 사용자(bilingual)가 된다.

이러한 개념 정의에 있어서 제2언어 학습과 외국어 학습상의 차이점을 구분하는 것이 개념 이해에 많은 도움이 된다. 이 두 가지 개념의 구분은 언어의 사용목적을 근거로 하여 구분되는 것이 원칙이다. 즉 어떤 언어가 ① 공식 언어(official language)로 쓰이는가, 또는 ② 교수의 수단(medium of instruction)으로 쓰이는가에 따라서 ①과 ②에 대답이 긍정으로 나타나면 제2언어로, 대답이 부정이면 외국어로 구분된다. 제2언어와 외국어의 또 다른 구분근거는 그 언어가 공식적으로 학습되느냐 아니면 비공식적으로 학습되는냐에 따라서 전자의 경우는 외국어로, 후자의 경우는 제2언어로 분류되는 것이 보통이다.

제2언어의 개념 정의와 관련하여 영어교육의 영역을 한번 점검해보는 것이 필요하다. 영어교수법을 TESL, ESL, TESOL, ESOL, TEFL, EFL 등등의 용어로 표시한 경우를 관계 서적이나 잡지에서 우리는 자주 접하게 되는데, 이들 용어는 1980년을 기점으로 그 이전에는 다른 의미를 뜻하는, 구별되는 용어로 쓰였으나 1980년 이후에는 L1에 반대되는 L2라는 의미로서 같은 내용을 전달하는 용어로 사용되고 있다.

즉, TESL: Teaching of English as a Second Language
ESL: English as a Second Language
EFL: English as a Foreign Language
TEFL: Teaching English as a Foreign Language
TESOL: Teaching of English to Speakers of Other Languages
ESOL: English to Speakers of Other Languages
TOEFL: Test of English as a Foreign Language
TOEIC: Test of English for International Communication

위의 용어들은 Second 혹은 Foreign 라는 용어를 이용한 두자어(Acronym)이며, 영어 이외의 다른 언어를 모국어로 하는 학습자들에게 영어를 가르치는 영어교육에 대한 개념을 설명하는 용어로서 요즈음 매우 보편적으로 사용되는 것인데 이러한 용어들 속에서도 제2언어의 개념 정의에 대한 실질적인 증거를 찾을 수 있다.

2.2.2 학습(Learning)과 습득(Acquisition)의 차이점

크라셴(S. Krashen)이 습득이란 개념을 학습과 대비하여 사용하기 시작하면서 습득이라는 용어가 널리 사용되기 시작하였다. 그 이유는, 어린이의 언어습득 과정이 사회적인 학습, 즉 의도적인 교수훈련보다는 성숙과 성장이라는 생물학적 과정으로 간주되었고 습득과 학습의 상황에 따라서 효과적으로 작용하는 요인들이 서로 다르며, 이러한 요인들을 효과적으로 잘 응용해야 교육적인 효과를 달성할 수 있다는 점이 교육 영역에서 부각되었기 때문이다.

학습이란 용어는 주로 심리학자들에 의하여 많이 사용되었으며. 따라서 심리학적 측면에서 이에 대한 많은 연구가 이루어져 왔다고 할 수 있다. 이들은 언어의 학습뿐만 아니라 어떤 기술・지식 등의 습득, 더 나아가 사고하는 학습도 여기에 포함시키고 있으므로 매우 포괄적 의미로 사용되었음을 알 수 있다.

도표 2-2 학습과 습득의 개념 정의

	학 습	습 득
①	의식적 과정	무의식적 과정
②	학습결과도 의식적	습득결과도 무의식적
③	언어에 관하여 알고 있음 의식적인 지식 규칙을 의식적으로 알고 있음	언어를 알고 있음 무의식적 지식 규칙은 의식적으로 모를지 모르지만 어감이나 느낌으로 비문과 정문을 구분할 수 있음
④	공식적인 정식교육 학습	자연적인 학습 비공식적인 학습
⑤	환경・경험적 영향이 중요	유전적・생물학적 요소가 중요
⑥	내재적 언어습득 장치가 꼭 있어야 할 필요는 없음	내재적 언어습득 장치(LAD)가 있어야 함
⑦	학습자의 동기 유발에 대한 기술적인 고려가 있어야 함	동기 유발이 자연스러움
⑧	언어자료에 대한 노출의 양이 적음	언어자료에 대한 노출이 대단히 자연스럽고 양적으로 충분함
⑨	언어자아, 방해감, 불안감의 영향을 받음	언어자아, 방해감, 불안감이 없음

학습과 습득이란 용어상의 차이점을 논한 크라센(1982, 1983)의 이론에 따르면, 위의 <도표 2-2>로 두 용어의 개념 차이 및 이 영역에 효과를 미치는 요인들도 분명히 정의할 수 있다.

이러한 제1언어/제2언어 및 학습/습득에 대한 개념 정의를 통해서 우리는 언어 연구 영역의 새로운 패러다임을 관찰할 수 있다. 또 이러한 새로운 개념들은 외국어를 학습하고 가르치는 영역에서는 매우 중요한데, 다음 절에서는 이러한 새로운 개념을 기초로 제2언어 습득이론을 정립하고 이를 바탕으로 우리나라에서 효과적인 외국어 학습법을 고안해 보고자 한다.

2.2.3 제2언어 습득이론

크라센(1982)은 기존의 외국어 학습 이론과는 차별화되는 제2언어 습득이론을 주장하고 그의 이론을 다음의 5가지 가설로 나누어 설명하고 있다. 그의 이론적 핵심은 1. 습득-학습의 구분 가설(The Acquisition-Learning Distinction Hypothesis), 2. 자연순서 가설(The Natural Order Hypothesis), 3. 모니터 가설(The Monitor Hypothesis), 4. 입력가설(The Input Hypothesis), 5. 감정여과 가설(The Affective Filter Hypothesis)로 설명된다. 다음에서는 각 가설의 내용을 고찰하고자 한다.

2.2.3.1 습득 - 학습의 구분 가설(The Acquisition - Learning Distinction Hypothesis)

습득-학습 간의 구분은 가장 기본적인 가설로서, 성인의 경우 제2언어의 언어능력을 개발하는 독립적이고 분명한 방법이 두 가지가 있음을 기술하고 있다. 첫째는 언어습득을 통한 방법으로, 이것은 어린이의 모국어 능력을 발달시키는 과정과 유사한 것이다. 언어습득은 무의식적인 잠재적 과정이다. 다시 말해서 언어습득자는 언어를 습득한다는 사실을 인식하고 있는 것이 아니라 의사전달을 하기 위하여 언어를 쓰고 있다는 사실을 의식하고 있다. 따라서 언어습득의 결과도 잠재적인 것이어서, 우리가 습득한 언어의 규칙을 우리가 의식적으로 인식하고 있는 것이 아니라 어떤 문장을 들을 때 그 문장이 정확한지 아닌지 또는 옳은 문장인지 아닌지에 대한 느낌을 갖고 있다고 의식하고 있다.

제2언어의 언어능력을 개발하는 두 번째 방법은 학습(learning)에 의한 것이다. 여기에서 학습이란 용어 습득(acquisition)에 반(反)하는 용어로서 제2언어에 대한 의식적인 지식, 규칙을 알고 인식하며 그것에 대해 이야기할 수 있는 것을 말한다. 결국 언어에 대해서 알고 있는 지식을 말하는 것으로, 대부분의 사람들에게는 "문법" 또는 "규칙"이란 용어로 알려져 있다.

학자들에 따라서는 어린이들은 모국어를 습득하는 반면에 성인들은 제2언어를 단지 학습할 수 있을 뿐이라고 주장하고 있다. 그러나 습득-학습 가설에 의하면 성인도 언어를 습득할 수 있으며, 언어를 조금씩 저절로 알게 되는 능력이 사춘기(puberty)때를 기점으로 하여 완전히 없어지는 것이 아니기 때문에 성인도 제2언어에서 모국어와 같은 수준의 언어능력을 달성할 수 있다고 한다.

이것은 성인도 어린이와 같은 언어습득장치(LAD)에 접근할 수 있음을 의미하므로 습득도 성인의 경우 매우 강력한 과정이라 할 수 있다.

해멀리(Hammerly, 1982)는 언어 습득-학습 유형을 6가지로 구분하여 각 유형별로 언어습득 및 학습에 영향을 미치는 요인들을 다음 <도표 2-3>과 같이 정리하였다.

도표 2-3 언어 습득-학습 과정에 영향을 주는 요인들

요인	습득 과정	학습 과정
동기	동기 유발이 용이하다.	모국어를 통하여 사회적·언어적 주체성이 형성되었기 때문에 동기 유발이 쉽지 않다.
시작상태	이성이나 언어 습득 장치의 도움으로 습득의 시작이 용이하다.	모국어의 규칙 체계가 제2언어 학습에 간섭을 유발할 수도 있다.
노출	모국어에 노출되는 양은 지대하다.	제2언어 학습자의 경우에는 목표어에 노출되는 양이 적다.
언어적 간섭	언어적 간섭이 없다.	모국어에 대한 지식의 제2언어 학습에 대한 간섭 현상이 지대하다.
언어자아, 불안감, 방해	모국어 습득에는 불안감이나 공포감이 없다.	모국어를 통해 강한 자아가 형성되어 제2언어 학습에 거부감이 형성된다.

뇌의 유연성	어린이의 뇌는 성인보다 유연하다.	사춘기 이후에는 뇌의 편기화가 마감되어 이 시기 이후에는 발음 지도에 계획적인 훈련이 필요하다.
기억력	어린이는 운동 기억력이 우수하다.	성인은 일반 기억력이 우수하다.
철자의존성	어린이는 구두로 언어를 습득하여 철자의존성이 약하다.	성인은 철자의존성이 강하다.
입력의 구조화	모국어 습득의 경우에는 접하는 자료가 체계적일 필요가 없다.	제2언어 학습의 경우에는 자료제시가 체계적이어야 한다.
개념 체계	언어와 개념 체계를 동시에 발달시킨다.	성인은 모국어의 개념 체계가 이미 존재하므로 이를 이용하는 것이 바람직하다.
학습자의 특성	어린이학습자의 경우에는 학습자의 특징이 부각되지 않는다.	학습자의 개별 특징을 이용하는 것이 효과적이다.

2.2.3.2 자연순서 가설(The Natural Order Hypothesis)

어린이들의 모국어학습 과정이나 성인들의 언어학습 과정을 살펴보면 문법구조를 일정한 순서, 즉 예견할 수 있는 순서대로 습득한다는 주장이 자연순서 가설이다. 물론 모든 습득자가 100% 동일한 순서로 습득하지는 않지만 분명하게 통계적으로 의미 있는 유사성이 있는 순서대로 습득한다는 것이다.

이제까지 연구대상이 된 언어 중에서 영어에 관한 습득순서(그 중에서 특히 형태론에 관한 습득순서)는 많은 학자들의 연구의 중심이 되어 왔다. 특히 브라운(R. Brown, 1973)에 따르면 영어를 모국어로 습득하는 어린이들을 조사한 결과 특정 형태소를 습득하는 데는 일정한 순서가 있다는 사실을 입증하였다.

즉, ① 진행형 어미 → " --- ing "
② 복수형 어미 → " -s "
③ 3인칭 단수형 어미 → " -s "
④ 소유격 어미 → " -'s "

영어를 제2언어로 습득하고 있는 어린이들을 대상으로 실험을 한 결과에 대해서는 크라센과 테렐(Krashen & Terrell, 1983)은 다음과 같은 결과를 제시하고 있다.

① 진행형 어미(--ing), 복수형 어미(--s), 계사(to be)

② 관사(a, the)

③ 불규칙 과거형

④ 규칙과거형, 3인칭 단수형 어미(-s), 소유격 어미(-'s)

물론 제2언어 습득순서와 제1언어 습득순서는 다르지만, 제2언어를 습득하고 있는 어린이들의 집단을 관찰해 보면 이들의 형태소 습득순서가 매우 유사함을 발견할 수 있고 이것은 언어 습득 장치를 인정한 인지적인 입장에서의 언어 습득을 인정한 결과라고 해석할 수 있다. 또한 이러한 자연적 순서에 기초하여 교육 내용의 순서를 정하는 것이 바람직하다는 의미도 도출할 수 있다.

2.2.3.3 모니터 가설(The Monitor Hypothesis)

모니터 가설은 습득과 학습의 두 가지 독립된 과정은 매우 특정한 방식으로 사용된다는 입장을 취하고 있다. 즉 일반적으로 습득은 제2언어 발화 시작(initiate)과 관련이 있으며, 따라서 언어의 유창성(fluency)의 원인이 된다고 볼 수 있는 데 반하여 학습이란 단지 하나의 기능, 즉 모니터(청취조정)하거나 편집하는 역할만을 수행한다. 다시 말해서 학습이란 발화형태를 수정해야 할 경우에만 작용하게 된다. 이것은 습득된 언어능력이 발생한 연후에 그 출력으로 학습된 언어능력이 일어날 수 있다는 것을 암시하는 것으로 문법에 대한 의식적 인식이 언어 활용 상에 매우 제한적인 역할만을 담당하고 있음을 암시한다.

크라셴은 제2언어 수행자가 다음의 세 가지 필요조건(충분조건은 아님)이 만족될 때 의식적 규칙을 사용할 수 있다고 주장한다.

① 시간: 의식적 규칙을 효과적으로 사용하기 위하여 제2언어 수행자는 충분한 시간적 여유를 가져야 한다는 가설이다. 그러나 일상적인 대화에서는 발화 시에 충분한 시간을 얻을 수 없다는 점이 의식적 규칙을 활용하는 데에 있어서 하나의 문제점이다.

② 형태: 의식적인 규칙을 효과적인 모니터로 활용하기 위하여 시간만으로는 충분하지 않다. 제2언어를 수행하고 있는 사람은 발화의 형식에 대해서도 주의를

집중해야 한다. 따라서 유창성의 측면에서는 의식적인 규칙이 많은 효과를 낼 수 없다는 점을 암시한다.

③ 규칙의 이해: 언어 학습자가 의식적인 규칙을 활용할 수 있으려면 우선 규칙을 이해하여야 한다. 그러나 언어의 구조란 대단히 복잡하며, 언어학자가 기술한 규칙은 단지 단편적인 것에 불과하고, 학생들이 접하게 되는 것도 그 언어의 전체 문법이 아니라 극히 일부분에 불과하기 때문에 언어학습자에게는 매우 어려운 문제가 된다.

2.2.3.4 입력가설(The Input Hypothesis)

크라센(1982)은 다음과 같은 근거를 이용하여 입력가설은 주장하였다. 즉, ① 입력가설은 학습과 연관된 것이 아닌 습득과 관련되어 있다. ② 우리는 우리의 현재 언어능력 수준보다 조금 더 높은 수준의 구조(만약 우리의 언어 능력을 i라고 하면 i +1)를 포함한 입력을 이해함으로써 언어습득을 하게 되는데 이 경우 언어적인 것이 아닌 비언어적 또는 언어 외적인 정보나 문맥의 도움으로 습득하게 된다. ③ 유용한 언어습득을 위하여 제공되는 입력은 i+1이라야 하지만 단지 i+1만을 포함할 필요는 없다. 그 이유는 의사전달이 성공적으로 되었을 때, 입력을 이해하게 되었을 때에는 i+1은 자동적으로 제공되기 때문이다. ④ 발화능력(production ability)은 드러나게 되고 직접적으로 가르쳐서 되는 것은 아니다.

이상의 4가지 입장을 주장하는 가설이 바로 입력가설이다. 따라서 이 가설에 의하면, 적절한 입력의 제공만이 성공적인 언어습득을 야기시킨다고 할 수 있겠다. 크라센은 입력가설을 입증하기 위하여 다음과 같은 증거를 제시하고 있다.

첫째는 어린이들의 제1언어 습득 과정을 통하여 증거를 제시한다.

아이를 보아주는 사람들의 말(caretaker speech)은 첫째, 어린이들과 대화하기 위한 것일 뿐 언어를 가르치려는 의도가 없으므로 아이들의 이해를 돕기 위하여 단순하고 간단하게 수정되며 둘째, 성인 대 성인의 대화에 비하여 간단하며, 동시에 어린이의 언어능력에 대체로 맞추어져 있으며 셋째, 어린이들이 지금 현재 있는 곳에서 눈으로 감지할 수 있는 것에 대하여 이야기한다('here & now'원리). 이러한 특징이 있는 애보기 말은 입력가설과 매우 일치되는 것인데, 그 이유는 애보기 말이 아이들에게 이해될 수 있도록 하는 것을 그 목적으로 하며 또한 'here & now'원리에서 언어 외적인 상황(문맥)을 어린이에게 제시하여 어린이로 하여금 i +1 수준의 발화를 이해하도록 하고 있기 때문이라 할 수 있다.

둘째는 제2언어 습득으로부터의 증거를 채택한다.

입력가설은 제2언어 습득에도 해당된다. 그 이유는 제2언어 습득자도 모국어 습득 어린이와 마찬가지로 습득자이기 때문이고, 제2언어 습득자도 모국어 습득에서와 같이 자연적인 습득순서가 있기 때문에 i +1 수준을 논할 수 있고, 제2언어 습득자도 모국어 습득자와 같이 조절된 입력을 받을 수 있기 때문이다.

그러면 최상의 입력은 어떤 것인가? 크라셴(1983)은 다음의 6가지를 최상의 입력조건으로 제시하고 있다.

① 최상의 입력은 이해할 수 있는 것이라야 한다.

② 최상의 입력은 흥미있고 연관성이 있는 것이라야 한다.

③ 최상의 입력은 문법적으로 순서나 등급이 정해진 것이 아니어야 한다.

④ 최상의 입력은 양적으로 충분한 것이라야 한다.

⑤ 여과정도 면에서 자신방어에 치중하지 않아야 한다.

⑥ 대화사용에 도구로 제공될 수 있는 것이라야 한다.

2.2.3.5 감정여과 가설(The Affective Filter Hypothesis)

감정여과(Affective Filter)란 개념은 듈래이와 버트(Dulay & Burt, 1974)가 제안한 것으로 감정적인 변수를 다루는 제2언어 습득분야의 연구서에서 찾아볼 수 있는 것과 일치되는 것이다. 감정여과 가설은 감정적인 요인이 제2언어 습득과정과 어떤 연관성을 유지하고 있는지를 기술하고 있다.

이제까지의 연구결과는 여러 가지 다양한 감정적인 변수(동기, 자신감, 그리고 걱정 등)가 제2언어 습득의 성공 여부와 밀접한 관련이 있음을 제시하고 있다(크라셴, 1982).

감정여과 가설은 언어습득자는 그들의 감정여과의 강도나 수준에 관하여 변한다는 점을 설정함으로써 감정적인 변수와 제2언어 습득과정 간의 관계를 파악하고자 하는 가설로서 언어교육 영역에 학습자의 감정적 영역을 포함시켰다는 점에서는 새로운 시도이다. 즉 습득자의 태도가 너무 자신의 방어에 치중하거나 불안감이나 걱정이 앞서는 경우에는 학습자는 자신의 방어 기제가 매우 높게 형성되게 된다. 따라서 이 가설에 의하면, 습득자가 아무리 이해 가능한 입력을 많이 받아도 감정여과 장치가 너무 높게 설정되어 있으면 언어 학습의 효과가 매우 감소한다는 점을 설명할 수 있다. 다시 말해서, 습득자가 모국어 화자의 수준에 도달하려면 적절한 입력을 받고 감정여과를 거쳐 언어습득 장치를 통하여 언어능력을 습득하게 되는데 이때 감정여과는 낮고 약해야 한다.

입력가설과 감정여과 가설을 기초로 우리는 새로운 방식으로 언어교사의 역할을 정의할 수 있다. 즉 훌륭한 언어교사란 입력을 이해가능하게 제공하되 학생들에게 불안감을 주지 않는 편안한 상황에서 그 입력을 제공하는 사람이다. 훌륭한 언어교사는 다음의 5가지 사항을 염두에 두고 가르치는 사람이라 할 수 있다.

① 습득은 학습보다 더 중요하다.

② 습득하기 위하여 두 가지 조건이 필요하다. 첫째, 입력이 학생들이 이해 가능한 것인 i +1 구조라야 하며 둘째, 그 입력을 받아들일 수 있도록 매우 약한 감정여과 상황이 필요하다.

③ 습득하는 목표어에 접하는 시간(예를 들면 거주기간 또는 사용기간)과 언어의 능숙도(유창함)와의 관련성이 있을 수 있다.

④ 연령 그 자체는 제2언어 습득의 속도나 달성도를 예견하지는 않지만 연령과 언어습득과는 관련성이 있다.

⑤ 문화변용(acculturation)의 한 가지 양상으로 우리는 제2언어 습득을 생각할 수 있다. 문화변용의 경우 학습자는 사회적으로 목표어를 구사하는 그룹과 통합되고 그 결과 목표어에 충분히 접하게 되어 그 언어를 습득하게 된다.

이렇게 입력 가설과 감정여과 장치들을 설정하여 제2언어 습득 이론을 설정한 크라셴의 이론은 우리나라 외국어교육 상황에서도 적용가능한 매우 유용한 이론이다.

이번 장에서는 어린이 영어교육 분야에서 매우 중요한 영역을 담당하고 있는 언어학습이론 및 언어습득이론을 고찰하였다. 모국어 습득 분야에서 언어습득 과정을 설명하고 있는 심성주의 가설, 경험주의 가설, 형태이론, 행동주의 가설의 이론적 특징을 요약하였다. 또한 우리나라의 영어교육 상황과 밀접한 연관성이 있는 제

2언어 교육이론을, 제2언어의 개념 정의, 습득과 학습의 차이점, 제2언어 습득이론으로 구분하여 고찰하였다.

어린이 영어교육은 인간의 언어 능력과 언어발달에 매우 밀접한 연관성이 있는 분야이므로, 언어학습 이론에 대한 체계적인 고찰이 어린이 영어교육 분야를 연구하는 데 이론적인 토대를 제공해 줄 것이다.

연구과제

1. 언어학습 이론에는 이성주의 가설과 행동주의 가설이 대별된다.
   이 두 가지 가설의 가장 본질적인 차이점을 기준으로 두 가설을 비교하시오.

2. 촘스키의 언어습득장치(Language Acquisition Device)란 무엇인가?

3. 학습 - 습득의 개념을 정의하시오.

4. 제2언어 습득 이론에 속하는 5가지 가설을 설명하시오.

CHAPTER 03

어린이 언어습득 상황

English Language Teaching for Children

이번 장에서는 다양한 어린이 언어습득 상황을 영유아기의 이중언어 습득, 이중언어적 맥락에서의 제2언어 습득, 다중언어 습득 과정 그리고 초등학교에서 진행되는 외국어 교육이라는 네 가지의 상황으로 구분하여 소개할 것이다. 또한 전 세계에서 진행되는 외국어 및 제2언어 교육 프로그램의 다양한 유형들을 비교하고, 언어 학습을 위해서 유익한 교육 프로그램들의 상대적 장점들에 대하여 논의해 보고자 한다.

세계 전역의 사례들을 이용하여, 가정과 학교 모두를 포함한 여러 환경 속에서, 어린이시기에 제2언어를 배우고 이중언어를 구사하게 되는 과정과 이중언어를 구사함으로써 누릴 수 있는 혜택을 설명할 것이다. 이중언어 또는 다중언어적 환경에서 성장하는 어린이들의 수는 단일언어적 배경에서 성장하는 어린이들의 수와 동일한 실정이고, 이러한 경향은 세계인들의 유동성이 나날이 증가하고 현대 통신망의 기술적 혁신이 가속화되고 있어 앞으로도 계속될 것이다. 이중언어나 다중언어를 구사할 줄 아는 역량은 이제 세계적인 인재에 대한 일반적 기준이 된 것이 분명하다.

각양각색의 교육적 환경들은 서로 다른 학습기회와 도전의식을 제공하고 또 아버지와 어머니의 모국어가 각기 다른 가정에서 태어난 어린이들은 언어습득 차원에서 다양한 결과물을 산출한다. 태어날 때부터 안정적 이중언어 구사자가 될 수 있다. 그런 후에 그들은 학교에서 또 다른 언어를 배우게 된다. 많은 아동들은 이민의 결과로서 자연스럽게 제2언어를 습득하게 된다. 이민자 가족들은 가정과 그 외의 넓은 범위의 이민자 가족 공동체에서 그들의 모국어를 사용할 것이고 이런 가정의 어린이들은 그들의 모국어를 제2언어로서 가르치는 학교체제 안에서 여러 방식으로 그들의 모국어와 접하게 될 것이다. 그들 중 일부는 일반학교에서 그들 모국어를 계속 사용하고 발전시킬 기회를 가질 수도 있다(워리너(Warriner, 2007)의 예 참조).

이러한 환경 속에 놓인 어린이들은 두 가지 언어 모두를 활발히 사용하면서 이중언어 및 이중문화적 주체성을 발전시킬 수 있는 위치를 점하게 된다. 이런 상황 밖의 다른 상황에 처한 아이들은 일반 학교가 아닌, 모국어 공동체 소속의 자발적 교사들에 의해 운영되는 소위 보조학교에서 그들의 모국어를 공부할 수 있다(예; 크리스와 마틴(Creese & Martin), 2003). 최근 1년~5년 사이의 단기간 동안 사업상 또는 공부할 목적으로 다른 나라에 가서 머물다가 오는 가족들의 수가 증가하고 있는데, 이런 가족의 어린이들은 국제학교에 다니거나 또는 현지 지역학교에 다니는 것이 보편적인 현상이다. 그리고 현지 학교에 다니게 되는 어린이들은 언어 학습에 대한 특별한 별도의 지원을 받지 못한 채 새 언어에 적응해야 한다.

또 단일어 사용 가족의 일원으로 태어나고 어린 시절 외국으로 여행할 기회를 갖지 못하는 아이들은 초등학교에서 정규과목으로 편성된 하나의 외국어를 공식적으로 배우게 된다(존스톤(Johnstone), 2002).

이번 장에서는 전형적인 외국어 학습의 상황들을 숙고해보고 각각의 상황들이 가지는 혜택, 기회 및 도전과제에 대해 논의할 것인데, 첫째 영유아기의 이중언어 습득, 둘째 부가적 이중언어 습득 상황, 셋째 다중언어 습득 과정, 마지막으로 외국어 학습 상황들의 특징과 장·단점을 검토하고자 한다.

3.1 영아기의 이중언어 습득

'균형적 이중언어 사용자'라는 용어의 정의에 확실하게 부합될 만큼 어떤 상황에서든지 두 언어를 똑같이 잘 알고 능숙하게 사용할 수 있는 사람은 아주 극소수이다. 두 개의 언어가 균형적으로 이해되고 사용되어 일상화되는 가정의 구성원으로 태어난 어린이들은 균형적 이중언어 사용 능력을 일찍 갖출 수 있을 것으로 생각된다. 이런 유아들은 두 개의 언어를 동시에 접하게 되기 때문에 어느 것이 모국어이고 어느 것이 제2언어인지 구분하는 일이 가능하지 않다.

어느 정도의 기간 동안 계속해서 이중언어 환경에 노출되어야 하는지에 대해서는 아직 정확하게 결정된 이론은 없으나, 초등학교 취학 전의 일정 기간 동안 지속적으로 이중언어 환경에 노출되는 어린이는 일반적으로 균형 잡힌 이중언어 능력을 가지게 되는 것으로 간주된다. 적절한 이중언어 환경 노출의 기간에 대해 데 하우워(De Houwer, 1995: 222)는 출생 후부터 만 2세가 되기 전까지의 시기에 2개 이상의 언어를 접하기 시작해서 초등학교 취학 전까지 규칙적이고 지속적으로 이중언어에 노출되면 균형잡힌 이중언어 사용자가 될 수 있다고 주장한 바 있고 메라우린(MeLaughlin)은 출생 후부터 3세까지의 기간 내내 어린이가 이중언어에 노출되는 것이 바람직하다고 제안하는 반면, 제네스와 니콜라디스(Genesee & Nicoladis)는 출생 시부터 약 4세까지의 기간이 적합하다고 주장하였다.

3.1.1 영아기 이중언어 습득 과정

이중언어 사용 아동과 단일언어 사용 아동은 어떻게 다른가? 단일언어 학습자의 언어습득과정과 조기 이중언어 동시 학습자의 언어습득과정은 비슷한가? 아니면 서로 다른가? 이중언어 습득의 사례들은 초기에 론제트(Ronjat, 1913)와 레오폴드(Leopold, 1949)에 의해 서술된 바 있는데, 두 사람 모두 그들 자신의 아이들의 이중언어발달 양상을 분석한 결과를 서술했다. 특히 레오폴드는 그의 연구에 기초하여 다음과 같은 이론을 제시하였다. 즉, 유아들이 아직 두 개의 언어를 식별하고 차별화하지 못하는 시기에는 모든 이중언어 유아들은 단일언어의 초기 발달 단계에서와 동일한 양상을 나타낸다는 설이다("동일언어 체계 가설"이라고도 지칭됨). 이 견해는 볼테라와 태슈너(Volterra & Taeschner)에 의해서도 지지를 받고 있다. 최근 연구는 이중언어도 단일언어와 같은 단계를 거친다는 동일언어 체계 가설의 주장과는 반대로, 이중언어 구사자들은 두 언어가 가진 서로 다른 언어 특유의 성질들을 초기에 습득한다는 사실을 보여주고 있다. 예를 들면 보쉬와 세바스틴-갈레(Bosch & Sebastian-Galles)는 4개월 유아(평균 129일밖에 안됨)들이 이미 그들의 두 언어, 카탈로니아어와 스페인어의 차이를 구별할 수 있다는 것을 증명한 바 있다. 또 나아가 아주 어린 유아들이 친숙한 언어와 그렇지 않은 언어 사이의 차이를 분간할 수 있다는 연구결과도 있다.

그로장(Grosjean, 1994)은 두 언어 체계 사이의 독립성과 상호 의존성 모두를 조합하는 통합 모델이 언어습득 과정을 가장 잘 설명할 수 있다고 제안한다. 예컨대, 프랑스어와 영어의 2개 언어를 사용하는 2~3살짜리 어린이들을 둔 파라디스(Paradis, 2001)는 두 언어 간의 구조적 중복과 입력(input)의 모호성(다의성)이 언어 전이현상을 초래할 수 있음을 주장하였다. 그러나 이런 전이는 잠시 일어나고 특별한 영역만 그 영향을 받으며 문법의 다른 영역들은 두 언어 모두에서 원래대로 있는 것 같다. 이중언어 어린이들은 단일어 어린이들과 마찬가지로 대체로 12~13개월의 나이에 첫 발화를 시작한다(패더슨과 피어슨(Patterson and Peason), 2004). 그들의 어휘력이 발달하는 속도는 2개 언어의 어휘를 통합해서 본다면 단일어 어린이들의 발달 속도와 동일하다. 이중언어 사용 어린이들은 그들이 말을 시작하는 그 순간부터 두 언어 간에 서로 상응되는 번역 동가어를 만든다(피어슨, 페르난데와 올레(Pearson, Fernandez & Oller, 1993)). 1.5세가 될 때까지 두 언어 간의 동일한 의미의 단어 번역 비율이 급속하게 증가하여 이 나이 이후부터 줄곧 두 개의 구별되는 어휘 체계를 운영한다는 것을 보여 준다(예: 니콜라스와 세코(Nicoladis & Secco, 2000), 란버스(Lanvers, 1999)). 니콜라스와 제니스(Nicoladis & Genesee, 1998)는, 같은 내용에 대하여 부모가 두 개의 다른 언어로 이야기 하는 것을 듣는 것은 아마도 어린이가 다른 언어의 동일한 의미의 번역어를 빨리 알게 하는 데에 도움이 될 것이라고 주장한다.

이중언어 사용 어린이들에 있어서 동사 형태론의 발달 속도는 적어도 두 언어 중 더 잘 아는 언어 분야에서는 단일어 사용 어린이와 같음을 보인다. 동시에 이중언어 사용 어린이들의 동사 형태론적 발달에 있어서 두 언어 간에 전이가 일어난다는 증거도 있는데 그 예로 돕케(Dopke, 2000)의 사례를 들 수 있다. 그는 영어와 독일어를 동시에 배우고 있는 어린이들은 모두 독일어 사용 문구(文句)에서 독일어만 쓰는 독일 원어민 어린이들보다 VO 어순(목적어를 동사 뒤에 두는 어순)을 훨씬 더 많이 사용한다는 사실을 발견하였다. 많은 연구자들은 유아의 언어부호혼합(code-mixing)에 대하여 연구하고 조기의 언어부호혼합은 문법적으로 부자연스럽다는 것을 입증하였다.

이중언어 사용 어린이들은 어휘와 문법상의 차이를 모두 배우기 위해, 특히 두 언어 중 더 약한 쪽의 언어에서 언어부호혼합을 사용한다. 언어부호혼합은 상황 의존적이므로 어린이들은 다른 사람들보다 어떤 상황에서는 그것을 더 많이 사용한다. 그 일례를 비흐맛(Vihman, 1998)의 연구에서 볼 수 있는데, 그녀는 한 연구에서 어린이들은 부모와 녹음기가 있는 곳에서는 언어부호혼합 행위를 잘하지 않았다고 보고했다. 판(Pan)은 정체성 의식은 언어부호혼합과 관련이 있다고 보고하였는데, 그 연구에서 어린이들은 표준 중국어에서 영어로 언어 전환하는 경향이 부모보다 더 강했고, 그들은 부모들보다 이 전환 방식을 유지하는 것을 더 원한다고 주장했다. 그는 부모와 아이들 간에 존재하는 이런 전환 양식상의 차이들은 자아 정체성 개념과 관련되고, 즉 어린이들은 더 큰 공동체와 영어에 더 가까워질 수 있도록 자신들을 조정한다고 주장했다. 또한 어린이들은 대화하는 상대방을 잘 이해하기 위해 그들이 사용하는 두 언어 간에 언어전환을 하는 일에는 매우 능숙한 기술을 발휘한다는 사실이 알려져 왔다. 이중언어들 사이에서 발생하는 언어코드전환(code-switching)의 분량은 부모 및 그 외의 대화 상대들이 어떤 언어를 선택하느냐와 그들이 취하는 언어 코드 전환 행동에 따라 결정되는 것으로 보인다. 이중언어 어린이들의 일부 부모들은 아이와의 대화에서 이중언어 담화 전략을 택할 수 있다. 즉, 다른 부모들은 언어부호혼합을 용인하지 않고 한 번에 한 가지의 언어를 사용하기를 강요하는 것에 반하여 또 어떤 부모들은 언어부호혼합을 용인하다 못해 격려하기까지 한다. 란자(Lanza, 1997)는 그의 연구에서 두 살배기 영어-노르웨이어의 이중언어를 사용하는 어린이는 자신이 노르웨이어를 이해하지 못할 것이라고 생각하는 영어화자인 그의 어머니와 말할 때보다 이중언어 전략을 가진 노르웨이어 화자인 아버지와 대화할 때 언어부호혼합을 더 많이 하는 것으로 보고했다. 이런 식으로 가족 구성원 내에서의 언어 사회화는 아이들의 언어부호혼합 사례에 영향을 미친다.

어린 아동들은 부모들의 전략에 적응하는 일에서만 전문적이 아니고 친숙하지 않은 대화상대자들의 언어부호혼합의 경우에도 잘 적응하는 능력을 가지고 있다. 꼬모, 제네스와 라파겟트(Comeau, Genesse & Lapaquette, 2003)는 어린이들은 낯선 사람과 이야기하고 있을 때마다 그 사람이 만드는 언어부호혼합 비율에 가깝게 자신의 언어부호혼합 비율을 맞춘다는 점을 발견했다.

3.1.2 영아기 이중언어 습득 상황

균형잡힌 이중언어 능력이라는 표현은 어린이들이 두 언어를 똑같은 수준으로 습득한다는 의미를 내포하고 있지만 실제로 그렇게 되기는 어렵다. 대부분의 이중언어 화자들은 결국에는 더 잘하는 언어를 가지게 되는데 그 이유는 오랜 기간에 걸쳐서 두 언어 모두에 정확히 같은 환경과 입력을 제공한다는 것이 불가능하기 때문이다. 또한 다른 요소들도 여기에 영향을 끼친다. 어린이가 한 언어의 화자들과는 정기적으로 접촉을 가질 수 있지만 다른 한 쪽의 언어화자들과는 그렇지 못할 수도 있다. 베이커(Baker, 2006)는 아래의 변인들에 따라서 이중언어 사용자들 간에는 상당한 다양성이 존재한다고 주장했다.

- 부모들이 모국어로서 어떤 언어를 사용하나?
- 부모들이 어린이에게 어떤 언어로 말하나?
- 가족들은 어린이들에게 어떤 언어를 사용하나?
- 그 아이가 속한 지역사회에서 어린이들은 어떤 언어를 체험하나?

로메인(Romaine, 1995)은 사회, 가정 그리고 부모 개인이 사용하는 언어가 주는 영향을 기준으로 조기 이중언어·다중언어의 상황들을 다음과 같이 분류하였다.

- **제1유형:** 1인-1언어적 상황. 이 상황에서는 아동의 아버지와 어머니가 서로 다른 모국어를 사용한다. 부모 중 한 쪽의 언어는 그들이 살고 있는 지역사회에서 가장 영향력 있는 언어이기도 하다. 이 경우에 전형적으로 부모는 각자 상대방의 모국어를 어느 정도 구사할 수 있으면서도 부모 양측은 아이와 말할 때에는 각자 자신의 모국어를 쓰는 것을 원칙으로 삼는다. 가정에서의 엄정한 "부모 한 사람당 한 언어 사용"의 방법은 어린이가 부모 중 특정한 한 편이 사용하는 그 언어로 그와 서로 작용하는 일에 익숙해질 것임을 의미할 것이다. 이 방법은 부모 양측이 모두 교육을 잘 받았고 그들의 사용 언어선택에 있어 시종 일관된 태도를 가질 때에만 그 효과가 있다는 것을 많은 연구들이 입증하였다.
- **제2유형:** 가정에서 하나의 비주류어만 사용하는 상황. 이 경우도 제1유형과 같이 부모 양측의 모국어가 다르고 부모 중 한 사람은 사회 주류어를 모국어로 쓰는 집안의 출신이다. 그러나 집에서는 부모 두 사람이 모두 항상 비주류어를 사용하고 어린이는 오직 집 밖에서만 주류어와 접촉하게 된다. 이 경우, 부모 중 주류어를 배경으로 가진 한 편은 비주류어의 구사능력도 뛰어날 것이 전제된다.
- **제3유형:** 지역사회로부터의 지원이 없는 비주류어가 가정언어로 사용되는 유형. 이 경우 부모들은 똑같은 종류의 비주류어를 함께 사용하지만 사회의 주류어는 부모 중 어느 누구의 모국어도 아니다. 가족들은 가정에서 비주류어를 사용하고, 간혹 가족 중 한 사람이 주류어 사용능력을 아주 조금 가지고 있는 경우도 있다. 새로운 환경을 찾아 이주해온 이민자 가족들의 경우가 주로 여기에 해당된다. 이런 가족 내의 어린이들은 주류어, 비주류어 모두에서 똑같은 구사능력을 갖추기 위해 힘들게 노력해야 할 때가 많다.
- **제4유형:** 지역사회의 지원이 없는 비주류어 2종류가 가정언어인 경우. 이 범주에서는 부모 양측의 모국어가 다르고 또 이 부모의 두 언어 모두가 사회의 주류어와는 거리가 멀다. 부모 각자는 아이가 태어날 때부터 자신들의 언어로 아이들에게 말하고 아이는 집 밖에서 제3의 언어를 배운다.

- **제5유형:** 자신들의 모국어가 아닌 언어로 아이들에게 말하는 부모들의 유형. 이 경우 부모는 같은 모국어를 가지고 사회의 주종언어가 바로 부모들의 모국어임에도 불구하고 부모 중 한 쪽이 모국어가 아닌 다른 언어로 아이들과 대화하기로 결정한다. 아마 이것은 가장 인위적으로 연출된 상황이며 이 상태를 고수하기는 어려운 일일 것이다. 이 상황은 부모가 언어연구와 관련된 일에 종사하고 있고 그들의 아이들에게 새로운 언어를 가르치려는 강한 관심과 동기를 가졌을 때 생기는 전형적 유형이다.
- **제6유형:** 혼합된 언어들. 이 경우는 부모 양측이 모두 이중언어 사용자이고 그들 모두는 지역사회 내 상호작용의 미세한 상황들을 따라 언어전환과 언어부호혼합(code-switching and code-mixing)을 할 수 있는 결과로 이중언어능력을 필요로 하는 업무분야에서 일한다.

3.2 부가적 이중언어 습득 상황

유아기의 이중언어 사용 외에도 어린 시절에 이중언어 사용자가 되는 가장 보편적인 방식이 두 가지 있는데 그것은 이민에 의한 것과 학교교육을 받는 것이다. 첫 번째의 경우는 가족전체가 새로운 나라로 이주할 때인데, 아이들은 이 경우 소수 모국어집단에 속한 제2언어 학습자가 된다. 두 번째 경우, 부모들이 학교교육을 통해 아이들을 이중언어 사용자로 키우기로 할 때, 그들은 아이들을 다른 언어에 부분적으로 또는 완전히 몰입시켜 가르치는 학교로 보내는데 이때 이 아이들은 다수모국어집단에 속한 제2언어 학습자가 된다.

이 두 형태의 제2언어 학습자들은 뚜렷이 대비되는데 이러한 특징은 다른 두 가지 유형의 이중언어 경험이 있을 수 있음을 시사한다. 일반적으로 두 가지 언어사용의 긍정적 효과는 다수모국어집단소속 제2언어 학습자를 위한 교육프로그램들과 관계된다. 이 프로그램들에 있어서 두 언어 (모국어와 제2언어) 모두 그 가치가 높게 평가되고 어린이들은 자신의 모국어를 잊어버리는 일이 없이 제2언어를 확실하게 배운다. 그 반면에 가족의 이주나 근무처 배치전환의 결과로 아이들이 새 사회의 주류어를 억지로 배우게 되는 프로그램에는 부정적인 효과가 따른다. 이 프로그램에서는 아이들이 그들의 모국어를 발전시킬 수 있도록 격려하는 분위기가 조성되지는 않는다.

긍정적인 이중언어 사용은 어린이들이 그들의 실력이 커나가고 있는 모국어에 다른 언어를 덧붙이는 과정, 즉 부가적 이중언어 사용을 뜻하는 반면 부정적인 이중언어 사용은 아이들의 모국어를 잃게 하는 결과를 초래할 수 있는 공제적인 이중언어 사용을 뜻한다(베이커(Baker), 2006).

부가적 이중언어 사용과 공제적 이중언어 사용

이 개념은 서로 반대되는 두 개의 범주이다. 부가적 이중언어 사용이란 학습자가 제2언어를 배우는 동안 그의 모국어가 바뀌거나 그 존재를 위협받을 위험이 일어나지 않음을 시사하는 긍정적 용어이다. 이 경우 학습자는 자신의 모국어 능력에 다른 언어 능력을 추가해서 가질 뿐이다. 이와는 대조적으로 학습자의 모국어와 모국문화 둘 다 또는 둘 중 하나가 제2언어를 배우는 과정에서 그 기반이 약화된다면 이것은 모국어가 바뀌거나 없어진다는 점에서 오히려 부정적인 귀결로 이어진다(베이커, 2006: 74). 가장 심각한 경우는 아이들의 모국어가 무시되고, 또 그들의 제2언어가 충분히 발달하지 못해서 그들이 "무능력한 이중언어 사용자"로 분류되는 상황일 것이다(친과 위글워스(Chin & Wiggleworth, 2007: 9)).

3.2.1 어린이의 제2언어 습득 과정

지금까지 연구들의 대부분은 교사, 부모 및 학자들에 의하여 관찰된 이민온 이중언어 어린이들을 연구대상으로 삼아 왔다. 타보(Tabors, 1997)는 미국의 유치원에 있는 소수집단어린이들을 관찰한 결과를 토대로 조기의 제2언어발달과정에 대하여 서술했다. 새로운 나라에서의 처음 몇 개월 동안 어린 아동들은 그들의 가정언어를 계속 사용하다가 그 뒤 열심히 듣기만 하고 말은 별로 안 하는 것처럼 보이는 말이 없는 기간 또는 조용히 지내는 기간을 거친다. 그 다음 그들은 약간의 상투적 어구들을 사용하다가 마침내 언어를 창조적으로 생산하기 시작한다.

모국어가 잘 정착되어 있고, 이미 다른 언어로 학업과제와 학교의 요구들을 경험했던 환경에서 새 언어를 학습하기 시작한 어린이들은 언어학습상 많은 유리한 점을 가지게 된다. 학습전략들을 모국어에서 제2언어로 전이시킬 수 있고 그들의 모국어 지식을 응용하여 새 언어의 정형화된 양식들을 파악해낼 수 있다. 이미 정착된 언어능력을 구사하고 인지능력이 더 성숙되었을 때 제2언어의 발달이 가속화될 수 있다.

전반적으로 이민온 어린이가 그 나라에 사는 단일어사용 또래들과 언어기술측면에서 비슷한 능력을 갖추게 되는 데에는 약 5년 내지 7년이 걸리며(커민스(Cummins), 2000) 이렇게까지 되는 일에는 상당한 노력이 요구된다. 마이애미에 사는, 영어를 학습 매체로 하는 학교에 다니는 스페인 아이들은 표현어휘 및 이해어휘에 관한 표준시험에서 초등학교 시절 내내 일관되게 영어를 단일어로 쓰는 아이들보다 성적이 떨어진다는 사실을 에일러, 피어슨과 코보-루이스(Eilers, Pearson & Cobo-Lewis, 2006)는 그 예로서 보여주었다. 이와 함께 비슷한 교육적 환경에 처해 있거나 비슷한 기간 동안 교육을 받은 아이들 간에도 학습자별로 두드러지는 개인적 차이가 있음을 인정해야 한다(파라디스(Paradis), 2005; 윙 필모어(Wong Fillmore), 1983). 비록 파라디스는 어린 아동들은 새로운 상황에 적응하고자 하는 열망 때문에 정서적 변인들이 어른들의 경우보다는 덜 중요하다고 주장하지만 그래도 많은 개인적 변인들이 작용할 가능성은 높다고 강조하였다.

특히 소질과 인간성의 두 변인은 어린이의 이중언어 습득 과정에서 중요하다. 하리와 하트(Harley & Hart, 1997)는 기억 기반 재능이 조기 집중 교육식 어린이들의 성적을 더 잘 예고해주는 반면, 언어 분석 재능은 늦게 입문한 학생들의 제2언어 숙달에 유리하다는 사실을 발견했다. 성격상의 요인 또한 중요하게 여겨진다. 그 예로 웡 필모어(Wong Filmore, 1983)는 한 연구에서 성공한 학습자의 두 가지 유형에 대해 논의했는데 그 하나는 외향적이고 사회성이 강하며 학우들과 제2언어를 연습할 기회를 찾는 학생들이었고 또 하나는 높은 인지능력과 뛰어난 집중력을 가진 수줍은 성격의 학생들이었다.

이중언어 사용 역량의 측정을 위한 연구도 발달을 거듭해왔다. 1960년대까지는 전통적인 방법인 지능지수를 기반으로 한 측정이 이중언어 사용자들이 언어능력 분야에서 단일어 구사자들보다 열등하다는 점을 지속적으로 보여 왔다. 그러나 이 연구들은 소수집단 모국어를 가진 어린이들이 다수집단의 언어를 제2언어로 배우는 상황 속에서 시행되었다(예; 스페인어가 모국어인 어린이들이 미국에서 영어를 제2언어로 학습하는 맥락의 환경).

지능의 규정 및 측정: IQ검사

원래 지능검사는 여러 연령층 어린이들의 평균 지능 효율성을 측정하고 치료적 조치가 필요한 어린이들을 확인해 가려내기 위해 개발되었다. IQ는 개인의 연대적 나이 대 정신적 나이의 비율을 나타낸다. 만일 한 어린이가 정확히 기대되는 만큼 수행하면 그 점수는 100점이 된다. IQ 측정은 전형적으로 언어 분야와 논리 분야로 이루어진다. IQ검사의 초기 형태에서는 지능은 다원화된 재능이라기보다는 기본적이고 일반적인 인간 능력이라는 견해가 반영되었다(비네와 시몬(Binet & Simon), 1916). 더욱 최근에 나온 지능에 관한 해석에 의하면 지능은 단일적 존재가 아니고 그 대신 언어적 지능이라든가 음악적 지능이라든가 공간적 지능과 같은 여러 가지의 지능들로 이루어지는 것임을 시사한다. 기존의 지능검사들은 문화적으로 어느 한쪽 편에 치우쳐서 제2언어 어린이들에게 불리하게 작용했을 수도 있다는 보고가 있었다.

이중언어 사용이 인지적 효과 면에서 매우 두드러진 장점을 지니고 있다는 점을 보여준 연구로 캐나다에서 1962년에 필과 람버트(Peal & Lambert)에 의하여 진행된 연구가 있다. 이 연구에서 110명의 영어와 불어의 이중언어를 사용하는 프랑스 중학교 학생들이 단일어를 사용하는 또래의 학생들과 비교되었다. IQ검사의 거의 모든 문항에서 이중언어 사용자들이 단일어 사용 또래학습자들을 주목할 정도의 차이로 능가하였음을 이 연구가 처음으로 보여주었다. 필과 람버트는 그러므로 이중언어 사용은 손해라기보다는 오히려 특별한 인지적 성취와 관계된다고 주장했다. 여기서 말하는 인지적 성취에는 더 넓은 정신적 융통성, 더 추상적으로 생각할 수 있는 능력, 뛰어난 개념의 형성, 언어로부터 독립적으로 생각할 수 있는 능력을 가지게 되는 것들이 포함된다. 이 사실은 캐나다 및 다른 지역에서 이중언어의 사용을 소개하고 장려하는 일에서 아주 고무적으로 작용되었다. 그러나 간과해서는 안 될 사실이 있는데 그것은 이 연구에 참가했던 아이들은 특별한 혜택을 누리고 있는 중류층 가정 출신들이었다는 점이다. 또한 그들은 더 많은 무리의 아이들 중에서 균형되고 안정된 이중언어 사용자로서 특별하게 선발되었음을 덧붙여야 한다. 그럼에도 불구하고 캐나다에서의 이런 긍정적인 발견은 모국어가 다수 집단 언어인 어린이들에게 제2언어를 가르치기 위해 창안된 최초의 몰입식 교육 프로그램의 출현을 고무하였고 이중언어 사용자로 성장해 나가는 긍정적 장점의 확립에 주안점을 둔 많은 연구들이 진행될 수 있는 기반을 마련하였다.

이중언어 사용 어린이의 모국어 능력과 제2언어 능력의 관계는 매우 중요하고 이 관계는 2가지 언어사용의 장점들을 결정한다. 전반적으로 학습자들이 그들의 모국어 체계를 안정적으로 학습하고, 또 그들의 문화유산에 대해서 자긍심을 느끼고 있는 상황에서 제2언어를 습득한 어린이들이 제2언어를 훨씬 더 잘 구사한다. 이중언어 사용 어린이들의 제2언어 기량을 체계적으로 조사하기 위한 한 연구에서 커민스는 어린이들의 제2언어에 있어서 외견상의 유창함과 학문적 능력을 뒷받침해줄 수 있는 유창함과의 사이에는 큰 차이가 있다고 했다.

어린이들은 외견상으로 제2언어를 유창하게 구사하는 능력은 특별히 큰 노력 없이도 빨리 습득할 수 있는 것으로 보이지만 더 학구적인 제2언어의 능력을 배양하려면 더욱 더 오랜 시간이 소요된다. 이 차이에 기초하여 커민스는 BICS(기본적 대인 의사소통기술)와 CALP(학문언어상의 인지적 능숙함)의 두 개념을 제시했다.

커민스는 두 개의 연속체를 따라서 제2언어상의 유창함을 개념화했다. 첫 번째 연속체는 제2언어로 메시지를 표현하고 받아들이는 데에 있어서 이용할 수 있는 문맥적 지원을 의미한다. 이 연속체의 양극단은 문맥제공적 상황과 문맥제한적 상황으로 표현된다. 문맥제공적 상황은 비언어적이고 상황을 설명하는 단서들이 상호작용을 도와주는 직접 대면적 상황이다. 이러한 상황은 공식적인 학교 수업의 장 밖에서 즉, 운동장에서 놀 때나 친구들 간에 잡담을 나눌 때 더 많이 일어날 수 있다. 이런 상황 속에서는 상황적 단서나 말하는 이의 몸짓 언어로부터 도움을 받아 다른 사람의 말의 뜻을 추측하기가 쉽다.

설령 잘못 이해하더라도 이런 실수의 결과는 그리 심각하지 않다. 그 반대로 문맥제한적 상황에서는 학습자들이 주로 언어적 단서에 의존해야 한다. 이것은 전형적으로 교실 내에서 일어나는 상황인데 메시지의 정확한 의미와 정확한 단어선택이 중요하며 잘못된 이해는 심각한 결과를 초래할 수도 있다.

이들 두 개의 상황 유형은 과업의 인지적 요구와 관계된다. 인지적 연속체는 인지적 부담이 크지 않은 과업에서부터 인지적 부담이 큰 과업까지의 범위로 이루어진다. 이러한 상황유형과 인지적 요구의 연관성은 <도표 3-1>처럼 요약될 수 있다.

도표 3-1 상황 유형과 인지적 요구의 연관성

인지적 부담이 큼 · 문맥제한적임	인지적 부담이 큼 · 문맥제공적임
인지적 부담이 크지 않음 · 문맥독립적임	인지적 부담 크지 않음 · 문맥종속적임

예컨대, 당신의 주장에 어떤 이가 찬성하도록 설득하는 일은 비록 그 대화가 직접대면식이고 몸짓 같은 비 언어적 단서가 주어진다는 점에서 볼 때 문맥제공적이라 할 수 있지만, 과업의 성격상 인지적 부담이 큰 과업이라 할 것이다. 수필쓰기는 학습자가 인쇄물들을 홀로 분석해야 하는 문맥제한적 환경에서 수행해야 할 인지적 부담이 큰 과업으로 분류될 것이다.

커민스(2000)는 대인관계상 필요한 것과 학문연구상 필요한 것들이 제2언어의 읽기 기술을 습득하는 데에 적용되기 때문에 그들간의 차이점을 강조했다. 커민스는 더 나아가 모국어와 제2언어의 능숙도 간에는 중요한 관계가 있고 고도의 인지능력을 요하는 기술들은 모국어와 제2언어 사이에서 전이될 수 있다고 주장했다. 이런 의미에서 잘 개발된 모국어능력은 제2언어의 학문적 기능개발에 도움을 줄 수 있다. 그는 이런 관계를 능숙성의 공동기반원칙이라고 명명했다. 공동기반(cup)에서는 어느 언어를 사용하든 관계없이 사용자가 공동기반을 이루는 엔진을 사용하여 사고할 수 있다고 생각한다. 그래서 정보처리, 사고 및 학습이 양쪽의 언어 모두에서 또는 두 언어 중 어느 한 쪽이 되든지 간에 똑같이 가능해야 한다고 생각하는 것이다. 이 모델의 중요한 결론은 불충분하게 학습할 제2언어는 어린이들이 인지적 맥락을 완전히 이해하지 못하도록 하므로 교실에서의 성공적인 학습활동에 방해가 될 것이라는 점이다.

따라서 어린이의 모국어 발달 수준은 제2언어 발달 수준에 관한 유력한 예고자가 되며 그 결과 학교에서의 모국어 학습 증진은 제2언어의 발달에 도움을 준다고 할 수 있다. 교사들은 어린이가 모국어 실력의 증진을 위하여 시간을 보내더라도 이것이 제2언어 발달을 저해하지는 않을 것이므로 크게 걱정할 필요가 없다. 이중언어 및 이중문화 어린이들의 정체성 탐구과정은 소수언어집단 어린이들의 학구적 성공에 있어 아주 중요한 요인이다. 소수어를 모국어로 하면서 다수어인 제2언어를 배우는 어린이들은 제2언어가 자신들의 모국어에 비해 영향력이 크고 중요하다는 현실을 인식하게 될 때 제2언어로 완전히 전환해버리고 싶은 욕구를 느낄 수도 있다. 미국에 온 한국이민가족들에 관한 논문에서 쉰(Shin, 2005; 28)은 이민가족의 어린이들은 제2언어능력개발에만 주력하고, 계속 한국어로 이야기하며 그들의 모국어를 유지하려고 안간힘을 쓰고 있는 부모들을 저버리려는 경향이 높은 것으로 결론을 내리고 있다.

3.2.2 몰입식 교육의 이해

가장 많이 연구되고 알려져 있는 이중언어 교육 프로그램 중의 하나는 캐나다에서 비롯된 '몰입식 교육 프로그램'이다. 이 프로그램은 자신의 아이들에게 지역학교가 가르치는 것보다 더 나은 프랑스어 교육을 시켜주기를 원하는 일단의 영어사용자 학부모들의 주도하에, 프랑스를 공용어로 쓰는 캐나다의 퀘벡 주에서 시작되었다. 이중언어 교육방면의 전문가들과 상의한 후에 이들 영어사용 학부모들은 자신들의 영어사용어린이들을 하루 종일 프랑스어만 들을 수 있는 교실에 앉혀두고 실제로 그들의 교육을 완전히 프랑스어로만 실시하는 내용의 급진적인 프로그램을 제시하였다. 이 프로그램의 적용결과 어린이들은 영어로 쓰고 말하는 것을 배우기 전에 불어로 말하고 쓰기를 익히게 되었다. 영어는 3학년 때까지 학습자들에게 소개되지 않았다. 이러한 프로그램이 "조기 완전 몰입식 프로그램"으로 알려졌고 그 변종들은 빠른 속도로 캐나다와 그 외 전 세계의 많은 지역들로 퍼져 나갔다.

존슨과 스웨인(Johnson & Swain, 1997)의 주장에 따르면 몰입교육프로그램의 특성은 아래와 같이 요약된다.

- 강의 매체로 사용되는 언어는 제2언어이다.
- 몰입식 프로그램의 교육과정은 지역공동사회의 모국어 교육과정과 병행되어야 한다.
- 모국어에 대해서 명시적으로 지원해준다.
- 지역공동사회의 태도는 모국어와 제2언어 모두에게 긍정적이다.

- 이 프로그램의 목표는 제2언어와 모국어 사용자 모두에게 높은 능숙도를 가질 수 있는 부가적 이중언어 사용능력을 배양하는 것이다.
- 몰입교육 프로그램에서 제2언어는 교실에서만 사용된다.
- 능숙도가 그리 높지 않은 어린이들끼리 학급을 구성하여 프로그램을 시작한다. 시작시점의 수업절차에서부터 교재와 교육과정은 대상자 그룹의 필요에 맞추어 특수하게 준비된다.
- 교사들은 이중언어 사용능력을 구비하여, 필요한 경우 그들의 모국어로 의사소통할 수 있어야 한다.
- 교실문화는 목표어 문화보다는 그 지역의 모국어 공동체적 문화를 기반으로 한다.

몰입교육 프로그램은 전면몰입식 또는 부분몰입식일 수 있다.

전면 또는 부분몰입식 프로그램

전면몰입은 어린이들이 제2언어로 전체교과과정을 따라가야 함을 시사하는 반면에 부분몰입은 교과과정 중의 일부만 제2언어로 교습되는 방식을 의미한다. 부분몰입교과과정에서 일부를 제외한 나머지 과목들은 여전히 모국어로 교습한다(이 경우 60:40 또는 50:50의 비율이 보통이다). 수학과 과학은 보통 제2언어로 지도되고 예술과 사회과학들은 모국어로 지도된다.

캐나다의 몰입교육에 관한 초기의 연구들은 주로 결과에 주안점을 두었고 몰입교육 교실에서 배우는 것이 불리하지 않다는 것을 보여주기 위해 몰입교육 어린이들의 언어와 학과의 내용지식을 단일어사용 어린이들의 그것과 비교했다. 연구결과들은 몰입교육어린이들의 모국어 (영어)발달이 비몰입교육식 또래들과 비교해서 저해되지 않았음을 보여주었다(예, 제네스(Genessee), 1983; 할리, 할트와 랩킨(Harley, Hart & Lapkin), 1986).

다른 연구들은 몰입교육 어린이들의 학과의 내용지식도 비몰입 환경에서 공부하는 또래들의 지식과 마찬가지로 충실하게 학습되었음을 보여주었다(스웨인(Swain), 1985, 제네스(Genesee), 1987). 언어능숙도 측면에서 몰입 학생들이 학교 교과목으로서의 프랑스어만을 배운 정규 프랑스 학생들과 비교 되었는데 그 결과, 특히 이해 기능 측면에서 볼 때 예측대로 몰입학생들이 더 뛰어난 것으로 나타났다(제네스 외(Genesee et al.), 1985). 조기 몰입 학생과 뒤늦게 몰입교육을 받기 시작한 학생들 간의 비교에서는, 비록 일부 늦게 몰입 교육을 시작한 학생들도 나중에는 필적할 만한 능숙도를 성취한 것도 사실이지만, 전반적으로 조기교육이 더 효과적임이 드러났다(데이와 샵슨(Day & Shapson), 1996). 최근의 연구에서는 몰입식 교육의 일부 문제점이 부각되기도 하였다. 전반적으로 문법교육에 주의를 거의 기울이지 못했고 스웨인과 랩킨이 지적한 바와 같이 문법같은 언어의 형식에 대해 주의를 기울이지 못한 점은 언어학습에 도움을 주지 못했다. 또 다른 연구에서 학습자들이 수업 중 지속된 대화를 가질 기회가 없었고 그래서 학생들의 이해기술이 표현기술 보다 더 나은 것처럼 보였을 뿐임이 드러났다. 특히 그들은 복합적인 문법구조와 정확한 어휘를 사용할 능력이 부족한 점을 지적했다. 스웨인(2000)은 언어에 자연적으로 몰입하는 것이 필요한 것이 사실이지만 그것만으로 어떤 제2언어에서 원어민 같은 역량을 성취하기에 불충분하다는 점을 지적했다. 스웨인과 그의 동료들은 몰입교육학생들로 하여금 그들에게 어려움을 느끼게 만들 정도의 높은 수준을 가진 언어 과제들과 의미론적 과정보다는 구문론적 과정을 더 경험하게 만드는 언어과제들을 정기적으로 연습하도록 만들어야 한다고 주장한다. 그런 과제는 학생들 간의 협동이 필요한 쓰기 과업을 포함하는데 이 과업을 수행하려면 학생들은 문법적인 문제들을 해결하기 위하여 협력해야 한다. 이 같은 과업들은 학생들로 하여금 그들의 쓰기와 말하기의 형식에 더 관심을 두도록 장려하고 그리하여 몰입식 환경에서 자연적으로 발생하는 대화를 통해서는 습득할 수 없는 문법적 구문론적 지식 영역을 개발하게 한다.

몰입 교육 프로그램에는 다양한 유형들이 있다. 커민스와 코슨(Cummins & Corson, 1997; xii)의 공동저서에서 커민스는 그 유형을 5가지로 분류한다.

(1) 토착어 및 원주민 언어에의 몰입(예: 뉴질랜드의 마오리족 언어)

(2) 같은 국가 내에서 간혹 공용어로 인정되기도 하는 소수집단어에의 몰입(예: 아일랜드의 게일어 또는 스페인의 바스크어와 카탈루니아어)

(3) 상대적으로 규모가 작은 집단의 국제어에 몰입(비교적 최근의 주도국으로의 이주. 예: 미국의 스페인인들)

(4) 언어적 문화적 소수파의 특수 언어에 몰입(예: 언어 장애인이나 청각 장애인의 언어)

(5) 주도적 다수파 그룹을 위한 이중언어 및 이중언어 문해력 프로그램(예: 캐나다인의 프랑스어 몰입 교육)

3.2.3 몰입식 교육의 상황

몰입식 교육을 운용할 수 있는 교사를 확충하는 일은 몰입 프로그램을 운용하는 데에 있어 가장 힘든 일 중의 하나이다. 교사들은 두 언어 모두에 똑같은 정도로 능통해야 하고 또 이중언어 능력을 갖추게 되기까지의 어려움을 이해하고 있어야 한다.

양방향 몰입식 프로그램은 가장 유익한 몰입 교육프로그램 중 하나로 간주되는데, 그 이유는 양방향 몰입교육은 두 가지의 서로 다른 모국어를 가진 학생들의 수를 똑같이 맞추어 학급을 구성하고, 이중언어와 이중문화의 정체성을 적극 증진시키려는 분명한 목적을 추구하고 있기 때문이다. 어린이들이 이중언어 문해능력, 이중언어 구사능력, 이중문화의 이해능력 외에 일반학교와 비교해도 전혀 손색이 없는 학년별 학구 능력을 개발할 수 있기 때문에 이런 종류의 프로그램은 유익한 것으로 보고되었다(린홀름-레리(Linholm-Leary), 2001; 토마스와 콜리어(Thomas & Collier), 2003). 그러나 최근에 드러나는 증거들은 어린이들이 그들의 모국어를 유지하기 위해 안간힘을 써야 함을 시사하고 있다. 에일러, 피어슨과 코보-루이스(Eilers, Pearson & Cobo- Lewis, 2006; 87)는 마이애미 소재의 양방향 몰입식 학교들까지도 목표어인 영어 발달을 저해할 가능성이 있는 것이라고 판단되면 학생들에게 가르치지 않고 있어서 모국어인 스페인어 능력이 더 취약해진 증거가 있다고 경고하였다. 스페인어에 대한 문화적 갈망이 큰데도 불구하고 영어가 가지는 우세성 때문에 스페인어 사용이 점차적으로 약화되는 결과를 초래한다고 주장하였다.

3.3 다중언어 습득 과정

다양한 상황에서 어린이들이 제3언어를 배운다. 한 예로, 말레이시아의 어린이는 친구들과 놀 때와 일부 수업시간에는 말레이어를 쓰고 과학 및 수학 수업에서는 영어를 쓰고 코란 경전 읽기 연습을 할 때에는 아랍어를 사용하는 상황을 들 수 있다. 아프리카 대륙과 인도에서 어린이들은 집에서는 그 고장 특유의 지방어로 말하고 학교에서는 지역 공용어를 사용하다가 10살 쯤 되어서는 국제어 · 세계적 언어를 배운다. 자이레의 경우를 예로 들어 보면 아이들은 집에서 지역 특유어를 배운 다음, 지역 공용어인 Lingala 또는 Kikongo를 배우고 나서 중학교 입학 초기부터는 외국어로 프랑스어를 배운다(카추루(Kachru), 1992).

다중언어 사용은 이중언어 사용과 어떻게 다른가? 제노즈(Genoz)에 의하면 다중언어 사용이 제3언어 중의 습득 순서가 개인별로 다를 수 있기 때문에 다양하고 더욱 복잡한 양상을 띤다고 한다. 세 언어 중 어느 언어를 가장 뛰어나게 잘할지 어떤 과정을 거쳐 유창성의 이동이 일어날지, 각 언어의 최종 능숙도는 어느 정도 일지의 문제에 있어서 개인차는 무척 다양하다. 일반적으로 두 언어 능력을 유지하는 것보다 세 언어 구사력을 유지하는 일이 더 어렵고 고른 능숙도를 세 가지의 언어에 걸쳐서 구비하는 일을 달성하기는 결코 쉬운 일이 아니다.

제3언어를 배우는 문제에 있어서는 이중언어 사용자들이 단일어 사용자들과 다르게 이점을 가질 수 있다. 이 이점들에 포함되는 것으로 지각적 판별력(코헨, 터커와 램버트(Cohen, Tucker & Lambert, 1967); 다빈, 터커와 램버트(Davine, Tucker & Lambert, 1971); 에노모토(Enomoto, 1994))과 듣기 이해능력(에드워드 외(Edwards et al.), 1977); 위트먼(Wightman), 1981)이 있다. 또한 크레인(Klein, 1995)에 의하면 2개 국어 사용자들은 문법성을 평가하는 방법과 문법적 오류를 수정시키는 방법으로 조사해 본 결과, 어휘 및 구문론 학습에 있어 유리한 것으로 나타난다고 한다. 커민스의 상호의존성 가설이란 모국어 발달과 제2언어 발달 간에는 명백한 관계가 있음을 주장하는 이론인데(커민스, 1981), 이와 비슷한 관계가 제3언어와의 사이에도 설정될 수 있다(뮤노즈,

2000; 라사가바스터, 2000).

뮤노즈(Muñoz, 2000)는 특히 제3언어의 효과에 초점을 둔 한 연구에서 10세, 12세, 17세 연령의 어린이들에게 일련의 상관성을 가진 언어 시험을 치르게 함으로써 어린이들의 카탈루니아어, 스페인어 및 영어의 어학 능력을 비교했다. 뮤노즈의 가설은 높은 수준의 모국어와 제2언어 능력은 제3언어의 높은 역량과 상관관계가 있다는 것인데 이 가설은 세 언어 모두의 성적 간에 상관관계가 높았다는 점에서 사실로 증명되었다. 이와 비슷하게 바스크 주의 스페인어/바스크어 이중언어교육 프로그램에서 라사가바스터(Lasagabaster, 2000)는 제2언어나 제3언어의 학습은 모국어의 발전에 아무런 부정적 효과가 없었고 균형적인 2개 국어 사용자들은 영어와 같은 제3언어의 학습과 관련하여 그들의 이중언어 사용능력을 활용할 수 있었음을 발견했다.

네이션과 멕라우린(Nation & McLaughlin, 1986), 멕라우린과 나약(McLaughlin & Nayak, 1989), 그리고 나약(Nayak, 1990)은 모두 다중언어 사용자들은 언어 규칙 발견 과업을 위한 언어 간 전환 전략에서 아주 훌륭한 적응성을 보여주었고 이 우수성은 그들이 언어학습자로서 얻었던 경험에서 비롯된 것임을 발견했다. 라사가바스터(1997)는 제3언어를 배우는 2개 국어 구사자들은 단일어 사용자들보다 더 발달된 상위언어적 지식을 가지고 있다는 점을 주장하였다.

3.4 외국어 학습 과정

학교와 정책 결정자들은 여러 가지 상황들을 고려해서 이중언어 사용이나 언어몰입을 지향하기 보다는, 그들은 어린이들이 새로운 언어를 제한적 방식으로 경험해 볼 기회를 제공하고자 한다. 단일어 사용 가족들 사이에서 태어나고 적어도 태어난 후 최초의 10년 동안 같은 단일어 사용 환경에서 계속 성장하였다면 다른 언어를 처음으로 체험하게 되는 것은 보통 초등학교 시기에 일어나기 마련이다. 국제적 의사소통언어로서 영어가 전례 없는 인기를 누리고 있는 까닭에 더욱 더 많은 나라들이 학교에서 영어를 제1외국어로 선택한다. 이런 학교에서는 어린이들이 8-9세에 외국어를 배우기 시작하지만 때로는 더 이르게 6~7세에 시작하는 경우도 있다. 어떤 나라에서는 3세의 어린 어린이들에게 공식적으로 영어교육 프로그램을 제공하는 경우도 있다. 예컨대, 일본, 태국, 대만의 많은 사립학교들의 교육과정에서 이러한 예를 찾아볼 수 있다.

3.4.1 외국어 학습 프로그램의 종류

초등학교에서 외국어가 소개될 때, 주간 시간 배정표에서 아주 소수의 시간만이 외국어 교육에 할애되고, 그 외국어를 교실 밖에서 실제로 접할 수 있는 기회는 아주 없거나 극히 제한적인데, 이런 상황들은 '저입력 수준' 상황으로 불린다. 이와 대조적으로 '고입력 수준'의 상황에서 어린이들은 별개의 과목으로서의 제2언어가 아니고 제2언어를 교과과정 속에 포함시켜 배운다. 교과과정에 포함된 결과 어린이들은 매주 더 많은 시간 동안 목표 언어에 접할 수 있을 것이다.

비록 외국어의 맥락과 제2언어의 맥락간의 차이가 항상 명확하게 구별되는 것은 아닌 것으로 인식되고 있지만 <도표 3-2>를 보면 그 둘 사이의 차이가 드러난다. 인터넷의 사용이 가능해짐에 따라 외국어 학습자가 원어민 어린이들과 최소한 가상환경에서라도 접촉하는 일이 점점 더 가능해지고 있고 인터넷은 교실 밖에서 접할 수 있는 아주 많은 종류의 다양한 실제적 교재를 제공한다.

도표 3-2 외국어와 제2언어의 상황 대조

외국어	제2언어
• 저입력수준: 전형적으로 주당 1~3시간의 시간표에 짜여진 수업 • 교실 밖에서 학습목표어를 사용할 기회가 없거나 제한적임 • 공식적 체계와 과목으로서의 언어에 초점을 맞춤	• 고입력수준: 시간표에 짜여진 시간보다 많은 시간 • 교실 밖에서 목표어를 사용할 정기적인 기회를 가짐 • 내용에 중점을 두고 교과과정 전반에 통합된 언어에 중점

전 세계에는 초급 수준의 현대 외국어 교육을 위한 굉장히 많은 종류의 프로그램들이 있다(니콜로브와 커튼(Nikolov & Curtain), 2000; 릭슨(Rixon), 2000; 에델렌보스, 존스톤과 쿠바넥(Edelenbos, Johnstone & Kubanek), 2006의 최근의 연구들을 참조). 초등학교나 유치원 정도에서 진행되는 외국어 교육은 중학교 단계의 학습에 대비하는 준비단계이므로 어학적 성과와 숙달도 면에서의 성과는 별로 강조되지 않는다. 이러한 외국어교육 프로그램들의 목표는 전형적으로 아래에 나오는 목표들이 결합된 것이다.

- 의사소통 기본 능력 개발하기
- 외국어 학습의 첫 경험을 재미있게 만들어 줌으로써 동기부여하기
- 초기 단계에서 새로운 문화에 친숙해지기를 조장하기
- 외국 언어 체계와의 최초접촉을 통해 인지적, 상위인지적, 상위언어적 기술을 개발하기

에델렌보스, 존스톤과 쿠바넥(2006)에 의하면 교육 프로그램에는 아래의 4가지 주요 유형이 존재한다고 한다.

- 주당 1시간 정도의 학습유형
- 주당 1시간이지만 약간의 신축성을 가진 학습유형
- 언어인식 학습유형
- 완전몰입 또는 부분적 몰입의 이중언어 학습유형

초등학교의 외국어 교수법 중 가장 흔히 볼 수 있는 모델은 과목지도방식에 속하는 접근법이다. 초등학교의 외국어수업은 전형적으로 해당과목전공교사나 외국어를 조합해서 어린이들의 교과과정 전체를 지도하는 학급교사에 의하여 주당 1~2시간 정도 진행된다.

어떤 경우에는 언어인식 학습유형이 외국어 수업 속에 포함된다. 이 접근법은 하우킨스(Hawkins, 1984)의 연구에 의해 고무되어 나온 방법인데 일반적으로 어린이의 모국어와 목표언어 간의 근본적 비교에 중점을 둔다. 이 방법의 근본적인 목적은 새로운 언어 자체를 배운다기 보다는 언어의 개념에 관한 어린이의 이해를 발달시키는 데에 있다. 영과 헤롯(Young & Helot, 2003)의 경우, 영국의 소수 언어들 같은

다양한 언어들이 이미 학교에 존재해 있는 상황이라면 이 접근법이 적당하다고 판단하여 지지한다.

또 다른 가능한 접근법으로서 일명 “포함시켜 넣기”프로그램이 있는데, 이것은 학습목표어를 기본교육과정 속에 포함시키는 것이다. 이것은 다른 교육과정 영역에 속한 중요한 활동들을 어학 수업에 포함시킴으로써 생기게 된다. 언어와 교과내용을 포함시키는 것은 이 방법이 어린 아동들의 학습요구와 일치되는 전체론적 학습을 포함한다는 점에서 유용하다.

이런 유형의 포함시켜 넣기는 아주 최소한이면서 특별한 경우에 일어날 수 있고 또는 장기적이고 체계적이 될 수도 있다. 여러 수준의 포함해 넣기가 있고 그러한 포함해 넣기가 지속적으로 이루어질 경우 그런 프로그램들은 CBI(내용기반교육) 프로그램 또는 주제기반 프로그램이라고 불린다.

교육내용과 언어의 통합은 실제로 몰입교육 프로그램과 내용기반 프로그램을 위시한 많은 언어교육 프로그램들이 가지는 중요한 원칙이다. 내용과 언어가 어떻게 통합될 수 있는지 설명하기 위하여 데릭(Derrick, 1977)은 영국에 이민 온 어린이들의 영어 교육을 위한 프로젝트와 관련하여 하나의 중요원칙을 설명하였다.

즉, ‘이렇게 해서 어린이들은 영어를 점점 더 넓은 범위에서 실생활 속에서 의사소통적 기능들을 위해 사용할 것을 배운다. 이 접근법은 교사들이 이런 요구들을 이해하면서 자연적으로 발생하는 요구들과 새 언어를 조화시킬 수 있을 때 교육적 효과를 발휘한다’(캔딘과 데릭(Candin & Derricks), 1973)는 것이다.

언어와 내용의 통합은 일반적으로 그것들을 분리시키는 언어수업보다 훨씬 더 우수한 결과를 초래할 수 있다. 터키의 전형적 외국어 교육상황에 적용하여 성공을 거둔 ‘포함해 넣기(embedding)’ 프로그램에 대한 연구가 알테킨, 엘세틴과 베이요트(Alptekin, Ercetin & Bayyurt, 2007)에 의해 실행된 후 보고된 바 있다.

비록 여러 가지 기본적 프로그램들의 언어학적 성과에 대해 소상히 밝혀진 바가 없고, 또 이에 대해 잘 알고 있지 못함에도 불구하고 시험을 중요하게 여기는 전통이 있는 일부 국가들에 사는 학부모들은 시험성적으로 표시된 성과를 보고 싶어 한다. “Cambridge Young Learners” 시험 같은 국제적으로 공인된 시험들은 세계적으로 널리 알려져 있는데, 2003년 카메론은 약 15만 명의 어린이들이 어린이학습자들을 위한 케임브리지 대학 평가시험에 응시했다고 추산한 바 있다.

Cambridge Young Learners Examination

어린이학습자용 영어시험(YLE)는 당신의 아이가 듣기, 말하기와 읽기 쓰기의 기능을 얼마나 잘 수행하고 있는지를 측정하는 신뢰할 수 있고 일관성 있는 척도이다. 시험은 학습을 재미있게 느끼도록 설계되었으며 어린이들은 증명서를 얻기 위해 노력하는 가운데 그들이 이룬 발전을 칭찬하는 상패들을 획득함으로써 학습 의욕을 고취시킨다. 어린이들이 거쳐야 할 단계로 Starters(시작하는 단계), Mover(약간 발전한 단계), Flyer(많이 발전된 단계)의 3단계가 있다(케임브리지 ESOL 웹사이트에서 인용: http://www.cambridgeesol.org/exams/younglearners/yle.html).

3.4.2 조기 외국어 교육의 장점

초등학교에서 외국어 학습을 시작하는 일은 무조건 유익한 것인가? 그것이 비용 효율면에서 좋고 유리한 것인지 아니면 나이 많은 학습자가 더 빠른 진전을 보인다는 사실이 이미 자연적 연구들에서 밝혀졌으므로 언어지도에 관한 일은 중학교에 맡겨야 하는 것인가? 이들 질문에 대한 해답은 그 혜택들을 어떤 방식으로 측정하느냐에 달려 있다.

존스톤(Johnstone, 1999)의 연구에서는 초등학교에서의 외국어 학습이 반드시 중학교 외국어학습에서 더 나은 성취를 보장해준다는 명확한 증거는 없다고 했다. 다른 연구들은 외국어를 더 이른 학년에 시작한 학습자들은 더 늦은 학년에 시작한 또래들보다 약간 더 유리하다는 것을 입증한 바 있다. 그 예로 슬로바키아의 한 연구는 독일어 공부를 일찍 시작하여 6년 동안 배운 어린이들이 독일어를 늦게 시작하고 독일어 수업을 4년간 학습할 어린이들을 능가했음을 시사하고 있다(자라요바(Garajova), 2001). 1997년 Braunschweig Project(데이(Daye), 1995)는 적절하게 학습지도가 행해지고 교사들이 완벽하게 자격을 갖추고 초등학교와 중학교에서의 학습이 지속적으로 이루어질 경우에는, 영어를 조기에 배운 학습자들이 후에 초등학교를 마치고 나서 시작한 학생들보다 우월할 수 있었음을 보여주었다. 또한 이것과는 별개인 스코틀랜드의 조종사 프로젝트에서 시행된 평가(로우 외(Low et al.), 1995)에서도 프로젝트에 참가한 학생들이 프로젝트에 참가하지 않고 늦게 시작한 학생들과 비교했을 때보다 더 우월할 장점을 보였다고 확인했다. 발음, 억양패턴, 발화길이, 구조의 복합성 및 의사소통전략 사용 면 등에서의 장점들이 뚜렷했다고 한다. 그러나 가르시아 메요와 가르시아 레컴베리(Garcia Mayo & Garica Lecumberri, 2003)의 연구와 일련의 다른 연구들은 어린 학습자들의 장점들을 문서화해내는 데에 실패했다. 이들 저자들은 나이가 더 많은 학습자가 음성지각과 유창성, 정확성과 복합성을 갖춘 언어 산출 면에서 더 우월함을 발견했다. 또 Barcelona Project의 연구들도 역시 나이가 더 많은 학습자들의 뚜렷한 장점들을 제시하였다.

그러나 언어학적 성과만이 외국어 학습에 더 성공의 주된 기준은 아니라고 전제한다면, 초등학교에서의 외국어 교육은 어린이들에게 다른 문화에 관해 알게 되는 것을 도와주고(브론젤(Brunzel), 2002; 리카타(Likata), 2003) 언어와 학습의욕에 대한 긍정적 태도를 개발하고(니콜로브(Nikolov), 1999; 케네디 외(Kennedy et al.), 2000), 언어인식을 촉진할 수 있기 때문에 많은 사람들은 초등학교에서의 외국어학습은 유익한 것이라고 주장한다.

현시점에서, 외국어 학습의 실제 과정과 어린이들이 어느 단계에서 무엇을 습득할 수 있는지에 대해 정확히 알려진 바는 거의 없다. 사실적으로, 많은 나라의 외국어 프로그램들은 어린이들이 중요한 의사소통에 참가할 수 있을 만큼 충분히 배울 정도로 많은 학습목표와의 접촉기회를 어린이들에게 제공하지 못하고 있다.

그들은 노래와 시, 일부 기초적 어휘와 사전에 충분히 연습된 대화는 배울 수 있지만 그 이상은 더 발전하기 힘들고 통상적으로 그들 자신의 뜻을 자연스럽게 표현할 수 없다. 또한 초등학교와 중등학교들 간에 연속성이 충분하지 않아서 초등학교 때 언어학습을 시작한 많은 어린이들이 중학교에 가서 전부 다시 시작해야 하는 결과를 초래할 수도 있다. 이것은 학습의욕 유발 차원에서 해로우며 부모와 어린이 모두 초등학교에서의 언어학습이 가지는 효과에 대해 간접적으로 부정적인 메시지를 받게 된다. 공립학교에서 실시하는 언어교육의 일반적 수준에 불만을 자주 표출하는 학부모들은 자신의 아이들에게 더 나은 영어교육을 위해 사립학교를 택하는 경향이 있다(예: 타이완의 Cram School(입시준비학원), 그리스의 Frontisteria).

이런 학교의 어린이들은 공립학교들과 내용상 상당히 많이 겹치는 유사한 과정을 다시 밟게 된다. 일반적으로 서로 다른 학교체계들 사이에 또 프로그램들 사이에 상호의사소통 채널이 없기 때문에 결과적으로 언어학습이 낭비적이고 학습자의 학습동기를 저해하는 결과를 초래할 수도 있다.

외국어 학습 과정에서 발생할 수 있는 다른 문제는 교사자질의 전문적 개발의 문제이다. 특히 경제적으로 궁핍한 지역의 학교들은 자격이 미달되거나 외국어 능력이 만족스러운 정도가 못 되는 교사들을 채용한다. 버트러(Butler, 2004)에 의하여 아시아에서 행해진 한 재미있는 연구는 초등학교 영어교사들이 외국어로서의 영어 지도 직무와 관련된 자신들의 능력에 대하여 느끼는 바를 조사했다.

그 결과, 일본, 한국, 대만의 교사들 대다수가 자신들이 초등학교에서 영어를 지도하는 업무에 적절히 준비되어 있지 않는 것으로 생각한다고 나타났다. 그들은 효과적인 영어교육을 위해 갱신·발전시켜야 할 필요가 가장 시급한 분야는 바로 유창한 구어구사능력 배양, 발음개선과 같은 교사들의 영어능력 향상을 위해서 노력하지 않는 점이라고 인정했다.

어린이들이 제2언어나 제3언어를 배우는 환경은 이루 다 말할 수 없을 정도로 다양하다. 가정에서 완전한 이중언어 능력을 갖추는 일은 부모가 규율성과 일관성과 인내심을 쏟아 부어 언어연습을 조직해줄 때에만 가능한 일이다. 어린이들에게 몰입식으로 제2언어를 지도하는 학교와 유치원에서는 어린이들이 효과적 이중언어 능력과 긍정적 이중언어 주체성을 갖추도록 하기 위해 모국어 실력을 지속적으로 함양하는 일이 중요하다. 외국어 교육에서 종종 규제사항들이 너무 많아서 진정한 발전을 이룩하지 못하지만 훌륭한 언어입력, 교사들의 열성적 태도와 언어와 내용의 통합들이 긍정적 성과를 달성해낼 수 있다. 초등학교부터 중학교까지 양질의 수업이 계속되어질 것과 높은 수준의 교사역량은 어떤 상황 속에서도 언어학습의 성공을 위해서 필수적 요소이다.

개인적 어린이의 관점에서 볼 때 성공에 이르는 통로는 여러 가지로 다양하다. 태어날 때부터 2개 혹은 3개의 언어와 접하며 지내는 어린이들은 상당히 유리한 입장에 놓이게 되지만, 이런 환경에 처하지 못했다고 하여 성공할 수 없는 것은 아니다. 아주 늦게까지(12세 또는 심지어 14세까지도) 제2언어와 접촉할 기회가 없는 아이들이라 하더라도 만일 좋은 환경에서 배우고 적어도 잠시나마 일정기간 동안 해외에서 공부 또는 일을 하면서 목표언어에 접할 기회가 주어진다면 이중언어역량을 성취할 수 있을 것이다. 모든 언어학습자의 독특성은 인정되어야 하고, 특정한 방법이 성공에 이르는 최고의 방법이라고 규정할 수는 없다. 즉 조기학습의 기회를 놓치는 어린이들의 학습도 역시 독려해주어야 하고 그들이 가지는 현시점의 제약에 구애받음이 없이 어떻게 학습의 기회를 넓혀가야 할지에 대해 알려주는 과정이 국제화 시대에 알맞는 인재를 양성하는 과정에서 필수적인 요소이다.

연구과제

1. 영아기의 이중언어 습득 상황에서 로메인이 분류한 6가지 유형을 설명하시오.

2. 이중언어 습득 상황에서 몰입식교육을 설명하시오.

3. 다중언어 사용과 이중언어 사용의 차이점을 설명하시오.

4. 어린이시기에 제2언어를 학습하는 것에 대하여 긍정적인 효과와 부정적인 효과를 설명하시오.

PART 2

어린이 영어교육 지도 방법론

- 제1장 교육원리에 의한 지도법
- 제2장 어린이 영어 교수 방법론
- 제3장 영어 기능별 지도법
- 제4장 교실수업 지도법
- 제5장 어린이 영어교육의 주요 쟁점

CHAPTER 01 교육원리에 의한 지도법

English Language Teaching for Children

이번 장은 제2부 어린이 영어교육 지도 방법론 중에서 제1장 교육원리에 의한 지도법을 다루고자 한다. 우선 연령별 –어린이, 성인, 청소년– 학습자의 특징을 고찰하고, 특징에 따른 영어교육 지도법을 서술하고자 한다. 특히 어린이시기에 학습자의 지적, 정서적, 사회적 특징을 고려하여 교실수업에서 교사가 어린이학습자를 지도할 때 효과를 배가시킬 수 있는 방안을 제안하고자 한다. 또한 영어교육이 체계적인 원리나 원칙이 없이 경험을 통해서 이루어지는 과정이 아니고, 학습자의 지적 · 감정적 · 언어적인 영역에서의 체계적인 원리를 통해서 진행된다는 점을 강조하고 싶다. 이번 장에서는 브라운(H.D. Brown, 2007)이 제시한 12가지 원리를 설명하고, 그 중에서 어린이학습자를 대상으로 교실수업을 진행할 때 적용할 수 있는 방법을 제시하여, 어린이 영어교육 상황에서 실질적으로 적용될 수 있는 방법론을 제안하고자 한다.

1.1 연령별 학습자의 특징

학습자의 연령을 어린이시기, 성인 시기, 청소년 시기로 구분할 수 있다. 이번 절에서는 연령별 각 시기에 속해 있는 학습자들의 일반적인 특징을 고찰하고자 한다. 그 중에서 어린이시기에 속해 있는 학습자의 다양한 특징을 살펴보고, 교실수업에서 이러한 특징을 반영하여 효과적인 영어교육이 진행될 수 있는 방법을 제안하고자 한다.

1.1.1 어린이학습자의 특징

일반적으로 어린이는 제2언어 학습과정에서 성인들보다 훨씬 노력을 덜 기울이고도 빠른 속도로 성공을 달성한다는 통념이 존재한다. 그러나 이것이 항상 올바른 것은 아니다. 어린이학습자가 제2언어 습득 과정에서 많은 노력을 기울이지 않고 쉽게 언어를 습득한다는 가설에 대해서 다음과 같은 두 가지 반론을 제기할 수 있다.

우선 어린이들은 언어 습득 과정에서 무의식적인 노력을 막대하게 기울인다(브라운, 2005). 단지 성인학습자와의 차이점은 어린이는 언어 형태에 집중적인 관심을 보이지 않고 의미에 집중하는 반면에, 성인학습자는 언어 형태를 집중적이고 명백하게 의식하여 학습한다는 점이다.

둘째로, 성인학습자들이 언어 학습 과정에서 많은 노력을 기울였음에도 불구하고 그들의 노력에 비해서 반드시 덜 성공하는 것은 아니다. 사실, 성인학습자들이 습득의 많은 관점에서 뛰어난 성과를 얻을 수 있다는 연구 결과가 존재한다. 우선 성인학습자는 어휘 학습 측면에서 더 풍부한 어휘를 기억하고 유지할 수 있다. 그들은 문법적인 학습과 모국어를 통한 다양한 인생 경험과 언어적 개념의 이해를 통하여 제2언어 습득 과정에서 다양하고 추상적인 과정을 이용하여 제2언어를 습득할 있다. 그리고 교실 학습에서 그들의 지능과 경험을 활용하여 어린이보다 더 빠르게 학습할 수 있다. 따라서 언어 습득과정에서 어린이학습자가 보여주는 유창함과 자연스러운 과정이 전부인 듯이 보이지만, 사실은 교실수업 상황에서 어린이학습자가 어려움을 경험하는 영역에서 성인학습자는 그들의 모국어 지식과 인생 경험을 통하여 더 용이하게 제2언어를 학습할 수 있는 것이다.

성공적으로 제2언어를 어린이들에게 가르치기 위해서는 성인학습자를 대상으로 진행하는 교육 방식과는 상이한 구체적인 기술과 직관이 필요하다. 다음에서는 어린이학습자들의 지적발달 단계, 주의 집중력을 활용하기, 어린이의 5감각 활용, 감정적 측면, 실제적 언어 자료의 활용의 영역에서 어린이학습자의 특징을 고찰해 보고, 교실수업에서 어린이학습자를 지도할 때 고려해야 할 점을 제시하고자 한다.

1.1.1.1 어린이의 지적 발달 단계

어린이들은 약 11세 정도까지 피아제의 인지발달 단계이론에서 "구체적 조작기"라 칭하는 지적인 단계에 놓여 있다(제1부 제1장 참조). 따라서 우리는 어린이학습자들을 지도할 때 이러한 지적 발달 단계의 특징을 이해해야 할 필요가 있다. 특히 언어의 규칙, 설명 그리고 언어 이론적인 설명을 논의할 때 학습자의 지적인 수준을 고려하여 상당히 조심스럽게 접근해야만 한다. 어린이학습자들은 언어의 기능적인 목적과 현재의 상황에만 집중하고, 성인학습자들이 언어를 학습할 때 적용하는 "정확함"의 개념을 거의 적용하지 않는다. 따라서 교실수업에 어린이학습자들을 지도하기 위한 다음과 같은 규칙을 명심하는 것이 바람직하다.

- 현재 진행형이나 관계절과 같은 문법적 용어를 설명하지 않는다.
- 추상적인 용어로 언급되는 규칙은(예: 서술문을 의문문으로 할 때 do, does를 첨가한다 등) 회피하는 것이 바람직하다.
- 문법적 개념은 유형과 예를 이용해서 설명한다.
- 어떤 어려운 개념이나 유형에서는 성인보다 더 많이 반복해야 한다.

1.1.1.2 어린이의 주의 집중력을 활용하기

어린이학습자와 성인학습자 사이의 두드러진 차이점 중 하나는 주의력 집중 기간이다.

먼저, 주의력 집중 기간의 의미를 살펴보자. 아이들이 좋아하는 TV만화를 보려고 TV 앞에 앉아 있다면, 아이들은 그 기간 동안 대단한 주의 집중력을 발휘하여 TV를 주시할 것이다. 그러나 교실 학습에서 교사는 어린이학습자들에게 더 긴 시간의 주의집중을 요구하지 못한다. 아이들은 주의력 집중기간이 성인학습자에 비해서 짧다. 수업내용이 지루하거나, 자신들의 흥미나 관심사에 별 관련이 없거나, 너무 어려우면 아이들의 집중력은 짧아진다. 수업시간을 어린이들에게 흥미있고, 생생하고, 재미있게 만들어야 어린이들의 주의 집중력을 효과적으로 이용할 수 있다. 이렇게 주의력 집중 기간을 효과적으로 활용할 수 있는 방법으로는 다음과 같은 것을 활용할 수 있다.

- 어린이들은 즉각적인 "here and now" 원칙에 집중되어 있으므로 교실활동은 어린이들의 흥미를 유발하도록 고안되어야 한다.
- 수업 시간에 흥미유지와 주의 집중력이 살아있게 하기 위한 다양한 활동이 필요하다.
- 교사는 과목에 대해 생동감이 있고, 역동적이고, 열정적일 필요가 있다. 교사는 교실수업은 교사가 주연배우가 되는 무대라 생각하고, 어린이학습자들에게 재미있는 수업을 진행하도록 노력해야 한다. 또한 교사의 에너지는 교실 내에서 학습자들에게 곧바로 전파된다.
- 교사의 유머감각은 학생들을 웃게 만들고 학습의 긴 여정을 지루하지 않게 한다. 그런데 어린이들이 이해하는 유머는 성인의 유머와는 꽤 다르기 때문에, 학습자의 눈높이에 맞추어서 유머감각을 활용해야 한다.
- 어린이들은 선천적 호기심을 가지고 있다. 교사는 가능할 때마다 언제든지 그 호기심을 자극하여 학습에 대한 어린이들의 주의력과 관심을 유지하게 해야 한다.

1.1.1.3 어린이의 오감 자극하기

어린이들은 오감에 민감하게 반응하므로 수업 시간에 학습자들의 오감을 활용하여 학습자들의 흥미를 불러일으키는 것이 효과적이다. 교사는 교실수업에서 시각적 · 청각적 방법으로 학습자들의 감각을 활용하도록 노력해야 한다. 그 구체적인 방법론은 다음과 같은 것을 제시할 수 있다.

- 수업시간에 학생들의 행동을 이용하는, 역할극, 게임, 전신반응 활동(제2부 제2장 참조)과 같은 신체적 활동을 이용하라.
- 소규모 그룹 활동은 단어와 구조를 배우고 의미 있는 언어학습에 훌륭한 방법이므로, 수업 시간에 소그룹 활동 등을 적극 활용하라.
- 감각 자료의 도움은 아이들이 개념을 습득하는 데 도움을 준다. 꽃냄새, 식물과 과일 만지기, 음식 맛보기 그리고 비디오, 사진, 테이프, 음악과 같은 청각적 도움 이런 모든 것들은 아이들의 오감을 자극하기 때문에 언어교육에서 중요한 요소이다.
- 어린 학습자들은 교사의 얼굴의 특징, 몸짓에 민감하기 때문에 교사의 태도나 얼굴 표정이 어린이들의 오감을 통하여 학습자들에게 전달된다는 점을 기억해야 한다.

1.1.1.4 어린이학습자의 감정적 측면을 고려하기

어린이학습자들은 감정적인 측면에서 극도로 예민하다. 특히, 나에 대해서 다른 사람이 어떻게 생각하는지, 내가 영어를 말했을 때 주변 사람들이 어떻게 생각하는지, 친구들이 나를 어떻게 평가하는지에 매우 민감하다.

어린이들은 성인보다 여러 면에서 상처받기 쉬운 학습자다. 그들의 자아는 형성되어가고 있는 중이다. 교사는 학습하는 데 있어서 그러한 잠재적인 장벽을 극복하도록 도와줘야 한다. 다음과 같은 방법으로 수업 시간에 학습자의 감정을 고려해야 한다.

- 어린이학습자들이 실수한 내용이 수업 시간의 학습 내용 속에 흡수될 수 있도록 하라.
- 자부심을 만들 수 있게 인내하고 지지해주어라. 동시에 학습자에 대한 교사의 기대를 확실하게 표시하라.
- 가능한 학습자들이 구두 활동에 많이 참여할 수 있도록 유도하라. 특히, 학습자들이 시도할 수 있는 기회를 많이 제공해주어라.

1.1.1.5 실제적이고 어린이 경험에 연관된 입력을 제공하기

어린이들은 새로운 언어가 실제적이고, "here and now" 원칙에 기초하여 현재 사용될 수 있는가의 여부에 초점을 맞춘다. 어린이 학습자는 새로운 언어 자료가 그들을 위해 즉각적인 보상을 제공하지 않은 것에는 무관심하다. 따라서 교실수업에서는 다음과 같이 어린이학습자들에게 실제적인 언어 입력을 제공할 수 있는 방법을 활용해야 한다.

- 어린이학습자들은 언어가 실제적인가 아닌가를 판단하는 능력이 탁월하다. 그러므로 "미리 준비된" 또는 과장된 언어는 학습자가 언어를 학습하는 데 효과가 없다.
- 언어 자료를 문맥 속에 포함하여 연습시키는 것이 효과적이다. 이야기 줄거리, 친근한 상황과 인물, 실생활의 대화, 언어를 사용하는 데에 있어서 의미있는 목적들을 활용하여 문맥 내에서 언어를 연습해야 한다. 추상적이고, 문맥에서 배제된, 다른 맥락들과 연결되지 않고, 문맥이 생략된 언어는 어린이 학습자들을 지도하는 데 비효과적이다.
- 언어를 기능별로 나누어서 지도하는 것보다 언어의 4기능을 통합하여 지도하는 전체 언어 접근 방법이 좋다. 만약에 언어가 너무 많은 조각으로 쪼개진다면 학생들은 전체의 의미관계를 파악하지 못할 것이다. 그리고 다양한 기술(듣기, 말하기, 읽기, 쓰기) 간의 상호관계를 강조하는 것이 중요하다.

이상과 같은 어린이학습자의 특성 때문에 어린이학습자를 효과적으로 가르칠 수 있게 하기 위해서는 매우 유능하고 경험이 풍부한 교사가 필요하다. 지금은 교육 경력을 처음 시작한 초보 교사라고 할지라도, 이러한 학습자에 대한 전문 지식을 알고서 교직 경력을 쌓아 나가면 훌륭한 교사로 발전할 것이다.

1.1.2 성인학습자의 특징

어린이학습자들에게 적용하는 교실수업 방식을 성인학습자에게 적용할 수 있지만, 교사들은 성인학습자를 다른 관점에서 지도하는 것이 바람직하다. 교실 수업에서 성인학습자들을 가르칠 때는 다음과 같은 특징을 고려하는 것이 바람직하다. 우선 첫째로 성인학습자가 추상적인 규칙과 개념을 어린이학습자에 비해서 더 잘 다룰 수는 있으나, 언어의 용법에 대한 너무 추상적인 일반화만 강조하고 실제적인 언어 사용을 충분히 설명하지 못하는 것은 성인학습자들에게도 매우 비효과적인 결과를 초래할 수 있다. 둘째로 성인학습자들은 내재적으로 그들에게 흥미롭지 않은 수업 자료에 대해서 어린이학습자들보다 더 오랜 기간 주의력을 집중할 수 있으나, 수업 활동을 짧고 재미있게 만드는 규칙이 성인 교육에도 반드시 적용해야 한다는 사실을 망각해서는 안 된다. 셋째, 감각적인 입력이 어린이학습자들에게 만큼 다양할 필요는 없으나, 성인학습자들의 수업도 재미있고 생생하게 만들어야 할 필요가 있음은 분명하다. 또한 성인학습자도 교실수업에서 자아정체성에 매우 민감한 존재이므로 학습자의 자아가 매우 유약하다는 점을 명심하고 감정적인 측면에 상처를 주지 않도록 해야 한다.

이러한 학습자로서의 특징을 지닌 성인들을 수업 시간에 다룰 때에는 다음과 같은 구체적인 사항을 주의해서 지도해야 한다.

1) 성인학습자는 새로운 언어로 복잡한 사고 내용을 자연스럽게 표현할 수는 없으나, 그들은 성숙한 인지력과 감정을 지닌 성인이라는 점을 명심해야 한다. 따라서 성인학습자가 언어적 능숙도가 부족하여 표현이 미숙하다고 할지라도 성인이라는 점에 대한 존경을 표현해야 한다.

2) 성인학습자들을 “아이들”, 혹은 어린이들에게 사용하는 표현(예를 들면 “보모의 말(caretaker speech)”)을 사용하여 대화하지 않아야 한다.

3) 교실수업의 내부나 외부에서 학습자가 선택할 수 있는 기회의 폭을 될 수 있는 대로 다양하게 주어야 한다. 성인학습자들은 어린이와 달리 자신의 투자 전략에 의하여 학습 방법과 시간을 투자하기 때문에 그 방법을 선택할 수 있는 기회를 다양하게 제공해주어야 효과적이다.

4) 어린이들을 야단치는 것과 동일한 방법으로 성인학습자들을 훈육하지 말아야 한다. 그들은 이미 자아 개념이 발달한 성숙한 성인이기 때문에 그러한 방식으로 훈육하는 것은 효과가 없다. 이상과 같은 차이점을 고려해서 성인학습자를 지도하는 것이 교육적인 목표를 달성하는 데 있어서 효과적이다.

1.1.3 청소년학습자의 특징

10대 청소년들을 지도하는 것은 어린이나 성인을 지도하는 것보다 훨씬 더 세심한 배려를 해야 한다. 왜냐하면 "10대"들은 정체성의 탐구, 자아 개념과 성장, 지적·신체적 변화 등으로 격동의 시간을 보내는 시기이기 때문이다. 따라서 청소년들은 교사들에게는 매우 세심한 주의와 관심을 보여야 하는 학습자들이다.

이러한 청소년학습자들의 특징은 우선 지적인 발달 단계가 12세 전후에 형식적 조작단계로 접어들기 때문에 복잡한 지적 처리과정이 점점 가능하게 되고 복잡한 문제가 논리적인 사고력으로 해결되게 된다. 또한 주의력 집중 기간이 지적인 성숙의 결과에 따라서 점점 늘어나게 되지만, 10대들의 생활에 존재하는 다양한 관심사 때문에 주의력이 짧아질 수 있다.

특히 이 시기는 자신에 대한 자아가 가장 강하게 형성되는 시기이기 때문에, 타인이 자신을 어떻게 생각하는지에 지나치게 민감하다. 따라서 교사들은 청소년학습자들의 자아정체성을 유지시키는 데 최선의 노력을 기울여야 한다. 특히 수업 시간에 청소년학습자들에게 수치심을 불러일으키는 행동은 최대한 자제해야 한다. 또한 학습자들의 장점과 재능을 공고히 인정해주어야 하고 실수를 허용해주고 교실수업의 친구들과의 경쟁을 약화시키며, 소그룹 활동을 장려하여 학생들의 심리적 부담감을 덜어주는 것이 바람직하다.

1.2 교육원리의 이해와 적용 방법

이번 절에서는 영어 교육 영역에서 적용할 수 있는 교육적인 원리를 설명하고, 그 원리에 의해서 수업 시간에 적용할 수 있는 구체적인 방법을 제안하고자 한다. 브라운(2007)은 영어교육이 이루어지는 상황에서 적용될 수 있는 원칙을 인지적 원리, 감정적 원리, 언어적 원리라는 세 가지 큰 범주로 구분하고, 각 범주에 속하는 원칙들을 12가지로 정리하였다.

인지적 원리란 학습자의 인지적인 능력을 활용하여 영어를 교육시키는 데 적용될 수 있는 원리를 뜻하는 것으로서, 여기에는 ① 언어습득의 자동성, ② 의미 있는 학습, ③ 보상의 예견성, ④ 내재적 동기, ⑤ 책략적 투자, ⑥ 자율학습 원리들이 포함된다.

감정적 원리란 학습자의 사회감정적인 능력을 활용하여 영어교육에 적용하는 원리로서 이 범주에는 ⑦ 언어 자아, ⑧ 의사소통하려는 의지, ⑨ 언어-문화의 관련성 원리들이 포함된다.

언어적 원리란 영어는 세상에 존재하는 다양한 언어 중의 하나이기 때문에, 그 언어적인 특징을 기초로 정의될 수 있는 원리들을 의미한다. 이 범주에는 ⑩ 모국어의 효과, ⑪ 중간언어, ⑫ 의사소통 능력의 원리들이 포함된다.

다음에서는 12가지 원리들의 특징을 정의하고, 각 원리들을 교실수업에서 적용할 수 있는 방법을 제시하고자 한다. 특히 어린이학습자를 대상으로 영어교육을 실시할 경우에 적용할 수 있는 구체적인 방법론을 제시하여, 브라운이 제시한 영어교육의 원리가 실제적인 어린이 영어교육에 도움이 되는 방안을 모색해보는 것이 본 절의 목적이다.

1.2.1 언어습득의 자동성 원리

1.2.1.1 정 의

효율적인 제2언어 학습은 소수의 언어형태에 대해 통제를 하던 것에서 비교적 무한한 언어 형태를 자동적으로 처리하는 과정으로 적절하게 이동해가는 것을 의미한다. 언어를 지나치게 분석하는 것, 그 형태에 대해서 너무 많이 생각하는 것과 언어의 규칙에 집착하는 것은 모두 이러한 언어 습득의 자동적인 과정으로 전이하는 데 방해가 되는 경향이 있다.

어린이들이 그들의 문화적·언어적 환경 속에서 언어를 성공적으로 배운다는 점은 일반화된 통념이다. 특히, 우리는 일반적으로 어린이들의 언어습득 과정에서의 성공 원인은 언어를 잠재의식적으로 습득하려는 경향으로 이해하는 경향이 있다. 어린이들은 언어 형태를 분석하지 않고 습득하려는 경향이 있다고 가정한다.

어린이들은 언어입력에 노출되었을 때, 귀납적인 처리과정을 통하여 언어에 관하여 분석하지 않고 말을 배우는 것처럼 보이게 된다. 이와 같이 언어 습득과정은 어린아이들이 잠재의식적으로 자연스럽게 언어를 처리하는 과정과 동일하다는 전제 하에서 자동적인 언어습득 과정이라고 정의한다.

그리고 자동적인 언어습득 과정에서는 언어형태보다는 의미전달에 집중한다. 특히, 믿을 수 없을 정도의 많은 정보나, 엄청나게 복잡하고 많은 분량의 언어를 다루기 위해, 성인과 어린이들 모두는 언어를 한 조각 한 조각에 관심을 집중하면서 분석적으로 처리하는 것에서 벗어나야 한다. 언어형태(단어, 접사, 어순, 규칙 등)보다는 의미파악에 집중하는 자동화된 처리과정으로 이동해야 한다.

어린이들은 언어습득의 자동적인 전이과정에 있어서 성인보다는 빠르다. 성인 학습자는 분석적인 통제 모드에 머물면서 언어의 세세한 조각들에 초점을 맞춘 다음 그런 조각들을 머릿속에 입력하려는 경향을 가지고 있다. 이런 점에서 어린이들의 언어 습득 과정과 차이가 난다고 할 수 있다.

1.2.1.2 교실수업 적용 방법

언어습득의 자동성 원리를 교실수업에 적용하는 방법은 다음과 같다.

- 언어의 요소 중에서 의미 전달과정에서 중요하지 않은 부분과 세부적인 규칙에 대해 지나치게 집중하는 경향을 지양하고, 언어를 의미 있는 목적을 위해 실제적으로 사용할 수 있는 상황에서 활용함으로써, 언어형태에 대한 관심보다는 언어 의미에 대한 관심을 더 많이 부여하는 것이 언어 습득에 효과적이다.
- 교실학습은 보통 통제되고 언어 형태를 처리하는 과정에 집중하기 때문에, 언어체계(문법, 음운, 담화 등)에 주의를 기울이는 것을 전적으로 피할 수는 없다. 그러나 그 주의나 관심이 학생들이 더 자동적이고, 유창하게 언어를 습득하는 것을 방해할 정도로 비중이 커져서는 안 된다. 그러므로 때때로 "용법(usage)"이라고 불리워지는 것들에 대한 문법 설명과 연습을 다루는 것은 성인의 교실에서는 어느 정도 필요하지만, 형태에 집중하는 과정에 너무 많이 치중하는 것은 의사소통 능력을 향상시키려는 수업 목표에 도달하는 데 장애가 될 수 있다.

- 교실 상황이 허락하는 한 최대로 실제적인 상황에서 활용할 수 있도록 영어를 "사용(use)"하는 데 초점을 맞추는 것이 바람직하다. 학생들은 장기적으로 언어의 "기능적인" 목적에 언어 수업의 초점이 맞추어진다면, 언어 능력을 보다 더 향상시키게 될 것이다.
- 언어 습득의 자동성은 하룻밤 사이에 갑자기 얻어지는 것이 아니다. 그러므로, 학생들이 유창함을 습득할 수 있도록 천천히 도와주면서 학습자들과 연습하는 인내심이 필요하다.

1.2.2 의미 있는 학습법 원리

1.2.2.1 정 의

학습자가 현존하는 지식이나 경험세계와 새로운 학습 자료를 의미 있게 연결하는 과정은 학습자의 경험세계와 전혀 연결되지 않은 고립된 언어단위들을 기계적으로 학습하는 것보다 장기기억 속에 보전되기가 훨씬 더 쉽다.

학습자들의 이전의 경험세계나 지식 조직들과 연관성이 없는 고립된 정보의 조각들을 받아들이는 기계적인 암기학습은 학습자들의 학습 내용을 장기적인 기억으로 연결하지 못한다. 따라서 의미 있는 학습은 기계적인 학습보다 더 나은 장기기억장치로 연결되기 때문에 학습자들을 교육할 때 학습자들의 개인적인 목적이나 흥미와 연관되어서 의미를 부여할 수 있는 수업 내용으로 교육시켜야 한다.

1.2.2.2 교실수업 적용 방법

의미 있는 학습법의 원리를 교실수업에 적용하는 방법으로는 다음과 같은 방법을 제시할 수 있다.

- 학습자들의 경험과 흥미와 직업 목표를 강조함으로써 새로운 언어자료를 학습자들에게 연관성과 의미를 부여할 수 있는 방법으로 제시하여야 한다.
- 새로운 주제 또는 개념이 소개되었을 때에는 반드시 학생들이 이미 알고 있는 지식을 배경지식과 연계시키도록 하여 둘을 서로 연관이 되게 한다.

- 기계적인 학습의 환경을 피해야 한다. 기계적인 학습의 예는 다음과 같다.
  1) 지나친 문법적 설명
  2) 난해한 원리와 이론들
  3) 지나친 반복학습 또는 암기
  4) 목표가 명확하지 않은 학습 활동들
  5) 목표성취에 공헌하지 않는 학습 활동들
  6) 언어 기능 또는 의미 대신에 기계적인 방법 그 자체에 집중하게 되는 기계적인 또는 편법적인 기술들

1.2.3 보상의 예견성 원리

1.2.3.1 정 의

일반적으로 인간은 어떠한 보상 -그것이 유형의 것이든 무형의 것이든, 혹은 단기간의 것이든 장기적인 것이든- 을 받는다는 점을 예상함으로써 그 예상을 달성하기 위해서 행동한다.

스키너(B.F. Skinner)는 보상의 능력이 동물과 인간의 행동을 어떻게 결정하는가를 증명해주었다. 스키너는 자신의 결심과 인생의 목표, 그리고 보상에 대한 기대가 인간의 행동을 결정하는 데 가장 강력한 요소라고 주장하였다.

보상의 원리가 수업 시간에도 유의미하다는 것은 분명하다. 적절한 칭찬들, 성공을 보여주는 성적 혹은 표상들이 얼마나 중요한 것인지 파악할 수 있다. 또 다른 한편으로는 학생들이 왜 그 일들을 해야 하고, 영어를 배움으로써 장래에 얼마나 큰 도움이 되는지를 가르쳐야 할 의무가 교사들에게 자연적으로 발생한다는 것을 알 수 있다. 그러나 순간적으로 보상에 너무 쉽게 적응하는 습관을 기르게 되면 학습자들이 단기간 내에 보상받는 것에 의존하게 된다. 선생님과 다른 사람들로부터 단지 보상을 받으려는 외부적인 보상의 의존성을 키우는 것은 보상의 단점으로 지적될 수도 있다.

1.2.3.2 교실수업 적용 방법

인간의 행동이 항상 보상을 예견함으로써 인도된다는 점을 고려할 때 교육적인 측면에서 보상의 원리를 활용하는 것이 효과적이며, 교실수업에서 보상의 원리를 적용할 수 있는 방법은 다음과 같다.

- 단기간 보상의 한 형태로 격려와 즉각적인 구두 칭찬을 적당한 정도로 제공한다. 이러한 구두 칭찬은 학습자들의 능력을 확신한다는 교사의 믿음을 나타낸다.
- 학생들 스스로가 서로에게 찬사와 지지행동을 보이도록 격려한다.
- 동기가 매우 낮은 학생들에게는 단기간 동안의 그들의 발전 정도를 인식시켜 주는 방안들이 효과적이다. 예를 들어서 유치원 학생들에게 훌륭한 행동에 대해서 별표나 스티커들을 발행해 주고, 행동 발달이나 성적 향상에 대한 진행 도표와 그래프는 학습자들의 흥미가 발전되도록 자극한다.
- 수업시간에 교사가 스스로 열의와 흥미를 보여주어야 한다. 교사가 너무 지루하거나 열의가 없으면 그 분위기가 학습자들에게 전염된다는 사실을 명심해야 한다.
- 학습자들에게 영어를 잘함으로써 얻을 수 있는 장기 보상을 인식할 수 있도록 지도해야 한다. 학습자들이 사는 곳에서 영어로 할 수 있는 일과, 영어를 사용할 수 있음으로써 얻게 되는 특권, 영어를 알게 됨으로써 얻는 학문적인 이득, 또한 영어능력을 요구하는 직업을 학습자들에게 구체적으로 설명해 줌으로써, 영어를 학습하는 것에 대한 장기적인 보상을 학습자들이 알 수 있도록 지도하는 것이 효과적이다.

1.2.4 내적 동기의 원리

1.2.4.1 정 의

인간에게 가장 강력한 동기는 학습자의 내부에서 자연 발생적으로 형성된 것이다. 인간 행동은 인간 내부의 욕구나 소망에서부터 발생하는 것이기 때문에 실제적으로 외부에서 주어지는 보상은 불필요한 것이다.

1.2.4.2 교실수업 적용 방법

만약 모든 학습자들이 교실 학업 수행에 내재적으로 동기를 부여해서 스스로 학업 목표를 달성한다면, 교실수업에 선생님이 필요하지 않을지도 모른다. 그러나 교사들이 학습자의 내재적 동기를 신중하게 고려하고, 또한 학습자들의 동기를 적절하게 만족시켜 줄 수 있는 교육의 총체적인 과정을 적절하게 계획한다면 내재적 동기의 원리를 교실수업에 효과적으로 반영할 수 있다. 교사들이 학습자들에게 재미있고, 흥미롭고, 유용하고, 도전적인 과업을 제시할 수 있을 때 학습자들은 자신의 학업 목표를 달성하기 위해서 열심히 학업에 정진할 것이다.

1.2.5 학습 책략의 원리

1.2.5.1 정 의

제2언어의 성공적인 학습은 학습자들 자신의 개인적인 시간, 노력을 제2언어 학습에 투자하는 것에 달려 있다. 언어를 이해하고 표현하는 데 있어서의 다양화・개별화된 학습 책략의 목록을 구비하고, 이 책략들을 토대로 제2언어에 관심을 갖고 투자해야 한다.

몇 십 년 전까지만 해도 언어교육의 영역은 대부분이 학생들에게 언어 그 자체를 전달하는 수준이었다. 교수법, 교재, 문법적인 부분까지도 성공적인 언어교육을 위한 필수요소라고 인식되었다. 최근에는 그간의 많은 성공적이었거나 비성공적이었던 학습자들을 토대로 한 연구에서 비추어, 언어 교육 영역에서 학습과정에 있는 학습자들의 역할에 더욱 초점을 맞추고 있다. 학습자들이 언어를 습득하고 실행하기 위한 방법들은 교사의 교수방법들만큼 중요하다는 인식이 발전한 것이다.

1.2.5.2 교실수업 적용 방법

학습 책략의 원리에 대한 교실수업 적용 방법에 대한 논의에서는 다음의 두 가지 원칙이 매우 중요하다. 첫째는 학습자들로 하여금 성공적인 언어 습득 과정을 달성할 수 있도록 이끌어주는 전략들과 다양한 형태의 사용 방법을 알고 있는 것이 매우 중요하다는 점을 인식시키는 것이고, 둘째는 교실 내에서 각각 다양한 개인적인 요구를 수용해서 동일한 교육 목표를 달성하도록 인도하는 것이 교사로서 중요한 임무라는 사실이다.

교실수업에서 사용되는 다양한 종류의 기술들은 적어도 부분적으로나마 최대한 많은 학생들이 적정한 수준에 오르도록 도와주는 것을 목적으로 적용된다. 다양한 개별적인 학습 책략을 선호하는 학습자들을 지도하기 위해서 교사는 그룹 학습이나 개별 학습, 시각적이거나 청각적인 방법, 쉽거나 어려운 연습문제와 같은 혼합적인 수업 방식을 채택할 것이다. 그러나 학습자들의 개별적인 선호도 비율을 잘 고려하여 대부분의 학습자들에게 적용될 수 있는 수업 기술을 채택하는 것이 필요하다.

교사들에게 있어 가장 큰 어려움은 전체가 하나의 그룹으로서 학습이 진행되고 있는 동안에 각각의 개인적인 학생들로 하여금 어떻게 그룹에 참여하게 할 것인가이다. 비교적 30~50명으로 구성된 반에서 개인적인 참여의 어려움은 점점 증가하게 된다. 큰 규모의 반 운영에서 개별 학습자의 학습 책략을 활용하는 것은 거의 불가능하다. 학습 책략의 원칙은 당신이 개별적 학생에게 할 수 있는 것만큼 많은 주의를 요구한다.

교실수업에서 개별 학습자들의 학습 책략 방식을 활용하기 위해서 교실수업을 담당하고 있는 교사들은 다음과 같은 질문 내용을 항상 고려해보아야 할 것이다.

- 내가 학습자들로 하여금 언어 습득이나 상호 대화를 위한 전략을 사용하고 발전시킬 수 있는 기회를 포착할 수 있을 것인가?
- 학습자들의 언어습득을 책임지고 있는 자로서 지혜롭게 학습을 이끌고 신속한 피드백을 해줄 수 있을 것인가?
- 학습자들로 하여금 교사가 목표로 하는 수업 전략을 실행할 수 있도록 어떻게 인도할 것인가?

1.2.6 자율적인 언어 학습의 원리

1.2.6.1 정 의

성공적인 외국어 학습은 교실수업 내에서 학습의 주도권을 쥐고 또한 교실과 교사를 넘어서서 스스로 학습여행을 할 수 있는 학습자의 자율적인 학습능력에 달려 있다.

언어 학습에서 학습자가 모든 활동의 주도권을 쥐고 자율적으로 학습하는 것이 성공의 지름길이다.

1.2.6.2 교실수업 적용 방법

교사들은 학습자들의 성공적인 자율학습을 유도하기 위해서 다음과 같은 구체적인 방법을 고려해야 한다.

- 초급 단계의 학습자는 어느 정도 교사에 의존하게 되는데 이것은 자연스런 과정이다. 그러나 교사는 사전에 계획된 연습 활동을 통해서 또한 창의적인 개선과정을 허용해 줌으로써 자율적으로 학습하는 방법에 대한 감각을 길러 주어야 한다.
- 학습자들이 자신감을 얻게 되고 언어를 갖고 실험을 할 수 있게 될 때, 교사는 학습자들의 능력에서 전적으로 벗어나지 않는 범위에서 새로운 활동을 시도할 수 있다.
- 집단 활동이나 짝끼리 하는 활동은 학습자들로 하여금 자신들만의 언어를 연습할 수 있는 기회를 제공해준다.
- 학생들에게 도움을 주는 조력자의 역할로서 교사는 학습자들의 언어 활동에 도움이 되는 피드백을 주어야 한다.
- 교실수업 밖에서 학습자들이 자율적으로 언어를 실행해볼 수 있는 기회를 제공해준다. 예를 들어서 영화, TV, 인터넷, 잡지, 책들을 활용하여 스스로 학습할 수 있는 기회를 제공하는 것이 바람직하다.

1.2.7 언어 자아의 원리

1.2.7.1 정 의

학습자들이 제2언어를 배울 때 학습자들은 동시에 두번째 또 다른 자신의 생각, 느낌, 행동을 새로운 양식으로 발전시킨다. 제2언어와 연결된 새로운 언어 자아는 학습자의 내부에서 상처받기 쉬운 학습자의 감성, 방어심리, 거부감을 유발시킬 수 있다.

언어적 자아의 원리를 고려하면 제2언어 학습자들을 따뜻한 배려와 사랑으로 다루어야 할 필요가 있다는 점을 깨닫게 된다. 학습자들은 모국어를 사용할 때와는 다르게 제2언어 학습에서 무기력함을 느낀다. 이제 학습자들은 그러한 무기력함을 떨쳐버릴 수 있는 언어적인 힘과 그러한 자신들의 유약한 감정에 대해 방어를 해야만 하고 교사는 학습자들이 언어적 자아를 강하게 훈련시킬 수 있는 방법을 적절하게 활용해야 한다.

1.2.7.2 교실수업 적용 방법

언어적 자아 원리가 어린이학습자에게 매우 중요하다는 점을 인식하고, 이를 교실수업에서 적용하는 방법을 다음과 같이 정리할 수 있다.

- 교사는 학습자들에게 학습자들을 신뢰하는 태도를 명확하게 보여주어야 한다. 교사가 학습자에 대해서 따뜻하고 다정한 관심과 인내를 갖고 있다는 점을 학습자에게 명확하게 전달하는 것이 필요하다.
- 수업의 기술을 계획하는 단계에서는 수업 활동의 수준, 활동의 선택 그리고 수업 기술의 제시 순서는 학습자의 감정적인 영역에 자극이 되지 않는 범위 내에서 결정해야 한다.
- 교사는 어린이 학습자들을 대상으로 수업을 계획할 때, 학습자의 언어 자아 상태를 고려해서 다음과 같은 사항을 결정해야 한다. 즉, 누구를 시킬 것인가? 수업 활동의 자원자로 누구를 시킬 것인가? 학습자의 발화를 언제 정정할 것인가? 문법 설명을 어느 정도로 할 것인가?

수업 활동을 어떻게 조직할 것인가? 학생 집단이나 짝 활동을 구성할 때 누구를 배정할 것인가? 학생들에게 얼마나 무섭게 대할 것인가?

학습자들이 제2언어로서 영어를 배우고 있다면, 학습자들은 두 번째 언어로 자아를 발전시키는 것이다. 두 번째 언어를 사용하는 것은 두 번째 문화 속에서 자아를 발전하는 것인데 이 과정이 매우 혼돈스럽다는 것을 받아들일 수 있게 교사는 도와주어야 한다. 이러한 과정에서 교사의 인내심과 관심이 필요하다.

1.2.8 의사소통하려는 의지의 원리

1.2.8.1 정 의

성공적인 제2언어 학습자들은 자신의 의사소통 과업을 성공시킬 수 있는 자신의 능력을 신뢰하며 자신의 절대적인 능력에서 약간 벗어나는 수준의 언어를 발화하고 해석하려는 시도를 하는 데 있어서 모험을 감수하려는 의지가 있다. 이러한 의사소통하려는 의지는 발화와 이해의 양 측면에서 모두 영향력을 발휘한다.

학습자의 의사소통하려는 의지는 "학습자의 자신감"과 "모험을 감수하려는 태도"에 연결되어 있다. 모든 학습의 중심에는 그 과업을 성취할 수 있다는 학습자의 신념이 있다. 자신감은 앞에서의 언어자아 원리와 결부시킬 수도 있지만, 한 과업을 충분히 성취할 수 있다는 학습자의 신념은 적어도 부분적으로는 그들이 그 과업을 궁극적으로 달성하는 데 있어서 매우 중요한 요인이 된다. 성공적인 언어 학습자들은 새로운 과업에 도전하고 언어게임에서 도박사처럼 모험을 감수하는 태도를 지녀야 한다.

1.2.8.2 교실수업 적용 방법

학습자들에게 자신감과 모험을 감수하려는 태도를 장려하여, 의사소통 하려는 의지를 교실수업에 적용하는 방법으로는 다음과 같은 점을 제안하고자 한다.

- 학습자들에게 자신감을 심어주고 의사소통하려는 의지를 고무하기 위해서는 언어적이거나 비언어적인 확신을 충분하게 심어 주어야 한다. 이것은 학습자

가 교사의 강의를 경청하고, 자신의 능력에 대한 신념을 쌓아나가는 데 도움을 준다. 학습자가 자신의 내부에서 자신감을 충분히 갖고 있지 못하면 다른 측면에서 당면한 문제 해결을 회피하거나, 감정적으로 벽을 쌓고, 그 때문에 문제를 해결하려는 의지가 없어서 언어 학습에 장애물이 되어버린다.

- 수업의 기술을 쉬운 것에서부터 점차적으로 어려운 것으로 옮겨갈 것을 권장한다. 교사는 학습자들이 자신감을 얻을 수 있도록 지지해주어야 한다. 교실수업에서의 학습활동은 단순한 기술과 단순한 개념에 기인하여 논리적으로 시작되어야 한다. 이때, 학습자는 다음 단계로 한걸음 더 나아갈 수 있는 자신감 때문에 성취감을 얻을 수 있다.
- 학습자들이 모험심을 갖고서 새로운 언어를 시험 삼아 해보도록 유도하는 수업 분위기를 조성해야 한다. 그러한 분위기에서 학습자들이 다른 사람이 그 과업을 시도할 때까지 기다리지 않고 도전적으로 시도하게 만드는 것이 교실수업을 성공적으로 만들어준다.

1.2.9 언어 – 문화의 연관성 원리

1.2.9.1 정 의

한 언어를 가르칠 때는 항상 문화적 관습, 가치, 사고 방식, 감정을 느끼는 방법, 행동하는 방식 등의 복합적인 문화적 체제도 가르쳐야 한다. 특히 제2언어를 배우는 상황에서 학습자들이 새로운 문화적인 환경에 성공적으로 적응하는 과정은 제2언어도 성공적으로 습득하게 해준다.

언어와 문화는 복잡하게 얽혀 있다. 언제든지 성공적으로 언어를 배우려면, 제2언어 화자들이 속한 문화도 학습해서 이해해야 한다.

1.2.9.2 교실수업 적용 방법

언어와 문화의 연관성을 고려하여 교실에서 수업을 진행할 때는 다음과 같은 구체적인 수업 방식을 적용할 수 있다.

- 문화 상호간의 차이점을 비교하는 것은 학생들에게 좋은 교육적인 정보를 제

공해줄 수 있다. 그러나 이러한 과정에서 중요한 사항은 이 세상에 존재하는 어떠한 언어나 문화도 절대적으로 훌륭한 언어나 문화는 없다는 문화적인 상대성을 인식시키는 것이다.

- 수업 기술 중 언어와 문화 사이의 관계를 연결시켜주는 수업 활동이나 자료를 포함시켜야 한다.
- 언어의 문화적 함축성, 특히 사회 언어학적 측면에서 학생들을 가르쳐야 한다.
- 목표로 교육하고 있는 문화에 적대적인 감정을 불러일으키는 내용을 교재로 사용해서는 안 된다.
- 학습자들이 문화 변용의 개념을 이해하고 그것의 상황들을 알아차리도록 도와주어야 한다.
- 새로운 언어와 문화를 학습하는 과정에서 용기를 잃게 되는 학생들에게 민감하게 반응하고 그 다음에 그들에게 어떤 도움을 줄 수 있을지 고려해야 한다.

1.2.10 모국어 영향의 원리

1.2.10.1 정 의

모국어는 제2언어 체계를 습득하는 과정에 강력한 영향력을 행사한다. 모국어 체계가 제2언어를 발화하고 이해하는 과정에 긍정적인 영향력과 부정적인 영향력을 끼치지만, 부정적인 영향력이 보다 강력하게 작용하는 경향이 있다.

모국어가 제2언어 습득에 발휘하는 영향력은 오류, 언어 간 전이현상, 오류분석 방법에서 논의될 수 있는데 그 중심 내용을 간단히 요약하면 다음과 같다.

① 오류는 언어습득의 중간 단계에서 잘못 행해지는 비문법적인 내용을 의미한다.

② 언어 간 전이현상은 외국어 학습에서 모국어의 요소가 목표어에서 사용되는 것을 의미하며 전이 현상에는 세 가지 유형이 존재한다.

촉진현상: 모국어의 특성이 목표어를 학습하는 과정에서 도움을 주는 경우를 의미한다.

간섭현상: 모국어의 특성이 목표어를 학습하는 과정에 방해를 일으키는 경우를 의미한다. 간섭을 초래할 경우, 오류라는 형태로 나타나므로 쉽게 식별된다.

기타: 도움이 된다거나 해가 된다는 뚜렷한 증거가 없는 경우

③ 모국어의 영향으로 간섭현상이 초래되는 경우, 그 결과로 오류가 발생하는데 언어학습 분야에서 오류분석에 대한 연구가 활발하게 진행되어 왔다. 오류분석 방법에는 대조분석과 오류분석의 두 가지 방법이 있다.

대조분석: 학습자가 범하는 오류의 대다수가 모국어와 제2언어 간의 차이에서 비롯된다고 보고 두 언어를 과학적, 구조적으로 분석하는 방법을 의미한다.

오류분석: 학습자가 범하는 오류를 수집한 다음, 조직적인 분석을 통하여 원인 규명을 하고 학습상의 문제점을 파악하는 방법을 의미한다.

1.2.10.2 교실수업 적용 방법

제2언어 학습과정에 끼치는 모국어의 영향력을 고려해서, 교실수업을 효과적으로 진행하려면 다음과 같은 점을 주의해야 한다.

- 교사는 학습자의 실수에 적절한 피드백을 제공하고, 학습자로 하여금 모국어가 방해요인이 될 수 있음을 알도록 해야 한다.
- 교사는 학습자에게 모국어가 항상 오류를 일으키는 것이 아니라는 점을 인식시켜야 한다.
- 교사는 학습자가 제2언어로 직접 사고하도록 유도해야 한다.

1.2.11 중간언어의 원리

1.2.11.1 정 의

제2언어 학습자들은 그들이 목표어 체계에서 완벽한 언어능력을 구사하기 위해서 발전해가는 과정에서 체계적이거나 준-체계적인 발전단계를 거치는데 이 중간단계를 중간언어(interlanguage)라 부른다.

중간언어의 발전 과정을 이용해서 교사가 교실수업에 적용할 수 있는 방법은

학습자가 의사소통하려는 시도를 장려하고, 학습자가 발화한 내용이 분명한지, 모호한지에 대해서 적절한 피드백을 해주는 것이다.

중간언어의 발전단계, 속도 및 성공 정도는 개별 학습자에 따라 차이가 있다. 그러므로 교사가 학습자에게 주는 피드백(feedback)이 학습자의 성공적인 중간언어 발달단계에 매우 중요한데 핵심적인 피드백은 다음의 두 가지로 간단하게 구분할 수 있다.

- 정의적 피드백(affective feedback): 학생의 의사소통을 하려는 시도를 북돋아 주는 것
- 인지적 피드백(cognitive feedback): "의미" 자체를 이해하는지 여부를 확인하는 것

1.2.11.2 교실수업 적용 방법

중간언어의 원리를 고려하여 교실수업을 진행할 때는 다음과 같은 구체적인 수업 방법을 적용할 수 있다.

- 체계적 중간언어 오류와 그 밖의 오류를 구별하는 것이 필요하다.
- 교사는 중간언어형태(interlanguage form)에 대해 인내심을 가지고 발전과정을 지켜보아야 한다.
- 중간언어 오류로 학습자의 언어자아가 상처받지 않도록 단지 오류만 지적하는 것이 바람직하다.
- 오류는 중간언어의 발달과정을 보여주는 현상임을 학습자들에게 이해시켜서, 그것으로 인해 걱정하지 않도록 이해시키는 것이 필요하다.
- 선택된 오류를 학습자 스스로 교정(self-correct)하게 해야 한다.
- 학생들의 언어출력에 대한 피드백 제공 시 충분한 정의적 피드백을 제공해야 한다.
- 학습자 오류정정이 차후의 새로운 언어를 시도하는 과정을 방해하지 않도록 해야 한다.

1.2.12 의사소통 능력의 원리

1.2.12.1 정 의

학습의 목표가 의사소통 능력을 향상시키는 것에 있다면 교사는 그 능력을 구성하는 모든 요소, 즉 언어의 조직적, 화용론적, 책략적, 심리운동적인 요소에 집중해서 언어를 지도해야 한다. 의사소통 목표를 달성하기 위해서는 정확성보다는 유창성에, 용법(usage)보다는 언어사용(use)에, 또 실제(authentic)언어와 상황에, 학생들의 실제 상황에 적응하려는 욕구에 주의를 기울이는 것이 최선이다.

인간의 의사소통 능력은 다음과 같은 요소로 구성되어 있다. 즉, 조직적 능력(organizational competence: 담화 측면), 화용론적 능력(pragmatic competence: 기능적, 사회언어학적 측면), 책략적 능력(strategic competence), 심리운동적인 능력(psychomotor skills) 등이다.

이상과 같이 제2언어 학습의 목표가 단순한 문법 지식을 전달하는 것이 아니라 다양한 요소로 구성된 의사소통 능력을 달성하기 위해서는, 교사는 언어의 형태보다는 의미전달에 초점을 두고서 학습자를 지도해야 한다.

1.2.12.2 교실수업 적용 방법

의사소통 능력을 향상시키기 위해서는 다음과 같은 구체적인 수업 방식을 적용하는 것이 효과적이다.

- 문법적 설명이나 연습 등은 부수적 학습과정에 불과하다. 오히려 의사소통 능력을 구성하는 것들(기능적 · 사회언어학적 · 책략적 측면)에 관심을 기울여야 한다.
- 언어의 화용론적 측면은 매우 미묘하고 어렵다. 그러한 미묘함을 가르치는 것을 수업의 목표로 삼아야 한다.
- 언어의 기능적 및 사회언어학적 측면을 가르치는 데 열중함과 동시에 발음도 이 두 측면을 위해 중요하다는 점을 잊어서는 안 된다. 억양만으로도 많은 화용론적 정보를 전달할 수 있다.
- 학생들이 자신의 실수에 지나치게 걱정하지 않도록 하면서 영어의 유창성에 도달할 수 있는 기회를 갖도록 해주어야 한다.

- 모든 학습활동이 가능한 실제적이도록 하라. 기계적 방법이 아닌 학생들이 흥미를 느낄 수 있는 학습활동을 구성해야 한다.
- 학생들이 교실을 떠나 독립적 학습자가 되어서 교실 밖에서 언어를 마음대로 구사할 수 있는 언어 학습자가 되도록 준비를 시키는 것이 바람직하다.

이번 장에서는 교육원리에 의한 지도법을 중점적으로 기술하였다. 우선 학습자의 연령에 따라서 어린이, 성인, 청소년 학습자로 구분하고 각 학습자의 특징을 기술하여 학습자의 특징에 적합한 영어교육 지도 방법론을 제안하였다. 특히 어린이 학습자를 지도할 때 교사가 반드시 주의해야 하는 지도내용을 중점적으로 서술하였다. 또한 브라운이 제시한 12가지 교육원리를 정의하고, 이러한 교육원리를 바탕으로 교실수업을 운영함에 있어서 적용할 수 있는 방법론을 소개하였다. 이번 장에서 제시한 학습자의 특징을 고려한 지도 방법론과 교육의 원리에 기초한 지도법을 잘 활용하여, 어린이 영어교육 현장에 적용한다면 처음에 설정한 영어교육 목표를 달성하는 데 매우 효과적일 것이다.

연구과제

1. 어린이학습자, 성인학습자, 청소년학습자의 특징을 설명하고, 시기별 학습자의 특징을 고려하여 교실수업에서 적용해야 할 방법을 논의하시오.

2. 다음의 영어교육의 원리에 대한 정의를 내리고, 교실수업에서의 적용 방법을 설명하시오.
   ① 언어습득의 자동성 원리
   ② 의미 있는 학습법 원리
   ③ 보상의 예견성 원리
   ④ 언어 자아의 원리
   ⑤ 언어-문화의 연관성 원리
   ⑥ 모국어 영향의 원리
   ⑦ 의사소통 능력의 원리
   ⑧ 학습 책략의 원리
   ⑨ 중간언어의 원리

CHAPTER 02 어린이 영어 교수 방법론

English Language Teaching for Children

이번 장에서는 어린이학습자들에게 영어를 지도함에 있어서 가장 유용하게 활용할 수 있는 교수법을 소개하고자 한다. 영어교육 영역에서 지금까지 다양한 교수 방법론이 존재해왔다(박경자 외, 2011). 교수 방법론은 그 시대의 상황과 학습자의 특징에 따라서 다양한 특징으로 발전해온 것이 사실이다. 본 저서의 주된 관심사는 어린이 영어교육이므로, 이번 장에서는 현재까지 존재해온 영어교수법 중에서 어린이들을 대상으로 영어를 지도하는 데 가장 널리 활용될 수 있는, 청취발화법(Audiolingual Method), 전신반응법(Total Physical Response), 자연주의 교수법(Natural Approach)을 중점적으로 고찰하고, 어린이학습자를 대상으로 지도하는 데 있어서 구체적으로 적용할 수 있는 방법을 고안하여 수업설계 모형을 제시하고자 한다. 이번 장에서 제시할 어린이 영어 교수 방법론은 다음 "제3장 영어 기능별 지도법"의 내용에서도, 듣기 · 말하기 · 읽기 · 쓰기를 대상으로 구체적인 기능을 지도하는 방법론으로 상세하게 설명되고 있다.

2.1 청취발화법(Audiolingual Method)

이번 절에서는 청취발화법의 이론적 배경을 이루는 구조주의 언어학과 행동주의 심리학의 특징을 고찰해봄으로써 청취발화법의 기본 원리를 이해하고, 수업활동의 유형, 교사와 교재의 역할을 설명하여 청취발화법에 대한 구체적인 수업 설계 모형을 제안해보고자 한다.

2.1.1 이론적 배경

청취발화법은 구조주의 언어학과 행동주의 심리학의 이론 위에서 탄생하였다. 청취발화법은 1950년대 미국 언어학자들에 의해 제안된 관점으로부터 파생되었는데, 그 관점은 '구조주의 언어학(Structural linguistics)'으로 알려지게 되었다. 구조주의 언어학은 부분적으로는 전통적인 문법에 대해서 반작용으로 파생되었다. 전통적인 문법에 대응하는 반응은 실증주의와 경험주의에 편향되는 시대적인 조류에 의해 자극되었는데 다윈의 '종의 기원(On the Origin of Species)'은 이러한 경향을 진척시키는데 도움을 주었고, 일부 철학자들은 인도유러피언 언어가 아닌 다른 언어들에 대해서도 흥미를 가지고 연구하기 시작했다.

구조적 언어학의 중요한 원칙은 언어의 본질적인 매개물은 입이라는 것이다. 언어의 본질은 "말"이다. 우리는 읽기나 쓰기를 배우기 전에 말하기를 배웠고 이 과정은 언어는 "첫째로 무엇을 말했는가, 그리고 두 번째는 무엇을 썼는가"로 논의되었다(브룩스(Brooks), 1964).

언어분석을 위한 과학적 접근방식은 언어를 가르치기 위한 과학적 접근방식의 기초를 제공해주었다. 1961년 미국 언어학자 윌리암 몰튼(William Moulton)은 9번째 국제언어학회(International Congress of Linguists)의 보고서를 작성했는데, 그 보고서 내용 안에서 언어를 가르치는 방법론인 언어학 원리는 반드시 다음과 같은 근거가 있어야 한다고 선언했다. "언어는 말이다. 쓰기가 아니다. 언어는 습관의 고정이다. 언어를 가르치는 것이지 언어에 대해서 가르치는 것이 아니다. 언어는 그 언어의 원어민 화자가 말하는 것이지 누군가가 그들이 얘기해야 한다고 생각하는 것이 아니다. 언어들은 다르다."

또한 청취발화법의 학습이론은 행동주의 심리학에 기초를 두고 있다.

구조주의 언어학과 같은 시기에 발전한 행동주의 심리학은 또 다른 반심리주의이며 경험주의적으로 인간행동을 연구하였다. 행동주의자들에게 있어서 인간 행동은 학습과정에서 3개의 결정적 요소에 의해서 발생한다. 행동을 끌어내는 데 도움이 되는 자극, 자극에 의한 반응, 그리고 강화작용이다. 강화는 반응이 적절(또는 부적절하게)하도록 도와주고 반응의 반복(또는 억제)을 촉진시킨다.

강화는 학습과정에서 중요한 요소이다. 왜냐하면 강화는 행동이 다시 발생시킬 수 있고 경우에 따라서 행동이 습관으로 발전되는 가능성을 증가시키기 때문이다. 언어학습에 이러한 이론을 적용하는 것은 외국어학습자로서, 구두의 행동으로서의 행동, 무엇을 가르치거나 외국어를 표현함으로서의 자극, 자극에 의한 학습자의 반응, 그리고 외부에서부터 주어지는 인정과 선생님이나 학생들의 칭찬에 의한 내적인 자기만족을 행동주의 심리학의 이론과 동일시한 것이다.

이러한 다양한 영향에 의해 청취발화법의 심리학적 기초가 되고 방법론적 학습의 형태가 된 학습 원리들이 발생했다. 그 중에서 가장 특징적인 것을 소개한다면 다음과 같다.

1. 외국어 학습은 기본적으로 습관형성의 과정이다. 좋은 습관은 올바른 대답이 주어짐으로써 형성된다. 대화체를 기억하고 패턴연습을 함으로써 실수는 최소화된다. 언어는 말로 나타나는 행동이고 학생들에게 이런 행동을 나타나게 함으로서 언어가 학습된다고 할 수 있다.
2. 목표언어가 문어형태로 제시되기 전에 구어형태로 제시된다면 좀 더 효과적으로 배울 수 있다. 청취-구두훈련은 다른 언어기술의 발전을 위한 토대를 청취발화법에서 매우 유용하다.
3. 유추법은 분석법보다 언어학습에 좀 더 나은 근거를 제공한다. 유추법은 일반화와 판별력의 과정을 포함한다. 반복연습은 학습자들이 올바른 유추법 훈련을 가능하게 해준다. 그러므로 문법교수의 기본적인 접근방식은 연역적

이라기보다 귀납적*이다.

4. 단어의 의미는 그 단어가 문맥에서 분리된 상태가 아니고, 오직 언어적·문화적 상황에서 학습될 수 있다. 그러므로 언어를 가르친다는 것은 그 언어를 말하는 사람들의 문화체계 측면을 가르치는 것도 포함되어야 한다.

2.1.2 학습과 교수활동의 유형

대화체와 반복훈련은 청취발화법 교실수업의 기본 유형이다. 대화체는 문맥 속에서 제시되는 주요구문과 설명된 상황을 제공하고, 대화체는 반복과 기억을 위해 사용된다. 정확한 발음, 강세, 운율, 억양이 강조된다. 대화체가 제시되고 기억된 후에 대화체에서의 특별한 문법적 유형들이 선택되고 이 문법 유형이 여러 종류의 훈련과 정해진 문형 연습의 요점이 된다.

반복학습과 문형 연습의 사용은 청취발화법의 대표적인 특징이다. 브룩스(Brooks, 1964; 156-161)는 다음과 같은 반복학습과 문형 연습 유형을 제시하였다.

1) **반복**: 학생은 교사가 제시한 문장을 듣자마자 큰소리로 읽는 것을 반복한다. 원문을 보지 않고 읽는다.

예) 이번이 7번째 달이다. - 이번이 7번째 달이다.

학생이 발화를 반복한 후에 교사는 몇 개의 단어를 추가하고 나서 추가된 단어들과 전체 발화를 반복한다.

예) 나는 그를 알았었다 - 나는 그를 알았었다.

나는 **몇 년 전에** 그를 알았었다. - 나는 **몇 년 전 우리가 학생 때** 그를 알았었다.

---

* 연역법과 귀납법: '연역법'은 일반적인 것에서 구체적인 것으로, 즉 규칙의 언급에서 특수한 경우에 대한 규칙의 적용으로 이행하는 과정을 의미하고, '귀납법'은 특수한 것에서 일반적인 것으로 이행하는 과정을 의미한다. '연역법'은 문법-번역식 수업 방식과 밀접하게 연관되어 있고, 제2언어와 모국어의 차이점에 기초를 둔 규칙을 지도하는 데에는 효과적이다. '귀납법'은 가르치고자 하는 구조나 형태를 일반화할 때까지 학생들에게 제시하며 반복시키는 방법인데, 자연교수법과 직접교수법에 연관이 깊다. '귀납법'의 장점은 문법을 이해할 때까지 학생들을 참여시킨다는 점이고, 단점은 시간의 손실이 많고 이해가 빠른 학생들은 지루함을 느낀다는 것이다. 따라서 '귀납법'은 짧은 시간에 일반화에 도달할 수 있는 비교적 단순한 규칙들에 적용하는 것이 바람직하다(박경자 외, 2011; 328-329).

2) 굴절: 발화 속 한 단어가 반복할 때 또 다른 형태의 단어로 나타난다.

예) 나는 티켓을 샀다. - 나는 **티켓들을** 샀다.

그는 사탕을 샀다. - **그녀는** 사탕을 샀다.

나는 젊은 남자를 불렀다. - **그녀는** 젊은 남자를 불렀다.

3) 대치: 발화 중 한 단어는 다른 것에 의해 대치된다.

예) 그는 이 집을 싸게 샀다. - 그는 **그것을** 싸게 샀다.

Mary는 일찍 떠났다. - **그녀는** 일찍 떠났다.

그들은 사장님에게 시계를 주었다. - 그들은 **그에게** 시계를 주었다.

4) 재구성: 학생들은 교수법에 따라서 다시 고쳐서 말하고 그것을 다른 사람에게 말한다.

예) 그가 널 기다린다고 말해. - **나를 기다려.**

그녀에게 몇 살인지 물어보아라. - **몇 살입니까?**

그가 언제 시작했는지 Mary에게 물어보아라. - **Mary, 언제 시작했습니까?**

5) 완성: 학생은 한 단어를 제외한 완벽한 발화를 듣고 나서 완성한 형태의 발화를 반복한다.

예) 나는 내 길을 갈 거고 너는… - 나는 내 길을 **갈 거고 너는 너의 길을 갈 것이다.**

우리는 모두 … 자신만의 문제를 가지고 있다.

- 우리는 **모두 우리 자신만의 문제를 가지고 있다.**

6) 확장: 한 단어를 연달아 추가한다.

예) 나는 그를 안다. - 나는 그를 **아주 조금** 안다.

나는 그를 안다. - 나는 그를 **아주 잘** 안다.

7) 축소: 한 단어가 구나 절의 의미를 대신하다.

예) 탁자 위에 손을 얹어라. - **거기에** 손을 얹어라.

그들은 지구가 평평하다고 믿는다. - 그들은 **그것을** 믿는다.

8) 변형: 한 문장을 부정이나 의문이나 시제, 법, 유성음, 양상, 수식의 변화를 통해 변형시킨다.

예) 그는 내 주소를 **안다.**

그는 내 주소를 **모른다.**

그는 내 주소를 **알까?**

그는 내 주소를 **알았었다.**

그는 내 주소를 **알고 있는지 없는지.**

9) 통합: 분리되어 있는 두 개의 발화들을 하나로 통합시킨다.

예) 그들이 정직해야만 한다. 이것이 중요하다.

- 그들이 정직해야 한다는 것이 중요하다.

10) 대답: 학생은 주어진 발화로부터 적절한 대답을 한다. 교사는 다음 방법 중의 하나로 대답할 것을 요구한다.

예) 예의를 갖춰라.

질문에 대답하라.

동의하라.

강하게 동의하라.

놀라움에 표현하라.

후회에 표현하라.

부정하라.

뚜렷하게 동의하지 말아라.

무엇을 말하는지 질문하라.

* 공손하기

예) 고맙습니다. - **천만에요.**

제가 하나 가져도 될까요? - **물론이죠.**

* 질문에 대답하기

예) 당신의 이름은 무엇입니까? - **제 이름은 Mary입니다.**

어디에서 그것이 일어났습니까? - **거리 중간입니다.**

* 동의하기

예) 그는 우리를 따른다. - **내 생각엔 당신이 맞습니다.**

이것은 좋은 커피입니다. - **아주 좋고…**

11) **복 구:** 학습자에게 문장에서 발췌했지만 기본 뜻은 가지고 있는 단어의 연속이 주어진다. 학습자는 이 단어들을 변화는 최소화하고 문장 본래의 형태를 추가해서 사용한다. 그는 아마 그 시간이 현재인지, 과거인지 또는 미래인지 말하도록 요구된다.

예) 학생들/기다리는중/버스 - **그 학생들은 버스를 기다리고 있다.**

소년들/세우다/집/나무 - **그 소년들은 나무에 집을 세웠고…**

이상과 같은 다양한 문형 연습을 활용하면 어린이를 대상으로 영어를 지도함에 있어서 특히, 듣기·말하기 기능 지도 면에서 매우 탁월한 성과를 거둘 수 있다고 판단된다.

2.1.3 교사의 역할

청취발화법에서는 교사가 수업의 중심적인 역할을 수행한다. 교사는 목표언어 모형을 만들고 학습의 속도를 지도·통제하고 학습 과정을 바로잡고 모니터한다. 교사는 여러 가지 훈련과 과업 그리고 구조 연습에서 학습자들을 훈련시킨다. 청취발화법에서 교사가 수행하는 역할은 다음과 같이 정의된다.

- 언어의 4가지 기술을 조화롭게 학습시킨다: 듣기, 말하기, 읽기, 그리고 쓰기
- 학습자들이 배우는 언어에 대해서 다양한 역할의 모델을 제시한다.
- 반복학습 및 문형 연습을 위해서 합창으로 대답하는 방법을 지도한다.

- 문형 연습을 통해 언어의 구조를 설명한다.
- 주어진 문형 내에서 어휘를 선택해서 학습시킨다.
- 목표어 내의 단어 의미가 연결되는 방법을 설명한다.
- 말하기 활동에 개별 학습자들을 참여시킨다, 등.

2.1.4 교재의 역할

청취발화법의 수업에서 교재는 학습자들의 언어발달을 위해서 매우 중요한 역할을 수행한다. 수업 시간에 교사는 문장, 훈련과정 그리고 다른 연습활동이 기록된 선생님의 교재를 이용하여 수업을 지도한다. 교재를 활용하여 교사는 학생들에게 문형 연습과, 문장의 반복 학습을 실시한다.

또한 녹음기와 음성장비는 종종 청취발화법의 학습과정에서 중심이 되는 역할을 해왔다. 만약 교사가 원어민이 아닐 경우 이러한 음성장비를 활용하여 문장과 훈련을 위한 정확한 모델을 제시할 수 있다.

2.1.5 수업 설계 모형

청취발화법의 기본 원리를 활용하여 다양한 수업 모형을 제시할 수 있으나, 전형적인 청취발화법의 수업 설계 모형은 다음과 진행 절차를 따르는 것이 보통이다.

1) 학습자들은 수업의 초점인 중요한 문법구조를 포함하는 대화체의 모델을 듣는다. 학습자들은 개인적으로 또한 다 같이 대화체의 각 라인을 따라 읽는다. 교사는 발음, 억양, 유창성에 유의한다. 발음 또는 문법의 실수는 정확하게 즉각적으로 정정한다. 점차 연결된 대화체를 암기한다. 대화체를 크게 다 같이 읽고, 반은 발화부분 그리고 나머지 반은 대답을 한다. 학습자들은 이러한 과정에서 처음부터 끝까지 그들의 책을 보지 않고 진행한다.

2) 학습자들은 중요한 단어나 구문의 변화를 통해 주어진 대화체를 학습자들의 흥미 또는 상황에 맞게 변형한다. 이것은 학습자들의 의견에 따라서 진행한다.

3) 대화체의 중요한 문법구조는 다른 종류의 문형 연습을 위한 기초로서 선택

되고 사용된다. 우선 다 같이 연습하고 그 다음 개인적으로 연습을 한다. 몇몇 문법적 설명이 주요 포인트로 제안될 수도 있으나, 그것은 최소한의 수준으로 유지한다.

4) 학습자들은 교과서를 접하고 그 내용을 활용할 것이다. 그리고 읽기, 쓰기, 또는 대화에 기초한 어휘 활동을 경험하게 된다. 처음 수준은 단순히 모방해서 쓰고 연습하려는 문장을 똑같이 하는 것보다 약간 높은 수준으로 구성한다. 실력이 증가함에 따라 학생들은 주어진 주제에 관하여 짧은 문장을 작문할 수 있다.

5) 언어 실습실에서 수업 활동의 후속 연습이 이루어진다. 그곳에서 더 발전적인 대화와 반복 연습이 진행된다.

청취발화법의 기본적인 목표는 언어 연습 순서를 소개하고 목표어의 기본적인 구조와 문형 구조를 훈련하고 연습하는 것을 통해 의사소통능력을 향상시키는 목표에 초점을 둔다는 것이다.

2.2 전신반응법(Total Physical Response)

어린이 영어교육 과정에서 널리 사용할 수 있는 또 다른 교수법으로 전신반응법이 있다. 이번 절에서는 전신반응법의 이론적 배경과 교사의 역할, 수업 자료의 역할과 수업 모형 설계 방안을 제시하고자 한다.

2.2.1 이론적 배경

전신반응법은 언어를 가르치는 방법은 말과 행동을 동등하게 활용하는 것이라는 철학에 기초한다. 이 방법은 신체적인 활동을 통해 언어를 가르치려는 것으로, 심리학자인 제임스 어셔(James Asher)에 의해 발달되었다. 어셔는 성인은 아이들이 모국어를 습득하는 과정을 반복하면 제2언어를 보다 쉽게 학습할 수 있다고 주장한다.

또한 어셔는 다음과 같은 세 가지 이론을 바탕으로 그의 전신반응법 이론을 주장했다.

2.2.1.1 생물학적 프로그램

어셔는 인간의 두뇌 속에는 언어를 배우기 위한 본질적인 생물학적 프로그램이 존재한다고 주장했다.

어셔의 전신반응방법은 자연적인 방법이다. 어셔는 제2언어를 습득하는 과정은 모국어와 제2언어를 대비함으로써 설명되는 것이 아니라고 하면서, 다음의 세 개의 과정을 중심으로 생각했다.

- 어린아이들은 말하는 능력이 발달하기 전에 듣기능력을 발달시킨다.
- 어린아이의 청취력은 신체적 명령에 대한 응답을 통하여 가장 잘 개발될 수 있다.
- 어린 아동들이 스스로 준비가 되어야 자동적으로 말할 수 있다.

2.2.1.2 두뇌 편재

인간의 두뇌는 왼쪽과 오른쪽의 대뇌 반구가 서로 다른 기능을 수행한다.

어셔는 전신반응법이 두뇌의 오른쪽 반구와 연관되고, 반면에 대부분의 제2언어 교수법은 왼쪽 반구와 관련된다고 주장한다. 어셔는 어린이 언어학습은 신체활동(우반구의 활동)을 통해 이루어진다고 주장한다. 우반구 활동은 좌반구가 발화를 위해 언어를 처리시키기 전에 일어나야 한다는 것이다. 마찬가지로 성인은 좌반구가 외부 세상을 관찰하고 배우는 동안 우반구 활동을 통해 언어를 숙달시켜야 한다. 어셔는 우반구 학습이 먼저 충분하게 이루어지면, 좌반구는 언어를 발화하고 좀 더 추상적인 언어 과정을 발달시키기 시작하는 것으로 보았다.

2.2.1.3 긴장감의 감소

긴장감은 학습 활동과 학습 과정을 방해한다. 성공적인 언어 학습의 중요한 조건은 긴장감이 없는 상태에서 학습에 몰두하는 것이다. 모국어는 긴장감이 없는 환경에서 습득되지만, 성인의 언어학습 환경은 종종 상당한 긴장감과 불안감을 불러

일으킨다. 긴장이 없는 학습은 언어발달의 자연적인 생체 프로그램을 이끌어내고 편하고 즐거운 모국어 학습의 경험을 회복할 수 있게 해준다. 추상적인 언어 형태의 연구보다는 동작을 통해 해석되는 의미에 초점을 둠으로써, 학습자는 자아의식과 긴장된 상황에서 자유로워지고 학습에 총력을 기울일 수 있다.

2.2.2 교사의 역할

교사는 전신반응법에서 능동적이고 주도적인 역할을 한다. 무엇을 가르칠 것인가를 결정하고 새로운 자료를 만들어 제시하며, 교실에서 사용할 보조 자료를 선택하는 사람은 바로 교사이다. 어셔는 전신반응법 수업 과정에서 상세한 수업계획안을 추천한다. "행동은 매우 빨리 진행되어, 그와 동시에 새로운 동작을 창출할 여유가 없으므로 교사는 수업 시간에 사용할 발화와 특히 새로운 명령문을 자세히 적어놓는 것이 현명하다"고 기술하였다.

그러나 어셔는 교사의 역할은 가르치는 것보다는 오히려 학습의 기회를 제공하는 데 있다고 강조한다. 교사는 학습자가 목표어의 기본 규칙을 내면화할 수 있도록, 그 언어에 최상의 노출을 제공해줄 책임이 있다. 그래서 교사는 학습자가 받아들이는 언어 입력 자료를 통제하면서, 학습자가 본인의 마음에 구성할 "인지 지도"를 위한 새로운 자료를 제공한다. 교사는 또한 학습자의 자연적인 속도에 맞추어 학습자 내부에서 말하기 능력이 발달되도록 지도해야 한다.

교사는 학습자에게 피드백을 줄 때 학습자의 감정적인 부분에서 상처가 되지 않도록 부모가 자기 자녀들에게 피드백을 주는 본보기를 따라야 한다. 처음에 부모는 실수를 거의 수정해주지 않지만 아이가 점점 자람에 따라 말하기에서의 실수를 점진적으로 허용하지 않게 된다. 마찬가지로 교사는 초기단계에서는 너무 많은 수정을 삼가고, 학습자에게 방해가 될 오류의 수정을 위해 간섭하는 일이 없어야 한다. 그러나 시간이 지나면서 교사는 오류 수정 과정에 점점 개입하게 되고 학습자의 말하기 능력은 자연스럽게 발달된다.

2.2.3 수업 자료의 역할

전신반응법에는 기본 교과서가 없다. 교수자료와 실물교재는 후기 학습단계에서 점점 그 역할이 증가 된다. 초보학습자에게는 교수 자료가 필요하지 않을지도 모른다. 왜냐하면 교사의 목소리, 행동, 몸짓이 교실 활동에서 충분한 기초 자료이기 때문이다. 나중에 교사는 책, 펜, 컵, 가구 등과 같은 일상적인 교실의 물건은 사용할 수도 있다. 교수과정이 진전되면서 교사는 교수의 요점을 뒷받침하기 위한 보조 자료를 만들거나 모으게 될 필요가 있다. 자주 활용되는 교수 자료에는 그림, 실물교재, 영화, 낱말 도표 등이 포함된다. 어셔는 가정, 가게, 해변 등의 특정 상황에 초점을 둔 전신반응법 교재를 만들어서 수업 시간에 활용할 것을 제안했다.

2.2.4 수업 설계 모형

전신반응법은 청취이해력을 강조하는 이해력 중심의 교수이론을 기본원리로 설정한다. 아동은 명령에 대해서 신체적으로 반응하는 것을 학습하며, 아동은 청취력이 말하기 능력보다 우수하다. 이 교수법은 신체적 행동을 통한 언어교육을 시도하므로, 학습자들은 교사의 명령에 따라서 실제 행동을 통해서 반응한다. 그러나 전신반응법의 궁극적인 학습목표는 이해력 향상을 통한 의사소통 능력의 배양이다.

명령형 훈련은 전신반응법에서 주요한 교실 활동이다. 말하기 활동은 약 120시간의 교수 후 이루어진다. 다른 교실 활동에는 역할 나누기 활동과 영화 상영이 있다. 역할 나누기 활동은 식당, 가게, 주유소 등에서와 같은 일상의 상황에 중심을 둔다.

전신반응법에서 학습자는 주로 청자와 행위자의 역할을 담당한다. 그들은 교사가 주는 명령문을 주의깊게 듣고 행동으로 반응한다. 학습자는 또한 그들 스스로 새로운 문장을 결합해서 발화할 것이 요구된다. 학습자는 자신의 학업 발전 상태를 검토하고 평가한다. 학습자들은 말할 준비가 되었을 때, 즉 그 언어의 충분한 기초가 내면화되었을 때, 말할 준비가 되었다고 느끼면 말해보도록 권장한다.

어셔는 전신반응법 원리에 따라 수업을 지도하는 과정을 설명하고 있다. 한 예로, 초보 학습자를 위한 159시간의 교실수업 내용을 들 수 있다. 이 과정 중 6번째 수업은 다음과 같이 진행된다.

1) 복습하기: 개별 학생들이 다음과 같은 명령문에 따라 행동하도록 신속하게 실시되는 학습 준비 절차를 갖는다.

Pablo, drive your car around Miako and blow a horn.
(Pablo, 너의 차로 Miako 주변을 운전하고 경적을 울려라.)
Jeff, throw a red flower to Maria. (Jeff, Maria에게 빨간 꽃을 던져라.)
Maria, raise your voice. (Maria, 소리를 질러라.)
Rita, pick up the knife and put the spoon into the cup.
(Rita, 칼을 줍고 스푼을 컵 안에 넣어라.)
Tom, drink a cup of water and give the cup to Elaine.
(Tom, 물을 마시고 Elaine에게 컵을 주어라.)

2) 새로운 명령형을 소개하기: 다음 동사들이 소개된다.
Wash – your hands, your face, your hair, a cup
(씻어라 – 너의 손을, 너의 얼굴을, 너의 머리카락을, 컵을)
Find out – a towel, a soap, a comb
(찾아라 – 수건을, 비누를, 빗을)
Catch – a book, a cup, a soap
(잡아라 – 책을, 컵을, 비누를)
Brush – your teeth, your pants, the table
(솔질해라 – 너의 치아를, 너의 바지를, 탁자를)

3) 새로운 어휘들을 소개하기
Rectangle – Draw a rectangle on the blackboard.
Pick up a rectangle on the table and give it to me.

Put a square next to a rectangle.

(직사각형 - 칠판에 직사각형을 그려라.

탁자에서 직사각형을 줍고 나에게 주어라.

직사각형 옆에 정사각형을 놓아라.)

Triangle - Pick up a triangle on the table and give it to me.

Take a triangle and put it next to a rectangle.

(삼각형 - 탁자에서 삼각형을 주워 나에게 주어라.

삼각형을 잡아 직사각형 옆에 놓아라.)

Quickly - Walk quickly to the door and kick it.

Run quickly to the table and touch a triangle.

Sit down quickly and smile.

(빠르게 - 문으로 빨리 걷고 그것을 쳐라.

빠르게 탁자로 달려서 삼각형을 만져라.

빨리 앉고 웃어라.)

Slowly - Walk slowly to the window and jump.

Stand up slowly.

Walk slowly to me and touch my arm.

(천천히 - 창문으로 천천히 걸어가서 점프해라.

천천히 일어나라.

나에게 천천히 걸어와서 내 팔을 쳐라.)

Toothpaste - Find the toothpaste.

Throw the toothpaste.

Remove a tap of the toothpaste.

(치약 - 치약을 찾아라.

치약을 던져라.

치약의 꼭대기의 마개를 돌려서 빼라.)

Toothbrush - Take your toothbrush.

Brush your teeth with a toothbrush.

Put your toothbrush inside your book.

(칫솔 - 너의 칫솔을 가져가라.
너의 치아를 칫솔질해라.
너의 책 안에 칫솔을 놓아라.)

Teeth - Touch your teeth.
Show your teeth to Mary.
Mary, point out Tom's teeth.

(치아 - 너의 치아를 만져라.
Mary에게 너의 치아를 보여줘라.
Mary, Tom의 치아를 가리켜라.)

Soap - Find out a soap.
Give the soap to Mary.
Mary. put the soap into Tom's car.

(비누 - 비누를 찾아라.
Mary에게 비누를 주어라.
Mary, Tom의 차안에 비누를 놓아라.)

Towel - Put the towel on Juan's arm.
Juan, put the towel on your head and smile.
Maria, wipe your hands with a towel.

(수건 - Juan의 팔 위에 수건을 놓아라.
Juan, 너의 머리 위에 수건을 놓고 웃어라.
Maria, 수건으로 손을 닦아라.)

다음으로 교수자는 학생이 가리키기와 같은 몸짓으로 대답할 수 있는 간단한 질문을 하였으며, 그 사례는 다음과 같다.

Where is the towel? [Eduardo, point out the towel!]
(수건이 어디 있니? [Eduardo, 수건을 가리켜라!])

Where is the toothbrush? [Maria, point out the toothbrush!]
(칫솔이 어디 있니? [Maria, 칫솔을 가리켜라!])
Where is Dolores?
(Dolores가 어디 있니?)

4) 역할 바꾸기: 교사와 다른 학생의 행동을 요구하는 명령형을 학생들이 쉽게 자원하여 구사한다.

5) 읽기와 쓰기: 교사는 칠판에 새로운 어휘와 그 어휘를 활용한 문장을 써놓고, 각 항목을 말해주고 나서 행동으로 보여준다. 교사가 교수 자료를 읽을 때 학생들은 청취하고, 그 정보를 노트에 기록한다.

전신반응법은 근래의 심리학 이론에 근거한 팔머와 팔머(Palmer and Palmer)의 'English Through Actions'의 반영이자 확장이다. 그것은 제2언어 습득에서 이해력의 역할을 강조한 사람들의 지지를 받았기 때문에 인기를 누렸다. 예를 들어 크라센(Krashen, 1987)은 성공적인 언어 습득의 열쇠로서 이해 가능한 자료의 입력과 긴장감의 해소를 제시했다. 그는 목표어로 신체적 행동을 하는 것을 이해 가능한 자료의 입력과 긴장감을 감소시키는 수단으로 간주하였다. 어린 학습자들을 대상으로 이해력 중심의 교육을 시도할 때는 전신반응법이 효과적이지만 말하기 지도에서는 많은 오류가 발생할 수 있다는 점이 단점으로 지적되었다. 또한 명령형에 지나치게 의존하여, 추상적인 어휘의 학습이 어렵다는 점, 성인들은 신체활동을 유치하게 생각하므로 성인들에게는 적합하지 않은 교수법이라는 점 등이 단점으로 지적되었다. 의사소통 언어교수법의 주창자는 전신반응법 교수요목이 실제 상황에서 필요한 것인가 하는 점과, 교수요목 내의 발화와 문장의 필요성에 대해서 의문을 제기한다. 따라서 전신반응법은 다른 교수 방법과 학습 기술과 결합하여 사용되어야 한다고 강조한다. 사실 전신반응법을 사용하는 사람들은 전신반응법이 유용한 교수 기술이며 다른 교수 방법과 조화할 수 있다고 주장한다.

결론적으로 어린이 영어교육에서 전신반응법은 학습자에게 흥미와 관심을 불러 일으킬 수 있는 활용가능성이 높은 교수법으로 평가할 수 있다.

2.3 자연교수법(Natural Approach)

이번 절에서는 어린이 영어교육에서 여러 가지 방법으로 폭넓게 활용되고 있는 또 다른 교수방법론인 자연교수법에 대해서 그 이론적인 배경, 교사의 역할, 그리고 수업 설계 모형을 고찰하고자 한다.

2.3.1 이론적 배경

1977년에 미국 캘리포니아의 스페인어 교사인 테럴(Tracy Terrell)은 자연주의 교수법이라고 불리는 언어 새로운 언어교수 철학을 제시하였다(테럴 1977; 1982: 121).

크라셴과 테럴은 그들이 언어 교수에서 전통적인 접근법들에 기초하여 자연주의 접근법에 근거하여 자연주의 교수법을 창안하였다(크라셴과 테럴; 1983: 9).

자연주의 교수법은 언어교육에 대해서 5가지 가설을 기초로 탄생되었다: ① 습득-학습 과정의 구분 가설, ② 자연순서 가설, ③ 모니터 가설, ④ 입력 가설, ⑤ 감정여과 가설(제1부 제2장 2.2.3 제2언어 습득이론 참조).

자연교수법에 기초가 되는 5가지 가설이 언어교수 과정에 대해서는 다음과 같은 관련성을 함축하고 있다.

- 가능한 한 많은 이해할 수 있는 입력을 충분하게 제공받아야 한다.
- 학습자의 이해를 돕는 것은 무엇이나 중요하다.
- 시각 교재들이 유용하고, 학습자들에게 구문론의 구조에 대해서 분석적인 설명을 제시하기 보다는 오히려 광범위하게 유용한 어휘를 접할 수 있게 해주는 것이 중요하다.
- 수업 시간은 듣고, 읽는 것에 초점을 맞추어야 한다.
- 언어습득의 성공요인은 인지적 요인이 아니라 감정적 요인이다.
- 감정여과를 낮추기 위해, 형태보다는 의미를 전달하는 데 초점을 맞춘 의사소통을 중심으로 수업을 진행해야 한다.

- 입력은 재미있어야 하고, 교사는 학습자들이 입력을 충분히 받아들일 수 있도록 교실 분위기를 편안하게 조성해야 한다.

2.3.2 교사의 역할

자연교수법에서 교사의 역할은 다음과 같이 정의할 수 있다. 첫째로 교사는 목표어의 중요한 입력 모델을 제공해준다. 둘째로 교사는 교실수업에서 학생들의 감정 여과 장치를 낮추어서 수업분위기를 즐겁고 편안하게 만들어주는 역할을 한다. 이러한 분위기 조성을 위해서 교사는 학습자들의 오류를 공개적으로 정정하지 않고 학습자들의 감정을 상하지 않는 방법을 동원하여 은밀하게 정정해주어야 한다.

2.3.3 수업 설계 모형

자연주의 교수법은 학습자들의 언어 습득을 유발하기 위해서 다양한 수업기술과 방법을 혼합하여 사용한다. 다음에서는 실제적인 교실수업에서 활용되는 자연주의 교수법 수업 모형을 제시해보고자 한다.

1) 전신반응법을 활용하여 수업의 도입부를 시작한다. 이때 사용하는 명령문의 내용은 매우 간결하다.

   "Stand up. Turn around. Draw your right hand."

   (일어서세요. 뒤로 도세요. 오른손을 그리세요.)

2) 전신반응법을 활용하여 신체 부분들의 명칭, 숫자 명칭들 그리고 행동을 연속적으로 소개한다.

   "Put your right hand on your head. Put your hands on your nose, etc."

   (머리 위에 오른손을 놓으세요. 코 위에 손을 놓으세요. 등.)

3) 교실수업 내에서 활용할 수 있는 다양한 물건을 활용하여 명령문을 제시한다.

   "Put it on the record. Take the blue blanket to Larry. Pick up the soap. And carry it to Larry. Put on the blue blouse."

(레코드 위에 그것을 놓습니다. 파란색의 모포를 래리에게 가져가세요. 비누를 주우세요. 그리고 그것을 래리에게 가져가세요. 파란색의 블라우스를 입으세요.)

4) 신체적 명칭들 그리고 이름에 의하여 수업 학생들을 확인할 수 있는 옷 등을 활용한다. 단어들의 의미를 명백하게 설명해주는 문맥과 아이템들을 사용한다. 그때 수업에 참여하고 있는 학생이 묘사된다.

"Look at Barbara. Her hair is long and the color of it is brown.
Her hair is not shont."

(바바라를 보세요. 그녀의 머리카락은 길고 갈색입니다.
그녀의 머리카락은 짧지 않습니다.)

그리고 학습자들이 동료 학생의 이름을 기억하고 또 표현할 수 있도록 하기 위하여 학생들에게 질문하는 방법을 활용한다.

"Who is wearing the yellow shirt?
Who is wearing the brown dress?"

(누가 노란색의 셔츠를 입고 있습니까?
누가 갈색 드레스를 입고 있습니까?)

5) 시각자료를 활용하여 새로운 어휘를 소개하고 학생들의 이름을 활용하여 학습활동을 진행한다.

예를 들면, 교실의 한 학생에게 그림을 전달한다. 학생들의 과제는 그림을 가진 학생의 이름을 기억하는 것이다.

"Tom has the picture of the boat.
John is watching TV."

(톰이 배 그림을 가지고 있습니다.
존이 텔레비전을 보고 있습니다.)

"Who has the picture of the boat?"

(누가 범선의 그림을 가지고 있습니까?)

6) 그림을 사용할 때는 전신반응법과 결합시켜 활용한다.

Jim, find the picture of the little girl with her dog and give it to the woman with the pink blouse.

(짐, 개를 데리고 있는 소녀의 사진을 찾아서 그것을 분홍색 블라우스를 입고 있는 여자에게 전달하세요.)

7) 그림을 관찰할 때 명령이나 조건절과 결합하여 활용한다.

If there is a woman in your picture, stand up. If there is something blue in your picture, touch your right shoulder.

(사진 속에 여자가 한 명 있으면, 일어서세요. 사진 속에 파란색 그림이 있으면, 오른쪽 어깨를 치세요)

8) 여러 장의 그림을 이용하여 학생들에게 묘사되고 있는 그림을 지적하도록 하라.

그림 1. There are several people in the picture. One appears to be a father, the other a daughter. What are they doing? Cooking. They are cooking a hamburger.

(사진 속에 여러 명의 사람들이 있습니다. 한 사람은 아빠, 다른 사진은 딸처럼 보입니다. 그들은 무엇을 하고 있나요? 요리. 그들은 햄버거를 만들고 있어요.)

그림 2. There are two men in this picture. They are young. They are boxing.

(사진 속에 남자 2명이 있습니다. 그들은 젊습니다. 그들은 권투를 하고 있습니다.)

(크라센과 테럴, 1983: 75-77)

이 모든 활동들에 있어서 교사는 "이해 가능한 입력"(제1부, 제2장 참조)의 흐름이 끊어지지 않도록 해야 한다. 입력에 대해 확실히 이해하기 위해서 중요 어휘 항목, 적절한 몸짓, 문맥, 반복, 그리고 부연 설명을 이용하여 학습자에게 언어가 자연스럽게 습득되도록 한다.

자연 교수법은 비형식적인 교실 상황에서, 학습자들이 제1언어와 제2언어를 어떻게 습득하는가에 대한 관찰 및 그 해석에 기초한 언어 교수법의 전통에 기초하여 탄생되었다. 그러한 방법들은 언어의 형식적(문법적) 조직이 언어교육에 제일 중요한 것이라고는 생각하지 않는다. "성인은 문법적으로 순서화되지 않은 교수 자료를 가지고도 효과적으로 가르칠 수 있으며" 또한 그러한 접근법이야말로 "언어에 대한 숙달도를 원어민의 수준에까지 이르게 할 수 있는 확실한 학습과정"이라고 하는 뉴막과 레이블(Newmark & Reibel)의 견해를 자연교수법 역시 견지하고 있다(1968: 153). 자연 교수법에서는 이해 가능한 종류의 입력에 대한 올바른 준비와 이해를 강조하고, 의미 있는 의사소통은, 교실에서의 성공적인 제2언어 습득을 위한 필요조건을 제공한다는 점을 강조하고 있다. 이것은 기존의 다양한 자료들로부터 여러 가지 기법들을 이끌어내고, 그것들을 통합하고 각색할 수 있는 방법들을 도출해 냈다. 따라서 의사소통중심 언어교수방법처럼 자연 교수법도 그 절차에 있어서는 매우 발전된 것이다. 자연교수법이 가진 독창성은 그 교수법에서 사용되는 기법에 있는 것이 아니고, 그 기법들을 문법적으로 완벽한 발화나 문장을 생성해내는 것보다는, 이해 가능하고 의미 있는 연습 활동을 강조하는 방법으로 사용한다는 점에 있다.

또한 자연교수법은 문법 설명, 구조훈련과 연습문제를 듣기과제와 숙제에 의존하므로, 제2언어 구조연습에 많은 시간낭비를 하지 않는다는 점을 장점으로 들 수 있다. 또한 테이프를 듣는 과정 속에서 수업시간에 이해하지 못한 내용을 교사에게 도움을 받아서 이해할 수 있고 수업 후에 많은 활동을 할 수 있는 장점이 있다.

이번 장에서는 영어교수법의 역사에서 존재했었던 다양한 교수법들 중에서 어린이 영어교육 분야에서 효율적으로 활용될 수 있는 청취발화법, 전신반응법, 자연교수법의 이론적인 배경, 교사와 교재의 역할, 수업 설계 모형을 살펴보았다. 어린이학습자들에게 반드시 위에서 소개한 3가지 교수법만을 적용할 필요는 전혀 없다. 이보다 더 효율적으로 적용할 수 있는 교수법은 다양하고, 또 그 활용 방법도 무궁무진하다(박경자 외, 2011; 제11장 참조).

특히 이번 장에서 제시한 수업 설계 모형은 어린이 학습자들을 대상으로 영어교육을 실시할 때, 교사가 활용할 수 있는 방법과 범위가 매우 넓다고 판단되어서 이번 장에서 상세하게 소개하였다. 최근의 영어교육 분야에서는 새로운 기술의 도

입과 방법의 고안으로 획기적이고 다양한 교수 방법론이 등장했다. 그러나 어린이 학습자들을 대상으로 교육을 실시한다는 점을 고려한다면 본 장에서 제시한 청취발화법, 전신반응법, 자연교수법을 어린이 영어교육 현장에서 활용할 수 있는 가능성은 다른 교수법과 비교해볼 때 훨씬 높다고 평가된다.

이번 장에서 제시한 세가지 교수법의 장·단점을 활용하고, 다른 의사소통 활동과 결합하여 수업시간에 활용한다면 어린이 영어교육 현장에서 매우 효율적인 결과를 얻을 수 있을 것이다.

연구과제

1. 청취발화법의 이론적인 배경이 되는 구조주의 언어학과 행동주의 심리학의 특징을 기술하시오.

2. 전신반응법의 이론적 배경이 되는 생물학적 프로그램, 두뇌 편재, 긴장감의 감소 이론을 설명하고, 전신반응법과의 연관성을 기술하시오.

3. 자연교수법의 기초가 되는 5가지 가설을 설명하세요.

CHAPTER 03

영어 기능별 지도법

English Language Teaching for Children

이번 장에서는 어린이학습자와 관련된 영어의 기능별 지도법에 대해서 논의하고자 한다. 듣기, 말하기, 읽기, 쓰기 기능 및 어휘 지도법에 대해서 린스(Caroline T. Linse, 2006)가 제시한 이론적 배경을 소개하고 교실수업에서의 구체적인 지도 방법론과 평가 방법을 논의할 것이다.

3.1 듣기 지도법

아기들은 생후 1-2개월이 되면 음성언어음을 구분할 수 있는 역량을 가진다(비쉬만(Vishman), 1996). 아기들이 말을 이해할 수 있게 되기 전에, 그들은 언어의 율동과 가락을 귀기울려 들으며, 말하는 사람과의 관계나 상호작용에 대해서 어느 정도 알고 있다(쿡(Cook), 2000). 걸음마를 시작한 아이들은 소리와 말 모두를 주의 깊게 듣는다. 그러다가 마침내 아기들은 말과 그 말이 가진 뜻에 동조하기 시작한다. 아주 어린 아이가 난로 위의 뜨거운 물건에 너무 가까이 다가갔을 때 "안돼! (No!)"라는 말을 듣고 그 말의 의미를 빨리 배우는 것이 그 일례이다. 이번 절에서는 듣기 기능의 이해, 교실 수업에서의 듣기 활동, 교실 수업에서의 듣기 평가에 대해서 고찰해 보고자 한다.

3.1.1 듣기 기능의 이해

듣기 기능을 지도하는 방법을 논의하기에 앞서, 듣기 기능의 종류를 설명하고 듣기 활동이 다른 언어 기능을 발전시키는 데 미치는 영향력에 대해서 논의하고자 한다.

3.1.1.1 듣기 기능의 종류

듣기 기능은 일반적으로 수동적듣기(Hearing)와 능동적듣기(Listening)로 구분할 수 있다. 수동적 듣기, 즉 Hearing이란 소리를 실제로 인식하고 처리하는 것을 말한다. 수업 중에 능동적으로 잘 집중하여 듣기 위해서 어린이들은 기본적인 수동적 듣기를 할 수 있어야 한다. 어떤 나라에서는 전체 아이들 중 무려 18%가 19세가 되기 전 청각장애를 가진다고 보도된 바 있다. 약한 정도의 청각장애라고 하더라도 아이가 듣고 영어수업에 전적으로 참여할 수 있는 능력에 아주 심각한 영향을 줄 수 있다. 어린이가 모국어를 배울 때 가족구성원들은 어린이에게 주어지는 언어적 입력을 조절하고 비계(Scaffolding)(제1부 제1장 참조)를 설치해줄 수 있다. 아버지가 더 크게 또는 더 천천히 말하는 것 등이 그 예이다. 교실수업 과정에서 어린 학습자가 귀를 자주 잡아당긴다거나, 귀가 아프다고 투정하거나, 음성 장치인 CD나 테이프의 소리를 높여 달라고 요청하고, 지시 사항을 반복해서 얘기해달라고 요청하는 등의 행동을 보이면 학습자의 청력에 문제가 있는지 확인해보아야 할 것이다.

어린이들을 지도하는 교사로서 청각에 문제가 있는 어린이들을 돕는 데에는 여러 가지 방법이 있다. 교사는 청각장애가 있는 어린이는 교실 앞쪽에 앉게 해서 그 어린이가 당신의 입술을 살펴볼 수 있도록 하고 교사의 말소리가 직접적으로 그 어린이에게 전달되는지 확인해야 수업을 원만하게 진행할 수 있다.

3.1.1.2 듣기 활동과 언어 기능의 발달

어린이들은 그들 주위에서 발생하는 다양한 음성과 소리들을 듣는다. 빌딩 내에서 어린이들은 사람들의 말소리나 텔레비전 소리, 진공청소기 소리, 주전자 물끓는 소리, 전자레인지 소리를 들을 것이다. 어린이들은 갑자기 밖에서 나는 소방차가 구급차 같은 특정의 옥외 음향을 듣게 되면 공개적으로 크게 알리곤 한다. 어린이들이 동물들이 있는 지역에서 살면, 개짖는 소리, 소 울음 소리, 양이 '매 ---'하고 우는 소리 등을 알고 구분한다. 어린 어린이들은 또한 노래와 이야기를 듣는 것을 즐긴다.

언어학습에 대해 이야기할 때 우리는 언어의 네 기능-듣기, 말하기, 읽기, 쓰기-에 대해서 자주 이야기한다. 언어 기능을 듣기와 말하기는 구술어(oral language) 기능으로 그 반대로 읽기와 쓰기는 문어(written language) 기능으로 구별할 수 있다. 또한 언어 기능을 방향성을 기준으로 구별할 수 있다. 듣기와 읽기는 정보를 받아들이는 데 초점을 두므로 수용적 기능으로, 그 반대로 말하기와 쓰기는 정보의 산출에 그 초점을 두므로 표출적 기능으로 구분한다. 어떤 사람은 듣기를 할 때에는 어린이들이 아무 음도 발생시킬 필요가 없으므로 그 듣기가 수동적이라고 생각한다. 하지만 사실은 수동적이지만은 않고, 학습자들은 듣기과제들과 듣기활동에 적극적으로 관여할 수 있고 또 관여해야 한다. 듣기과정은 매우 능동적이라는 점은 다음의 세 단계로 듣기활동이 진행된다는 점에서도 입증할 수 있다(리버즈(Rivers), 1971). 첫째는 개별적인 음(音)을 대략적으로 인지하는 단계로서 빠르게 진행되고, 이 단계에서는 학습자의 역할이 비교적 수동적이다. 둘째는 언어음을 그룹화하여 언어음을 인식하는 단계로서 이 단계는 비교적으로 능동적인 단계이다. 셋째는 복습하고 기억하는 단계로, 청각 자료가 장기 기억 속에 저장된다. 이러한 세 가지 단계에서 학습자는 단지 수동적인 청취자의 역할만 수행하는 것이 아니고, 언어음을 감지하고 음을 그룹화하고 기억하는 과정에서 능동적인 역할을 수행한다.

듣기와 말하기는 모두 구술적인 기능이기에 그 둘 사이의 관계는 밀접하다. 어린이들이 말할 때 그 소리들을 정확히 모사할 준비는 듣기에 의하여 갖추어진다. 뿐만 아니라 좋은 듣기 기능을 갖추어야 어린이들이 단어들을 독해할 때 음과 그에 해당되는 문자기호를 연결지을 수 있기에 읽기 수업을 위한 토대를 구축할 수 있는 듣기 기능들이 개발되어 있다. 다시 말하면 듣기 기능은 어린이들이 읽기 기능 및 기타 다른 언어기능을 갖추도록 준비시키는 데 있어서 필수적인 기능이다. 따라서 듣기 활동을 다른 언어기능을 지도하는데 종속시켜서 지도하는 것은 제2언어 교육에서 매우 부정적인 결과를 초래할 수 있으므로, 듣기 기능은 전문적인 영역으로 지도해야 한다.

3.1.2 교실수업에서의 듣기 활동

제2언어 또는 외국어로서의 영어를 배우는 어린이들을 지도할 때 교사는 모국어로서의 영어를 배우는 어린이들을 위한 수업 기술과 제2언어나 외국어로서의 영어학습을 위해 설계된 기술을 혼합해서 사용하려고 노력해야 한다. 때로는 성인 EFL학습자용으로 고안된 방법을 사용하기도 하고 필요한 경우 그것들을 어린이학습자에세 적합하도록 개작하기도 한다. 또한 모국어 영어화자들을 위해 설계된 기술도 사용하면서 그들을 ESL이나 EFL 수업 교실에서 사용하려고 노력해야 한다. 폴(Paul, 2003)은 교사가 어린이들에게 듣기 연습을 시키는 특별한 활동을 제공하는 것을 중요하다고 강조하였다. 이번 절에서는 어린이 듣기 기능을 향상시키는 데 많은 도움을 줄 수 있는 이해력 중심의 교수법(전신반응법, 자연주의 교수법)을 간단히 소개하고, 이 교수법을 활용한 듣기 활동을 제시한다. 또한 어린이 학습자를 대상으로 흥미있게 운용할 수 있는 다양한 수업활동 놀이를 소개하고자 한다.

3.1.2.1 이해력 중심의 교수법 활용

인간의 언어능력이 발전함에 있어서 말하기보다 듣기능력이 먼저 발달됨에 착안하여 말하기보다 듣기능력의 개발을 중요시한 교수법을 이해력 중심의 교수법으로 분류한다. 거시어(Gauthier, 1963)는 학습자가 제2언어로 말하는 것에 자신이 생기기 전까지 제2언어로 들은 내용을 모국어로 묻고 답하는 교수법을 옹호하였다.

이해력 중심의 교수법에는 전신반응법과 자연주의 교수법이 포함된다.

1) 전신반응법(제2부 제2장 참조)

제임스 어셔(James J. Asher)는 어린 아이들이 언어를 습득하는 방법에 대해 연구했다. 그는 언어습득을 어렵게 느끼는 대학생들과는 반대로 어린 아이들은 어째서 언어기술 발달 면에서 우수한지 궁금해했다. 그는 아이들은 태어난 후 처음 1년 동안 말을 듣기만 하고 지낸다는 사실을 간파했다. 그리고 유아들이 비록 말은 하지 않아도 그들이 듣는 것에 신체적으로 반응하기 때문에 능동적인 언어사용자란 점을 깨달았다. 어셔는 그의 발견에 기초하여 전신반응법이라고 불리는 방법을 개발했다. 학습자들은 들리는 명령에 신체적으로 반응하는 것이다. 학습자들은 말을 할 수 있다고 여겨지지 전까지는 아기들과 똑같게 지시사항에 대해서 말을 사용하지 않고 응답하면 된다. 교사는 신체적 반응 모습을 시연해보이면서 입으로 말할 때, jump 동작을 취해보이면서 신체적으로 반응하는 방법을 보여준다. 학습자들은 명령어를 따라서 행동만 하고 말은 말할 준비가 갖추어질 때까지 안해도 좋다. 학습자들이 처음 말하기 시작하게 되면 교사가 내리는 명령어를 반복하여 말한다. 전신반응법에는 몇 가지 긍정적인 면들이 있다. 첫째, 그것은 청각적 학습 통로, 시각적 학습 통로 그리고 촉각적인 학습통로 세 가지 모두를 활용한다는 점이다. 명령이 내려질 때 학습자들은 먼저 듣고 본다. 그리고 나중에 세 학습통로 모두를 사용할 기회를 갖는다. 듣고 서로의 행동을 보고 직접 명령대로 행동해본다. 둘째, 전신반응법은 어린이들에게 학문적 성취를 위한 두 가지 중요한 기능, 즉 지시를 따르고 주의 깊게 듣는 일을 가르치는 데 도움이 된다는 것이다. 셋째, 발달에 적합한 교육이라는 개념이나 사고에 맞게 전신반응법은 어린이들에게 처음에는 듣기만 하고 말하기 시작할 때는 그들이 편안하게 선택할 것을 허용한다는 점이다. 넷째, 전신반응법은 어린이학습자들을 위한 여러 가지 다양한 방법으로 응용, 개작하기가 용이하다는 점이다. 전신반응법을 어린이학습자들을 위해 이용할 수 있는 방법은 다양하고 많다. 영어 학습을 이제 막 시작하려는 어린이들에게는 jump, stand, wave, wiggle 같이 단순하고 단일 단어로 된 명령어를 사용할 수 있다. 그리고 점차 학습이 진전됨에 따라서 더 복잡한 어린이친화적 명령어들이 어린이들에게 소개될 수 있다.

전신반응법을 5-7세의 어린이들에게 사용할 때 한 번에 단 하나만의 명령문으로 지시사항을 내리는 것이 좋다. 특히 5-7세의 어린이들 중 일부는 전반적 발달이 아직 미진할 수 있어 하나 이상의 다중지시에 주의를 기울이기가 어렵다. 하나의 지시만을 내린 후에 학습자 전원이 그 이행을 마칠 때까지 교사가 기다려줌으로써 수업은 더 잘 진행되고 어린이들은 더 쉽게 지시어와 행위를 연계시킬 수 있다. 만일 한 번에 한 개 이상의 지시를 내리면 어린이가 들은 말의 뜻을 몰라서 못 따라 하는지 아니면 해야 할 바를 놓쳐서 못하는지 알아채기가 어려워진다. 전신반응 명령어를 한 번에 하나씩만 주면서 교사는 교실을 둘러보면서 아이들이 당신의 말을 이해하는지 즉각적으로 측정할 수 있다.

2) 자연주의 교수법(제2부 제2장 참조)

앞의 제2장에서도 자세히 설명하였듯이, 자연주의 교수법은 아동이 언어를 자연스럽게 습득하는 과정에 기초하여 제2언어 교육 모델을 제시하면 효과적인 습득이 가능하다고 주장한 교수법이다.

크라센과 테렐(1983)은 습득-학습 조정가설, 조정가설, 자연적 순서가설, 입력가설, 감정여과가설을 토대로 제2언어습득모형을 제시하였다. 즉, 제2언어 수업을 학습자들에게 이해가능한 입력을 제공하고 교실에서는 듣기와 읽기에 초점을 두고 지도하여 듣기능력이 발달된 후 저절로 말을 할 수 있도록 수업분위기를 편안하게 유도해야 한다고 주장하였다.

수업 내용이 언어형식보다는 의사소통능력 향상에 초점을 두고, 의사소통 능력을 개발하기 위해서 어휘습득과 듣기능력 개발을 처음부터 강조한다는 점에서, 어린이의 듣기 능력을 개발하는 데 매우 유용한 교수법이다.

3.1.2.2 신체 활동을 통한 듣기 놀이

이번 절에서는 교실수업에서 어린이학습자를 대상으로 듣기 기능을 발달시킬 수 있는 놀이 활동을 제시할 것이다. 특히 김혜경 외(2012)가 제시한 놀이 종류에 기초하여 신체 활동을 통해서 듣기 기능을 연습할 수 있는 놀이 활동에 초점을 맞추고자 한다.

1) YES/NO 카드 놀이

전신반응 YES/NO 카드를 활용하여 전신반응법을 적용하면 어린이의 듣기능력을 쉽게 측정할 수 있다. YES/NO 카드를 사용할 때 어린이들은 질문을 받고서 YES/NO 카드를 보여주는 것으로 질문에 응답한다. 다음과 같은 과정을 통하여 YES/NO 카드를 만들 수 있다.

도표 3-1 YES/NO 카드 만드는 방법

1. 교사가 교실 앞에서도 충분히 볼 수 있을 정도로 큰 색인카드를 두 장씩 어린이들에게 나누어준다.
2. 어린이들은 카드의 앞 뒤 양면에 똑같이 행복한 표정의 얼굴을 그리고 그 밑에 YES/NO 라고 쓴다.
3. 어린이들은 카드의 앞 뒤 양면에 똑같이 슬픈 표정의 얼굴을 그리고 그 아래에 NO라고 적는다.

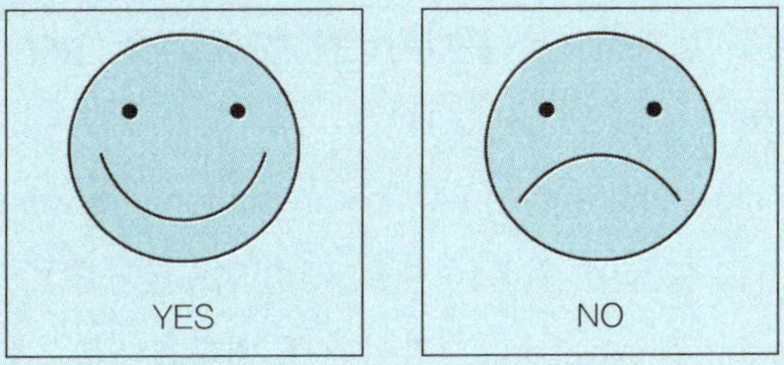

(Caroline T. Linse, 2006, p. 36)

전통적으로 어린이들은 구두로 질문을 받으면 대답도 역시 구두로 한다. 교사가 학생들에게 질문을 하면 그 학생이 대답을 하는 동안 그 학급의 다른 모든 학생들은 가만히 앉아서 듣고 있다. 2-3명의 학생들 정도는 계속 똑같은 식으로 질문과 응답을 주고받을 수 있다. 그러나 만일 그 반 학생 모두에게 한번씩 질문하고 한명씩 대답하게 한다면 학생들 전체가 조바심을 내고 산만해질 것이다. 따라서 학급 전체에게 질문을 던지고 모두 똑같이 합창으로 소리내어 답을 하게 하는 방법이 효과적이다. 이 두 번째 방법의 문제점은 그 답이 알아들을 수 없이 시끄럽고 누가 맞게 응답했는지 측정하기가 어렵다는 것이다. 이런 문제를 YES/NO 카드를 사용하면 완화하거나 해결할 수 있다. 왜냐하면 YES/NO 카드를 사용하면 어린이들이 일시에 소리를 내어 답을 말하지 않고도 조용히 답을 보여주게 되기 때문이다. 어린이들이 카드를 들고 있을 때 교사에게 보이는 것과 같은 YES표지를 어린이도 볼 수 있게 하기 위하여 카드의 양면에 YES라고 적어두는 것이 중요하다. YES/NO카드는 영어 수업의 전 과정을 통하여 영어에 대한 이해도를 측정할 수 있는 훌륭한 방법이다.

행복한 표정과 슬픈 표정은 5-6세의 영어독해력이 아직 생기지 않은 어린이들에게 효과가 좋은 방법이다. 그리고 교사가 모든 카드를 볼 수 있는 방식으로 아이들이 배치될 수 있게 항상 확인한다. 작은 교실에서는 일부 아이들은 마루바닥에 앉히고 다른 아이들은 그 뒤 의자에 앉게 하는 방법으로 교사가 모든 카드를 다 볼 수 있게 된다.

또한 어린이들이 즐겨하는 활동 중의 하나는 전신반응법을 활용하여 그리기 지시를 따르는 일이다. 모든 어린이들에게 같은 지시를 내릴 수는 있지만 어떻게 지시를 이행할지에 대한 범위를 정해주고 아래의 지시사항에 따라서 그리기활동을 시키면 수업시간에 매우 효과적으로 듣기기능을 지도할 수 있다.

1. Draw a house. (집을 그리세요.)

2. Draw two apples. The apples can be any color you want. (사과 두 개를 그리세요. 사과의 색깔은 당신이 원하는 대로 정할 수 있어요.)

3. Draw a little girl with a dog. (강아지를 데리고 있는 소녀를 그리세요.)

2) "코코코, 눈" 놀이

- 신체 부위에 대한 용어를 알려줄 때 가장 많이 사용하는 놀이
- 게임방법이 무척 쉬워서 활용하기가 용이하고, 청취력 · 어휘력 · 집중력 향상에 도움이 된다.
- **놀이방법**

① 우선 어린이들에게 교사 얼굴로 eye, nose, ear, mouth 등을 알려줍니다.
② 코를 가리키며, "nose, nose, nose"하다가, 갑자기 얼굴의 다른 부위인 eye, mouth, ear 중 한 곳을 말합니다.
③ 이때 아이들은 교사가 말한 곳을 가리킵니다.

(김혜경 외, 2012, p. 97)

3) "거울아, 거울아" 놀이

• 거울을 보며 단어에 해당하는 표정을 짓게 하며 영어를 배우는 놀이.

• 듣기능력 및 감정표현력이 발달되는 재미있는 놀이.

• **놀이방법**

① 어린이를 바닥에 앉히고 작은 손거울을 줍니다.
② 교사는 표정이나 감정에 관련된 단어를 말합니다.
③ 어린이는 거울을 보고 흉내를 냅니다.
ex) Make a happy face. Make a sad face.
Make an angry face. Make a sleepy face.

(김혜경 외, 2012, p. 105)

4) "사이몬 대왕이 가라사대"놀이

• 이 놀이는 어린이들이 직접 몸으로 체험하면서 영어문장을 학습한다.

• 듣기능력, 집중력 향상에 효과적이다.

• **놀이방법**

① 교사는 사이몬 대왕의 그림 가면으로 얼굴을 가리고 사이몬 대왕이라 말한다.
② 교사는 그림 가면을 쓰고 말할 때만 어린이들이 명령에 따라 행동하도록 지시한다.
ex) I am King Simon.
King Simon Says, "Walk to the door."
King Simon Says, "Touch your nose."
King Simon Says, "Close your eyes."

(김혜경 외, 2012, p. 121)

3.1.2.3 음절을 활용한 박수치기

어린이들이 언어에 존재하는 청각적 패턴을 더 잘 알게 도와주는 방법은 다양하다. 앞서 언급된 것처럼 어린이들에게 음운론적 인식의 튼튼한 기초를 마련해주는 것은 어린이들로 하여금 정식 읽기 수업에 참가할 준비를 갖추게 하는 것이다. 말이 작은 언어들로 나뉘고 또 음절로 분리되는 방식을 어린이들에게 알려주는 길은 분리된 음절에 맞추어 박수를 치면서 그 말들을 따라하게 하는 것이다. 2음절짜리 낱말 happy를 예로 들어 설명하면 첫 번째 음절 'hap-'을 발음할 때 박수 한번 치고 뒤 음절 '-py'를 발음할 때 또 한 번 박수를 치는 것이다. 그런데 이 방법의 효과를 높이기 위해서는 학습하는 단어의 상(像)을 보여주는 것이 효과적이다. 만일 happy나 angry같은 형용사가 박수치기의 대상 단어라면 자원자를 뽑아 다른 어린이들이 박수치고 따라 읽는 동안 happy 또는 angry한 감정을 나타내보이도록 시키는 것도 효과적인 방법이다.

3.1.2.4 운율 연습

영어의 운율을 나타내는 강세나 리듬, 그리고 억양을 연습하기 위하여 전통적으로 쓰여온 방식은 테이프를 들으면서 따라하는 섀도우잉(shadowing) 방식이다. 그러나 이 방법은 기계적인 방법이어서 학생들이 흥미를 느끼지 못하는 경우가 있다. 캐롤라인 그래함(Carolyn Graham, 1986)은 다음과 같은 챈트를 소개하여 학생들로 하여금 운율, 연음 그리고 축약음을 이용하여 흥미있게 학습하는 방법을 소개했다. 그래함의 "Let's chant, let's sing"의 예를 살펴보라.

진한 글자체는 강박자를 나타낸다.

Pick up your **pencil**.

Pick it up, **Pick** it up.

Pick up your **pencil** very carefully.

Pick up your **pencil** and **write** your **name**.

3.1.2.5 최소대립어 활용

청각적 패턴을 분간하고 이해하기 위하여 어린이들은 단어들 사이의 유사성과 차이점을 알아야 한다. 최고대립어란 단어 음들은 같은데 음 하나만 다른 두 개의 단어를 이르는 말이다. 예를 들자면 bat와 pat는 최소대립어이다. 최소대립어 판별을 연습시키는 방법은 학습자들에게 두 단어를 듣게 하고 YES/NO카드를 이용해서 그 두 단어의 음이 같은지 다른지 알려주게 하는 것이다. 학생들에게 b와 p 또는 단음 i와 장음 e를 구별하게 시키는 것들이 그 예라 하겠다. 머피(Murphy, 2003)는 최소대립쌍으로 알려진 전통적 기술을 더 의미 있게 이용하려면 그림을 사용해야 한다고 제안한다. 만일 아래 그림의 단어에 대해 최소대립을 비교해야 한다면 이와 같이 그림카드를 활용하면 효과적으로 지도할 수 있을 것이다.

ship

sheep

3.1.3 교실수업에서의 듣기 평가

어린이학습자 교실에서의 듣기 평가는 두 가지 중심 요소를 가진다. 첫째 요소는 음소의 인식(서로 다른 음들을 분간해 내는 능력)에 관한 평가이다. 듣기 평가의 두 번째 요소는 듣기의 이해도이다. 음소 인식에서는 다수의 상이한 측면들에 관한 평가가 행해진다. 이 평가들에는 여러 소리들 간의 차이를 분간해 내는 능력, 같은 음으로 시작 되거나 끝나는 단어들을 식별하는 능력에 대한 평가도 포함된다. 음소인식에 관하여 평가할 때, 간단한 음소인식 평가용지를 활용하면 효과적이다. 음소인식 평가용지는 웃는 표정의 동그라미와 슬픈 표정의 동그라미가 그려져 있다.

어린이들은 들리는 음들이 같으면 행복한 표정의 얼굴에 동그라미를 치고 만일 다르면 슬픈 표정의 얼굴에 동그라미를 치라는 지시를 받는다.

예컨대, 단어의 끝 음 /d/와 /t/를 평가한다면 교사는 다음의 단어들; mad/mat, bat/bad, cat/cat, hid/hit, tot/told, met/met를 크게 발음할 것이다.

이때 이 활동의 요점은 어휘력을 평가하는 데 있는 것이 아니라, 어린이들이 소리를 분간할 수 있는지를 평가하는 데에 있다. 같은 작업표를 가지고, 당신은 다른 한 벌의 단어 짝들을 사용하여 어린이들이 단어들의 운이 맞는지를 알 수 있냐에 대해 아주 쉽게 평가할 수 있다. 교사는 cat/mat, sand/sad, hit/hat, fill/hill, dog/dot 등의 단어들을 크게 읽고 학생들은 두 단어가 동일하면 행복한 얼굴의 동그라미를 치고 다르면 슬픈 표정의 얼굴에 동그라미를 치는 연습을 할 수 있다.

음소 인식은 음성언어적인 면에서 영어 음소가 어떻게 발성되는지를 이해하는 능력에 중점을 둔 연습이다. 음소를 인식하는 유형에는 ① 각운과 두운을 들을 수 있는 능력, ② 다른 것을 찾아내는 능력, ③ 말로 단어를 조합하고 음절을 나누는 능력, ④ 단어를 나누어 말하는 능력, ⑤ 음소를 조합하는 과제를 수행하는 능력이 있다. 또한 노래, 챈트, 말꼬기 놀이 등을 자주 활용하고, 두운, 각운을 대치시키거나 삭제하는 연습을 하고, 소리가 같은 것끼리 분류하는 연습 등을 통해서 음소를 인식하는 능력을 연습시킬 수 있다.

듣기 이해도를 평가할 때, 학습자들이 단어 하나하나, 지시문과 텍스트의 내용을 분명히 이해하도록 하는 것이 중요하다. 어린이들이 특정한 단어나 관용구를 이해하고 있는가의 여부를 평가할 때 어린이들에게 사물이나 그림을 손으로 가리켜 보라고 요청하라. 예를 들면 만일 어린이가 과일 이름을 이해하는지 평가하고 싶다면 과일 그림들을 책상 위에 놓고 '바나나를 가리켜 보세요.'라고 말하는 것이다. 그림 대신에 글씨로 쓴 단어를 손으로 가리켜 보라고 학습자에게 요청한다면, 그것은 듣기와 읽기의 두 가지에 관한 이해력을 측정하는 것이 될 것이다. 과일 이름으로 듣기 이해도를 평가하는 다른 방법은 한 그룹 내의 어린이들 모두에게 여러 가지 과일들의 그림을 나누어 주는 것이다. 모든 학습자들이 과일들의 모양을 안다면, 다음과 같이 요구함으로써 그들을 평가할 수 있다. "사과에 동그라미를 치고, 바나나를 삼각형 표시로 둘러싸고, 코코넛을 사각형으로 둘러싸세요."

만일 전신반응법을 평가 도구로 사용한다면, 지시나 명령은 한 번에 하나씩만 내리는 것이 중요하다. 또한 명령이 반복되었을 때보다 첫 번째 명령을 받았을 때의 반응을 관찰하는 것이 중요하다. 어린이들이 분명히 들리는 텍스트를 이해하고 있는지 평가하는 데에는 그림을 통하여 의견을 진술하는 방법을 활용할 수도 있다. 어린이들이 어떤 이야기를 청취하고 있는 경우라면, "어떤 일이 먼저 일어났는지 알려주세요." "그 일과 관계되는 그림을 가리켜 보세요." 또는 "가장 많은 도움을 준 아이가 누구인지 사진을 보여주세요." 등과 같은 지시사항을 활용할 수 있다.

대다수의 어린이교재들은 듣고 어떤 일을 수행해야 하는 듣기활동들을 수록하고 있다. 교재에서 설정한 활동들을 일단 마치고 나면 교재의 이러한 페이지들은 새로운 한 세트의 그림그리기 지시에 따라 재사용할 수 있다. 예를 들면 아래와 같은 것들이다.

1. Draw strawberry milk in the cup.
   (컵 안에 딸기 우유를 그려 넣으세요.)
2. Draw a piece of potato on the fork.
   (포크 위에 한 조각의 감자를 그려 넣으세요.)
3. Draw apple juice in the glass.
   (유리 잔 속에 사과주스를 그려 넣으세요.)
4. Draw a hamburger on the plate.
   (접시 위에 햄버거를 그려 넣으세요.)
5. Draw an orange next to the fork.
   (포크 옆에 오렌지를 그려 넣으세요.)
6. Draw some soup in the cup.
   (컵 안에 스프를 그려 넣으세요.)

이번 절에서는 듣기기능의 이해와 교실수업에서의 듣기 활동 및 듣기 평가를 논의하였다. 이해력 중심의 교수법인, 전신반응법과 자연주의 교수법을 듣기활동에 적용할 수 있는 방법을 소개하고, 특히 신체활동을 통해서 듣기기능을 연습시킬 수 있는 놀이활동과, 음절을 활용한 박수치기, 운율연습, 최소대립어의 활용방법 등을 제시하였다.

연구과제

1. 아래의 빈칸에 교실 주변에서 아이들이 들을 수 있는 네 가지 소리를 써보세요. 교실 밖에서 들을 수 있는 소리와 함께 교실 안에서 들을 수 있는 소리도 적고, 또 물이 끓는 소리나 개 짖는 소리처럼 일상생활 중 들을 수 있는 소리들을 적어보세요. 그런 후 각 소리에 맞는 영어주제를 목록화하여 아래의 표를 작성해보세요.

소리	주제
Water Boiling	cooking, kitchen
dog barking	animals, pets

2. 전신반응법 과제

   전형적인 가정에서 일어나는 3가지 다른 유형의 일과를 표에 적어보고, 각 일과에서 연속적인 활동을 수행하기 위해서 사용할 명령문을 만들어보세요. 예를 들어 식탁차리기, 잠자리 준비, 설거지하기 등.

   예) Open the door.
   Close the window. 등

3. 여러분들이 어린이들을 대상으로 "듣기기능"을 개발시키는 데 활용될 수 있는 놀이를 한 가지 소개해보세요.

3.2 말하기 지도법

이번 절은 말하기란 무엇인지 그리고 어린이들의 모국어 발달에 있어서 말하기의 역할은 어떤 것인지를 고찰함으로써 말하기 기능을 이해하고, 교실수업에서 어린이들을 대상으로 활용할 수 있는 말하기 활동을 소개하고자 한다. 아울러 교실수업에서의 말하기 기능을 평가하는 방법도 고찰하여 어린이 영어교육에서 말하기 기능을 지도하는 효과적인 방법론을 제시하고자 한다.

3.2.1 말하기 기능의 이해

어린이들이 말과 언어를 갖고 놀이를 하는 방법은 그들이 아기일 때 듣던 간지럼 태우기 노래로부터 언어의 형식과 의미를 모두 담고 있는 여러 종류의 놀이에 이르기까지 다양하고 풍부하다. 어린이들이 말하기를 시작할 때 bye-bye나 go, bye-bye와 같은 단어나 어구를 만들기 위해 행하는 발화를 실험하며 놀이를 한다.

놀이란 어린이발달에 있어서 불가결하며 중요한 측면인데 언어는 그러한 놀이의 한 부분이다. 모국어 습득에 있어서 놀이가 하는 역할에 대해 숙고해보는 것은 중요한데 왜냐하면 그러한 숙고가 놀이는 제2언어발달에 있어서도 또한 중요하다는 사실을 민감하게 일깨워주기 때문이다. 이러한 숙고는 어린이의 영어언어발달을 촉진시킬 수 있는 ESL과 EFL 활동에 관한 계획을 세울 때 도움이 된다.

어린이들은 부모나 보호자들, 형제자매들, 친구들과 함께 있을 때 모국어를 가지고 언어습득과정을 실험한다. 이렇게 여러 단어와 어구들을 가자고 실험함으로써 영어원어민 어린이들은 4살이 될 때 쯤이면 10,000여 개의 어휘를 습득하게 된다. 또한 아주 일찍부터 어린이들은 말을 함으로써 누릴 수 있는 영향력을 깨닫는다. 그들은 비록 자신들이 신체적으로 작고 약해도 자신들의 말은 기쁨을 줄 수 있다는 것을 깨닫는다는 말이다. 어린이는 mommy, I love you 같은 단순한 발화가 부모에게 기쁨을 준다는 것을 자각한다.

또한 어린이들은 말이 오락의 한 형태로도 사용될 수 있다는 것을 배운다. 어린이들은 혼자 놀거나 급우들과 같이 노는 동안 말을 한다. 학교나 집에서 쉬는 동안 어린이들이 역할극을 하고 있는 것을 볼 수 있다. 그들은 서로 간에 회화를 연습하고 있다. 어린이들은 그들의 놀이에서 TV로부터 또는 어른들로부터 개인적으로 들었던 대본을 연습하고 응용한다. 어린 아이들의 경우, 가장 놀이 활동에 참여하여 발음한다. 예를 들어 5살 짜리 소녀라면 마치 자신이 세상에서 가장 멋진 공주인 양 플라스틱 왕관을 쓰고 집 주위를 뽐내며 걸으며 왕명을 하달하기를 즐길 것이다.

10살에서 11살 정도의 어린이학습자들은 그들보다 약간 어린 어린이들처럼 가장놀이에 자주 참여하지 않는다. 그러나 의상을 차려 입고 집집마다 캔디를 얻으러 다니는 할로윈 축제에 참여하기 위한 의상들을 갖추어 입기를 즐겨 한다. 어린이들은 입는 옷에 따라 왕자나 소방관들이 말하는 식으로 말하려고 노력할 것이다. 10살이나 11살짜리 어린이들은 점점 과학소설같이 다른 유형의 가장놀이에 더 관심을 갖는다. 이처럼 어린이들이 성장함에 따라서 인지능력에 적합하게 말하기 능력을 발달시키기 위해서 매우 다양한 책략을 사용하고 있음을 알 수 있다.

3.2.1.1 평균발화길이

어린이의 영어 발달을 조사하는 교육자들과 언어학자들은 어린이의 평균 발화길이에 주목한다. 평균발화길이는 어린이 발화의 사례에서 발견되는 형태소의 수를 말함인데, 형태소란 단어를 구성하는 최소의 의미 단위이다. 예를 들어 말하자면 둘 또는 둘을 의미하는 접두사 bi- 같은 것이 형태소이다. 그러므로 bicycle이란 단어는 bi와 cycle의 두 형태소로 이루어지는 것이고, cat이라는 단어도 하나의 형태소인 것이다. 연령층이 다양한 아이들에게 평균발화길이(MLU)가 무슨 의미가 있나 하는 논쟁이 있다. 그렇지만 나이가 아주 어린 어린이들의 평균발화길이가 나이가 더 많은 어린이들과 비교할 때 짧다는 것은 널리 인정된 사실이다. 5살 어린이의 평균발화길이는 10살 어린이보다 짧다는 것인데, 예를 들면, 5살 배기는 "Do I have to go?"라고 짧게 말하지만, 10살짜리는 "Yeah, I know I was supposed to go five minutes ago."라고 좀 더 길게 말하는 것이다. 어린이들의 말하기에 관한 기대는 그들의 발달 상태에 맞추어져야 한다. 그들의 발달 단계를 넘어선 높은 수준의 발화를 기대해서는 안 된다.

3.2.1.2 어린이학습자의 발음지도

위에서 언급된 바와 같이, 영어 말하기를 배울 때, 원어민 어린이들도 /th/또는 /r/같은 특정한 음소들은 정확히 발음하기 어려워할 때가 간혹 있다. 대부분의 어린이들은 성장하고 발달하면서 여러 가지 영어 음소들을 똑똑히 발음할 수 있게 된다. 어떤 원어민 어린이들은 특정한 음의 발음법을 배우기 위해 발음 교정 치료까지 필요하기도 한다.

<도표 3-2>는 각 영어음의 완벽한 발음이 가능하리라 기대되는 일반적 연령층을 표로 정리해본 것이다. 어린이들이 여기에 있는 많은 발음들을, 이 표에 나와 있는 나이보다 더 어린 나이에 배우는 일도 어렵지 않게 볼 수 있다.

도표 3-2 원어민 영어 화자가 영어음을 완벽히 익히는 일반적 연령대(Child Guidance Clinic)

나이	대상음
3세	p, n, m, w, h와 모든 모음들
4세	d, t, b, g, k, f
5세	y, ing
6세	l, j, sh, ch, wh
7세	r, s, v
8세	v, th, 혼합음들

3.2.1.3 오류의 과잉일반화

모국어로서 영어를 배우는 어린이들은 문법 규칙들을 과잉일반화하는 경향이 있다. 과잉일반화는 인간의 학습에 있어 절대적으로 중요한 현상으로서 어떤 규칙이나 법칙은 보편화를 통해 추론되고 도출된다(브라운(Brown), 2000). 과잉일반화의 전형적인 일례는 과거시제의 사용에서 나타나는데, "I **seed** the movie. I **drawed** the apple" 등이 그 예이다.

또한 과잉일반화는 학습자가 자기 모국어의 규칙을 제2언어나 외국어에 응용하려고 할 때에도 일어날 수 있다. 예를 든다면, 영어를 배우는 스페인 어린이는 "I like chocolate ice cream"이라고 말하는 대신 "I like ice cream chocolate"이라고 말할 수 있다는 것이다.

어린이들에게 제2언어나 외국어를 가르칠 때, 그 어린이의 모국어 기능 발달 측면도 고려해야 한다. 어린이들의 모국어 기능 발달을 돕기 위하여 가정에서 또는 학교에서 많은 시작이 할애되어야 하는데, 이는 어떤 한 언어에 능숙해지기 위해서는 그 과정에 주의를 기울여야 하기 때문이다. 제2언어 또는 외국어의 지도가 모국어 발달 저해의 대가로 진행되면 안 되기 때문에 어린이들은 집에서나 학교에서나 모국어 능력을 개발할 수 있는 개발의 기회를 가져야 한다.

3.2.2 교실수업에서의 말하기 활동

말하기 활동은 어린이학습자를 위한 제2언어 또는 외국어 교실에서 중요한 위치를 차지하며 종종 지도의 초점으로 간주된다. 말하기를 지도할 때 교육과정의 목표와 합치되는 활동을 골라내어 활동시키는 일은 특히 중요하다. 예를 들면, 만일 교사인 당신이 음악과 예술이 강조되는 학교에서 지도를 맡고 있다면, 학생들이나 다른 사람들이 창작한 많은 노래들을 활동에서 사용할 것이다. 교사가 사용하는 특별한 기술과 과제들은 학습자의 발달 단계가 고려되어 세워진 교육 과정의 목표에 그 근거를 두어야 한다.

3.2.2.1 청취발화법(Audiolingual Method)의 활용

청취발화법(제2부 제2장 참조)은 언어의 모형을 따르는 습관을 가짐으로써 언어를 배울 수 있다는 생각에 그 기초를 두고 있다(셀스 머시아(Celce Murcia), 2001). 어린이 수업 교실에서 쉽게 응용할 수 있는 청취발화식 교수법의 두 가지 중요한 특질이 있는데 그것은 합창식 응답 연습과 대화를 통한 연습이다. 청취발화법의 첫 번째 전형적 특징은 학습자로 하여금 언어의 정형화된 양식을 연습하게 하는 데 효과적이다. 아래의 예)에 나타나는 대체 연습은 청취발화법 교실의 전형적 특징을 나타내고 있다. 반복 연습의 매 행마다 단어 하나씩이 대체되고 있는 사실에 주목하라.

예)의 <연습 1>은 8세 미만의 어린이와 초급 단계 어린이학습자들에게 적합한 것이고, 더 전형적인 청각 구두식 교수법이라고 여겨지는 <연습 2>는 특히 한동안 영어공부를 했거나 8세 이상의 어린이들에게 적합하다. 나이가 많아질수록 형용사의 개념을 더욱 잘 이해할 수 있고 또 연습에 접함과 거의 동시에 단어 교체를 할 수 있다. 상대적으로 나이가 어린 어린이들은 여러 차례 <연습 1> 부분을 연습한 후에 <연습 2> 부분으로 옮겨갈 수 있을 것으로 생각된다.

예) 대체연습(Substitution Drills)

<연습 1>
학생들은 선생님이 말한 문장을 듣고 따라한다.
교사: This is a yellow shirt.
학생들: This is a yellow shirt.
교사: This is a blue shirt.
<연습 2>
학생: This is a blue shirt.
교사: This is a red shirt.
학생들: This is a red shirt.
교사: This is a yellow shirt.
학생들: This is a yellow shirt.
교사: white
학생들: This is a white shirt.
교사: green
학생들: This is a green shirt.
교사: hat
학생들: This is a green hat.
(계속)

가능하다면, 그 연습문제의 내용을 수업에 참여한 학습자들의 주변 환경을 고려하여 전달하는 방법이 효과적이다. 하나의 예로, 당신 교실의 학습자들이 입고 있는 여러 다양한 옷들을 근거로 삼아 앞의 예)의 연습들을 시켜보라. 어떤 학생이 입고 있는 옷을 당신이 직접 가리키고 있을 동안, 그 학생을 일어서 있게 하고 연습을 진행해보라.

새로운 언어 패턴을 어린이들에게 소개하는 한 방법으로서, 학습자들에게 앞의 예) 훈련 방식을 4~5분 정도 시킬 수 있다. 예를 들면 교사가 여러 가지 음식을 먹는 연기를 하는 동안, 여러 식품들의 사진을 보여주거나, 사과 사진을 들고 "I like apples"라고 말해보라. 그리고 학생들에게 당신이 말한 문장을 따라 하게 해보라. 소위 전체 응답(Choral response)이라는 기술을 이용하여, 문장을 하나씩 말하고 학생들이 동시에 응답하게 할 수도 있다.

전체 응답 방식은 시나 노래의 행들을 어린이들에게 반복시킬 때도 사용된다. 대체 표현을 가진 문장들은 노래나, 구호성 노랫말, 동요의 형태로 어린이학습자 교과 과정에서 활용할 수 있다. 어린이들이 반복적인 언어가 있거나 언어 교체 형식을 가진 노래나 손 유희 동요들을 부를 때에, 그들은 영어의 패턴들을 배우고 있는 것이다. 어린이들이 노래를 부를 때, 노래의 구절들을 수 차례 반복하게 되고 또 다양한 구절들을 노래하다보면 그 과정에서 단어 교체 연습을 하게 된다. 또한 아이들은 노랫말의 한 두 단어만 바꾸거나 전혀 바꾸지 않은 그대로 같은 소절을 계속 반복하기도 한다.

3.2.2.2 대화체의 이용

어린이학습자들의 수업에 쉽게 적용할 수 있는 청취발화식 교수법의 두 번째 특징은 대화체의 이용이다. 학습자들은 문법적으로 조절되어 실생활에서 사용이 가능한 대본을 대화체를 통해 제공 받는다. 대화체들은 아주 쉽게 대본화될 수 있고, 아이들이 친밀감을 느끼는 역할극으로 쉽게 전환될 수 있다. 가능하면 역할극은 어린이들이 공부할 때와 놀 때에 나누고 있는 실제 회화의 유형들에 근거하여야 한다. 또한 인형을 이용하면 어린이들이 학급의 친구들과 같이 연습해야 하는 여러 가지 대화들의 본보기를 쉽게 보여줄 수 있다. 어린이학습자들을 지도하는 교사라면 어린이들이 어른과 이야기 나누는 것보다 인형과 이야기를 나누는 데에 더 편안함을 느낀다는 것을 익히 알고 있다(슬래터리와 윌리스(Slattery and Willis), 2003). 어린이학습 교실에서 인형을 적절하게 사용할 수 있다. 어른이 쳐다보고 있으면, 너무 부끄러워서 말도 못하는 아이라고 해도 똑같은 어른이 인형을 갖고 인형처럼 말을 걸어오면 아주 편하게 느낄 수 있다. 인형은 언어학습활동을 더 재미있게 만들 수도 있다.

3.2.2.3 놀이를 활용하기

놀이는 목적이 있는 활동이요, 게임은 놀이의 일종이다. 놀이의 일종인 게임은 어린이학습지도에 매우 적절한 교육기술이다. 수업의 한 방법으로서 놀이를 계획한다면, 놀이는 다양한 교수법의 장점들을 학생들에게 선사할 것이다. 또한 어린이들이 같은 패턴을 몇 번이고 계속하여 반복할 수 있게 게임을 구성할 수 있고, 놀이는 영어 사용을 극대화하도록 조직될 수 있다.

또한, 놀이의 규칙을 정할 때 영어 사용을 그 기본규칙으로 삼는다. 영어 사용이 놀이의 규칙일 경우, 어린이들은 놀이를 진행하는 동안 자신들의 영어 사용 실태를 점검해보게 된다. 게임 규칙의 예를 들자면 게임 중 모국어를 사용하는 어린이는 점수를 잃거나 자기 차례를 놓치게 하는 방법을 사용할 수도 있다.

1) "기억하기" 놀이

한 가지 재미있는 말하기 놀이의 예는 기억하기(Memory)라고도 알려져 있는 주의집중놀이(Concentration)인데, 이 놀이는 짝 활동이나 소그룹 활동의 형태로 진행될 수 있다. 아이들이 배우고 있는 어휘 항목들이 적혀 있는 10장의 카드 두 벌로 진행되는바 총 20장의 카드들을 뒷면이 위로 향하게 하여 책상 위에 엎어 놓고 2장씩 뒤집는다. 이때 놀이 참가자들 각자는 그가 뒤집은 카드의 단어를 가지고 연상할 수 있는 문장을 맞혀야 한다. 만일 같은 카드 2장을 뒤집으면 그 카드는 뒤집은 사람이 그 놀이가 끝날 때까지 가지고 있고, 다른 카드 2장을 뒤집으면 그 카드가 놓여있던 자리에 카드의 앞면이 안 보이게 원위치시켜 놓아야 한다. 놀이가 끝나는 시점에서 카드를 가장 많이 가지고 있는 사람이 승자가 되는 것이다.

예)

학생1: (막대 초콜릿 과자 카드를 뒤집는다) I like chocolate.

(감자 카드를 뒤집는다) I don't like potatoes.

학생2: (감자 카드를 뒤집는다) I like potatoes.

(사과 카드를 뒤집는다) I like apples.

학생1: (감자 카드를 뒤집는다) I don't like potatoes.

(감자 카드를 뒤집는다) I don't like potatoes.

2) "나는 누구일까요?" 놀이

- 카드 상자에서 그림 카드를 뽑고, 그 내용을 몸으로 직접 표현하는 놀이
- 사고력 · 창의력 · 어휘력 강화에 효과적
- **놀이방법**

① 교통기관에 관련된 그림 카드를 상자에 넣습니다.
② 상자 속에서 카드를 한 장 뽑습니다.
③ 뽑은 그림카드를 보고 몸짓으로 표현합니다(비행기를 뽑았으면 양팔을 벌리고 비행기가 나는 모습을 흉내내기).
④ 정답을 맞힌 사람은 다음 카드를 선택합니다.

(김혜경 외, 2012, p. 69)

3.2.2.4 발음지도

동요나 노랫말은 영어가 모국어인 어린이들로 하여금 단어를 정확히 발음하는 방법을 배우게 한다. 교사는 어떤 특정한 음소나 소리 또는 소리 뭉치에 초점을 두고 만든 동요를 골라서 사용할 수 있다. 대부분의 영어 교재들은 교육 과정의 부분인 동요, 시 그리고 노랫말들을 수록하고 있다. 일부 어린이들은 어떤 영어의 음들은 발음하기가 어려울지 모른다. 즉, 아시아언어권의 어린이들에게는 영어의 /r/음과 /l/음은 그 음들이 그들의 모국어에는 없기 때문에 또는 그 음들의 조음 방법 때문에 발음하기가 어려울 수 있다. 이런 경우에 발음 연습을 돕기 위해서 한 언어 치

료사는 어린이학습자를 위하여 거울을 사용해볼 것을 권유한 바 있었는데, 어떤 특정 음을 발음하지 못하는 어린이들은 정확한 발음을 하기 위하여 자신들의 입과 입술의 모양을 어떤 형태로 만들어야 하는지를 모르고 있다는 사실을 그녀는 지적했었다. 처음에 교사들은 거울의 사용이 어린이들의 발음 개선에 도움이 되리라고 믿지 않았지만 후에 그 효과가 큼을 알고는 놀란다. 이렇듯 거울의 효과가 컸던 것은, 거울이 어린이들에게 쉽게 그들의 발음하는 법을 조정할 수 있는 방법을 알려주었기 때문인 것으로 판단된다.

발음연습의 한 가지 방법으로 "말 꼬기 놀이"가 있다. "말 꼬기 놀이"란 제2언어나 외국어로서의 영어를 배우는 어린이들에게 발음을 지도하는 재미있는 방법이다. "말 꼬기 놀이"는 일반적으로 같은 음소를 여러 번 반복하게 하는데, 같은 음을 계속적으로 반복하면서 똑똑히 발음하려다 보면 혀가 꼬이기 쉽기 때문에 그 명칭이 말꼬기 놀이이다. 가장 유명하고 인기 있는 말꼬기 놀이 두 편을 소개 하자면, 하나는 "Sally sells seashells at the seashore"이고 또 하나는 "Peter piper picked a peck of pickled peppers. If peter piper picked a peck of pickled peppers, where's the peck of picked peppers that peter piper picked? Or how many peppers did peter piper pick?"이다.

어린이들은 말 꼬기 놀이를 하면서 그 발음을 해보는 것을 하나의 놀이로 간주하기 때문에 말 꼬기 놀이를 아주 좋아한다. 인터넷을 찾아보면 수많은 말 꼬기 놀이자료를 발견할 수 있다.

3.2.2.5 오류 정정

어린이학습자의 교사들은 어린이들이 범하는 오류 교정에도 신경써야 한다. 만일 당신이 어린이학습자의 지도 교사로서 아이들이 범하는 모든 오류를 일일이 다 교정하려 들면, 하루 일과의 마감시간때쯤 당신은 완전히 탈진해 있을 것이다. 베일리(Bailey, 2005)도 교사로서 모든 오류에 일일이 반응해야 하는 것은 아니라고 지적한 바 있거니와, 수업 중에 일어나는 모든 오류에 일일이 반응하지 않는 것이 바람직하다(자연주의 교수법 참조). 그 많은 오류에 대해 일일 반응하는 것은 어린이들을 주눅들게 하여 의사소통과 대화를 제대로 할 수 없게 만들 수 있다. 또한 당혹감과 수치심의 조장은 둘 다 똑같이 어린이학습자들에게 깊은 마음의 상처를 입힐 수 있기 때문에 어린이들의 잘못에 대응함에 있어 매우 조심스러워야 한다. 교사는 어린이들에게 정확한 문법과 발음을 제시해주고 또 본보기를 보여줌으로써 어린이들의 오류에 대처하고자 노력해야 하고, 어떤 잘못에 집중적으로 대처할 것인가를 정해놓고 모국어의 간섭으로 인하여 발생되는 오류와 어린이들의 성장 문제에 대한 배려를 놓치지 않아야 한다. 또한 어린이들의 유창성을 북돋아 주기를 원하면서 영어로 의사소통하고자 하는 어린이들의 열정을 감소시키지 않으려 노력한다.

3.2.3 교실수업에서의 말하기 평가

어린이들에게 질문을 던지며 대화 속으로 그들을 끌어들임으로써 어린이들의 말하기 기능을 평가할 수 있다. 일대일로 어린이들과 이야기를 나누어보는 것뿐 만이 아니라, 수업 중에 특정한 질문을 학생들에게 던져봄으로써 그들을 평가할 수 있다. 학습자들이 구술 기능을 평가할 때 분석적 측정 기준이 필요할 때도 있고 통합적 측정 기준이 필요할 때도 있다. 통합적 측정 기준은 총괄적으로 하나의 점수를 제공하고 분석적 측정 기준은 정보를 여러 범주로 나누어서 제공한다. <도표 3-3>에 있는 학생 구술 언어 관찰용 매트릭스는 말하기 기능을 평가하는 데에 쓰는 분석적 측정 기준이다. 평상시의 수업시간에 어린이들을 비공식적으로 평가하거나 어린이들을 공식적으로 평가해야 할 때 <도표 3-3>을 사용하면 좋다.

도표 3-3 구술언어 관찰 평가표

	1	2	3	4	5
A 이해력	간단한 대화 내용도 이해하지 못함.	들은 내용을 이해하는 데에 큰 어려움이 있음. 천천히 그리고 자주 반복해서 말해주는 사교적 대화만이 겨우 이해됨.	반복하여 정상 속도보다 느리게 말해주면 거의 다 이해할 수 있음.	때로 상대에게 반복 발화를 요청할 수도 있기는 하지만 일상담화를 거의 다 이해한다.	일상회화와 보통의 수업진행 내용을 이해한다.

B 유창성	실제적인 대화가 불가능할 정도로 말이 단편적이고 자주 끊어짐.	머뭇거리기 일쑤임; 언어능력 한계로 인하여 대화가 침묵으로 이어질 수밖에 없는 상황이 잦음.	학생이 정확한 표현 방식을 찾느라고 일상회화나 교실에서의 토의 도중에 말을 자주 중단함.	학생이 정확한 표현법을 찾느라 때때로 말을 중단하기는 하지만, 일상회화와 교실수업 논의가 일반적으로 유창한 수준임.	일상회화와 수업참여에서의 발화가 수월하고 유창하다. 원어민과 비슷하게 느껴짐.
C 어휘	실제적인 대화가 불가능할 만큼 극도로 빈약한 어휘력을 가짐.	단어의 오용과 극히 제한된 어휘의 사용으로 이해가 아주 어려움.	학생이 잘못된 단어를 자주 사용함. 부적절한 어휘 때문에 대화가 조금 원활하지 못함.	학생이 때때로 부적절한 용어를 사용하거나 충분치 못한 어휘력으로 인하여 자신의 생각에 대해 고쳐 말해야 함.	어휘와 관용구의 사용이 원어민과 비슷한 수준임.
D 발음	실제로 말을 알아듣기가 어려울 정도로 심각한 발음 오류가 있음.	발음 오류로 이해하기가 너무 힘듦. 자신의 의사 표현을 위해 자주 반복해서 다시 말해야만 함.	발음상의 문제로 듣는 이가 집중할 필요를 느끼고 종종 오해로 이어지기도 함.	듣는 이가 명확한 외국어투와 가끔의 부적절한 억양 패턴을 느끼기는 할지라도 항상 이해하기 쉬움.	발음과 억양이 원어민의 것과 유사함.
E 문법	문법과 어순상의 실수가 지나쳐 말을 이해하기가 사실상 어려움.	문법과 어순상의 실수가 상대방의 이해를 어렵게 만듦. 자주 고쳐서 말해야 하고 기초적 양식에 의존하여 벗어나지 못하고 있음.	문법과 어순상의 실수를 자주 범해서 때때로 의미를 모호하게 만듦.	가끔 문법상 어순상의 실수는 하지만 의미를 모호하게 할 정도는 아님.	문법과 어순상에서 원어민과 비슷한 수준을 보임.

(The English Language Learner Knowledge Base, 2004; Caroline T. Linse, 2006, p. 149)

듣기와 말하기는 구술어 기능으로 서로 밀접하게 관련되어 있기 때문에 상기 도표의 첫 번째 범주인 이해력은 말하기의 이해와 듣기의 이해, 양편 모두에 적용되는 것이다. 즉 들은 것을 이해하지 못하면 대화에 참가할 수 없다는 뜻이다. 위 <도표 3-3>의 도표는 구술언어에 있어서 이해력 이외의 다른 측면들을 4가지 범주로 분류하고 있음에 주목하라. 상기 도표에는 각 범주들마다 설명문이 주어져 있고 원어민과 거의 같아지는 것을 목표로 삼고 있다. 학생들은 모두 음소를 통달하지 않고도 발음의 최고 단계인 5단계의 점수를 얻을 수 있다. 여기에는 문제될 게 하나도 없다. 원어민 어린이학습자들도 모든 음소를 통달한 것은 아니기 때문이다.

다음과 같이 수업시간에 자연스럽게 학생들과의 대화에서 말하기 능력을 평가할 수 있다. 교사와 어린이학습자가 테이블에 같이 앉아 있다. 교사가 해변에서 찍은 한 가족의 천연색 사진을 꺼내서 어린이에게 그 사진에 관한 내용을 말하도록 유도한다. 교사는 특별히 그 어린이가 현재진행형(be+ing)을 얼마나 잘 사용하는지 측정하는 것을 시도한다. 학생이 교사가 의도하는 바의 문법구조로 응답해주기를 바라면서 교사는 주의 깊게 현재 진행형으로 된 질문을 만든다.

예1)

교사: Hi, Minsu. How are you today?

민수: Fine.

교사: Here are some pictures.

민수: OK.

교사: Let's look at the picture of the family at the park. Do you like going to the park?

민수: Yeah.

교사: Who do you see in this picture? (교사는 공원에서 찍은 사진을 가르킨다.)

민수: Mom, Dad, the brother, sister.

교사: Can you tell me what that is? (교사는 공원에 있는 소풍용 탁자를 가르키며서 기다린다.)

민수: It is a desk blue.

교사: It is a blue table.

민수: Yeah, it is a blue table.

교사: What is the mother doing? (교사는 대답할 때까지 3-4초 기다린다.)

민수: She is cutting the cake.

교사: (웃으며) She is cutting the cake. What else is she doing?

민수: Talking.

위의 대화는 민수의 영어 수준을 완전하게 보여줄 만큼 길지는 않으나, <도표 3-3>은 학생의 장점과 단점을 정확하게 밝혀주는 데 도움이 된다. 민수는 질문들을 아주 잘 이해했다. 질문의 답들은 질문의 내용과 정확하게 부합했다. 어휘 선택상의 문제는 있었다. Desk와 table을 혼동한 사실은 민수네 교실의 책상 유형에 따라서는 그다지 심각한 일은 아닐 수 있다. 형용사를 명사 앞에 두는 대신 명사 뒤에 둠으로써 단어 순서와 관계된 문법적 오류를 범하기도 했다. 그렇지만 민수는 정확하게 현재 진행형 시제를 사용할 수 있었다. 이 대화를 통해 교사는 민수가 현재진행형을 구사할 수 있다는 것 외에도 단어 순서와 대명사 선택 면에서 약간의 문제가 있음을 파악했다. 학생들을 지도할 때 특정한 문법구조를 사용할 것이 요청되는 상황을 어린이들에게 연출해줄 필요가 있다. 어린이들이 언어의 특정한 한 측면을 잘 구사하는지 알아보고 싶을 때, 질문을 통해 목표로 삼은 문장 구조를 이끌어낼 수 있다.

연구과제

1. 청취발화법을 이용하여 말하기 연습을 할 수 있는 문형 연습 유형을 제시해보세요.

2. 평균발화길이란 무엇인가요?

3. 오류의 과잉일반화 현상을 정의하세요.

3.3 읽기 지도법

이번 절의 목적은 ESL이나 EFL을 배우는 어린이들과 관련된 읽기지도법에 대해 논의하고자 하는 것이다. 모국어의 문해력 발달 정도가 각기 다른 어린이들과 관계되는 읽기기능에 관해 설명하고, 읽기 지도에 관한 기본 배경 정보를 제공한 다음 읽기 기술 증진에 대해 설명하고 파닉스(Phonics)에 의한 지도법과 동화책 활용 방법들을 소개한다. 마지막으로 다양한 문해 기능 지도를 위해 여러 가지 교재 책들을 사용해야 함을 특별히 제안하면서 다양한 전략과 기술 관련 정보를 함께 제시하고자 한다.

3.3.1 읽기 기능의 이해

우리들 대부분은 언제부터 읽을 수 있게 되었는지 그 정확한 순간을 기억하지 못한다. 통상적으로 우리는 아주 어릴 때 읽을 수 있게 되지만, 아주 어렸던 그 시절은 기억하기 어렵기 때문에 그럴 것이다. 읽기란 의미를 이해하고 쓰여진 글에서 의미를 추론하는 한 세트의 기능이다. 읽기 위하여 우리는 쓰여진 말의 음을 해독할 수 있어야 하고 동시에 우리가 읽는 것을 이해할 수 있어야 한다.

제2언어 학습자들의 읽기에 영향을 미치는 요소에는 3가지가 있는바, 그것은 어린이의 바탕지식, 학습목표어에 대한 언어학적 지식 그리고 원문 해석에 사용되는 전략과 기술이다(페러고이와 보일(Peregoy and Boyle), 2004). 예컨대, 어린이가 문자 해독 방법을 배우려고 한다면 표기된 여러 부호들이 무엇을 나타내는지 이해해야만 한다.

영어, 스페인어, 아랍어 그리고 한국어 같은 언어들은 하나의 부호가 하나의 문자를 나타내는데 이런 언어들은 자모언어라고 알려져 있다. 예를 들면, 한국어에서 "ㅑ"라는 문자는 /ya/라는 음을 나타내는 부호이다.

그리고 모국어를 읽을 줄 아는 어린이들은 모국어를 읽지 못하는 어린이들 보다 영어 읽기 학습에서 더 유리한데 그 이유는 그 어린이들은 표기된 부호들이 구술어의 단어들을 나타내고 있다는 기본 개념을 이해하기 때문이다. 또한 모국어를 읽을 줄 아는 어린이들은 읽기를 통하여 즐거움과 정보를 함께 얻을 수 있다는 것을 알고 있을 것이다. 모국어를 읽고 쓰는 능력이 뛰어난 어린이학습자일수록, 더 쉽게 그들의 그런 능력을 영어 학습에 전용할 수 있을 것이다.

읽기 과정은 뜻을 알아내기 위한 읽기, 내용을 이해하기 위한 읽기, 그리고 즐거움을 얻기 위한 읽기와 관련되어 있다. 독해는 고차원의 사고 기능을 수반하며, 특정 단어들을 단순히 해독하는 것보다 훨씬 더 복잡한 것이다. 어린이들에게 그들이 읽은 것을 분석·종합하고 또 뜻을 연역적으로 추론하는 방법을 가르치는 일은 읽기 과정의 필수적인 부분이다. 사람들이 읽기를 하는 데에는 2가지의 주요 원인이 있다. 그 첫 번째는 즐거움을 얻기 위함이요 두 번째는 정보를 취득하기 위함이다.

다음에서는 즐거움을 위한 읽기과정과 정보를 위한 읽기과정, 또 정독과 다독의 지도에 대해서 고찰해보고자 한다.

3.3.1.1 즐거움을 위한 읽기

좋은 이야기를 읽거나 듣는 것이 얼마나 재미를 주는지 생각해 보자. 이야기들은 모든 연령층의 독자들에게 읽는 기쁨을 제공한다. 영어 원어민 화자이건 비원어민 화자이건 간에 모든 어린이학습자들의 교실에는 문학이 존재한다. 얼마 전까지만 해도 현대의 영어지도 교재들에서 학습목표어의 근본적이고 유쾌한 요소인 이야기들을 널리 활용하지 않았다는 것은 놀라운 일이다. 지금은 최신의 교재들이 이야기들을 긴요한 요소로 재인식하여, 그 사용이 늘고 있다 하니 그나마 다행이라 하겠다.

잠잘 때 들려주는 동화는 어린이들에게 매우 효과적이다. 어린이들은 큰 소리로 읽어주는 동화 이야기를 들을 때, 그들도 모르는 사이에 읽기는 오락의 한 형식으로 사용될 수 있다는 사실을 배우게 된다.

비록 영어가 아닌 어린이의 모국어로 읽어 준다고 해도, 그 보상은 어린이의 영어 능력 발달로 나타날 것이다. 만일 한 학생이 자신의 모국어로 쓰인 이야기를 읽는 것이 즐겁다고 생각하게 되면, 그 생각은 일반적으로 읽기는 즐거운 과정이라는 믿음이 생겨날 것이다.

3.3.1.2 정보를 위한 읽기

정보를 얻기 위해서 읽는 과정 모두는 정보를 위한 읽기 과정으로 분류된다.

영어지도의 전문직에 첫발을 내디딘 교사이거나 어린이학습자 지도의 새로운 경향에 대해 더 배우기를 원하는 노련한 교사이거나, 어린이학습자의 영어지도에 관해 더 배우기 위하여 이 책을 읽고 있는 것이다. 정보를 위한 읽기는 식당에서 메뉴를 읽는 것만큼 간단할 수 있다. 어린이학습자의 엄마가 요리책을 이용한다면 그 어린이는 요리책의 여러 부분을 읽어줌으로써 엄마를 도울 수 있다.

공룡에 흥미를 가진 어린이는 선사시대 동물에 관한 글 읽기를 즐겨 할 것이다. 모형비행기를 만들고 싶어 하는 어린이는 모형비행기에 관한 책이나 모형비행기 만들기 세트의 설명서를 읽는 데 적극적일 것이다. 정보를 위한 읽기는 어린이들에게 즐거움을 줄 수도 있다.

3.3.1.3 정독과 다독의 지도

정독은 시간당 한 페이지 이하의 분량을 상세히 읽는 것을 뜻한다. 여기에서 중요한 점은 학생들의 수준에 맞추어서 변화되고 신중하게 등급화되어야 하며 반복 지도를 해야 한다는 점이다. 정독을 지도할 때는 다음의 단계를 따르는 것이 효과적이다.

① 학생들은 교사가 읽는 것을 들은 다음 본문 내용을 소리 내어 읽는다.

② 조용히 읽으면서 의미에 중점을 두고 새로운 단어는 주석을 참고로 한다.

③ 조용히 읽으면서 새로운 단어의 의미를 주석을 참고하지 않고 이해하려고 한다.

④ 각 단락을 끊어 읽으면서 각 부분에 대한 내용을 학습자 자신의 표현으로 요약한다.

다독은 긴 내용을 중급 수준에서 고급수준에 이르기까지 학생 수준에 맞추어서 대략적으로 읽는 것이다. 다독의 교재는 정독의 교재보다 쉬워야 하며 이해를 돕기 위해서 초급단계에서는 수업과정의 다른 내용과 연관성이 있어야 하는데, 다독의 장점은 제2언어에 기초하여 정확한 의미이해를 하는 데 도움을 준다는 점이다.

3.3.2 교실수업에서의 읽기 활동

우리가 만약 영어 원어민 화자들의 유치원 학급을 방문한다면, 다양한 활동에 참여하고 있는 어린이들을 발견할 것이다. 겉으로 보기에는 이러한 활동 중 일부는 교육적이지 못한 것으로 보일 수 있다. 그러나 미술 프로젝트들을 한다든지, 이야기를 듣고 말한다든지, 단어놀이를 하거나 단어를 표현하는 기호들을 배운다든지 하는 활동들은 모두 어린이들의 읽는 법 탐구를 돕는다. 이러한 활동들은 어린이들에게 구술언어에 관한 지식과, 상징적 표현 및 패턴 표현의 이해 그리고 어린이들이 문장을 해독하고 또 이해하는 데 필요한 고차원적 사고 능력을 갖추기 위해 특별히 설계된 것이다. 이번 절에서는 교실수업에서 어린이들에게 읽기 지도법으로 활용할 수 있는 다양한 지도방법론을 소개하고자 한다.

3.3.2.1 파닉스(Phonics)에 의한 지도법

파닉스는 어린이들이 쉽게 단어들을 해독할 수 있도록 기본 발음 규칙을 가르치는 것을 지향한다. 원어민 영어교육 과정 내에서 뿐만 아니라, ESL과 EFL교육과정 내에서도 파닉스에 대한 배려의 정도는 전혀 없는 수준에서 아주 많은 수준에 이르기까지 매우 다양하다. 파닉스란 '문자기호와 실제 소리와의 관계를 파악하는 것'으로 읽기 지도를 효과적으로 하기 위해서 개발되었다.

파닉스는 문자와 소리 간의 관계를 알려주는 것이 그 목적이다. 해독이란 읽기를 위한 발판들 중의 하나이기는 하지만 해독과 읽기는 다르다는 것을 기억해야 한다. 사람들은 읽기와 파닉스 사이에서 혼동을 일으킬 뿐만 아니라 발음과 파닉스 사이에서도 혼동을 일으킬 수 있다. 발음은 사람이 특정한 음들을 똑똑히 말하는 방식과 관련된다. 발음은 소리와 관련되기만 할 뿐이고 파닉스에 기초한 지도에서의 관심사는 문자들이 단어를 만들기 위해 조립될 수 있다는 사실을 어린이들에게 가르치는 것이란 점을 기억해야 한다. 파닉스에 기초하여 지도할 때에는, 항상 의미에 중점을 두어 지도해야 한다. 파닉스 수업의 문제점 중 하나는 교사들과 그들의 어린이학습자들이 해독에만 너무 치우쳐 의미에 충분히 유념하지 않는다는 것이다.

파닉스를 활용한 지도법에서는 다음과 같은 점에 주의해야 한다. 즉, 어린이들로 하여금 개별적 음들에 지나치게 집중하게 하여 그들이 어구나 문장 또는 이야기나 논픽션을 읽고 있다는 것도 인식 못하게 하는 발음만 강조하는 파닉스에 중점을 둔 한 수업을 본 적이 있는데 파닉스 수업의 목적은 이해 증진에 두어야 한다고 생각한다. 파닉스 지도가 의미에 기반을 두는 지도를 저해하도록 활용해서는 안 된다. 파닉스 접근법의 장점으로는 다음과 같은 점을 들 수 있다.

① 영어 음소를 듣고 발음할 수 있다. ② 새로운 영어 단어를 소리에 의해 식별할 수 있다. ③ 알파벳 원리를 배우고 철자이해를 돕는다. ④ 영어에 대한 전반적인 통찰력을 가지게 된다. ⑤ 읽기의 유창성을 가지게 된다. ⑥ 자발적인 독서를 가능하게 해준다.

또한 파닉스 접근법은 ① 자음을 모음보다 먼저 지도한다. ② 단모음을 장모음보다 먼저 지도한다. ③ 장모음을 복합모음보다 먼저 지도한다. ④ 자음복합을 먼저 알려주고 음절 구분을 지도하는 단계를 따르는 것이 효과적이다. 자음을 지도할 때는 알파벳의 첫소리를 중심으로 음가를 알려주고 비교적 쉬운 자음부터 소개하고, 알파벳 하나씩 소개하면서 해당하는 글자로 시작되는 단어 카드나 그림을 보여준다. 다양한 게임과 동화책을 활용하여 지도한다.

모음을 지도할 때는 우선 단모음을 5개(a, e, i, o, u)로 이루어진 간단한 단어들을 읽고 쓰게 한다. 장모음이 지도는 5개의 단모음이 e를 만나 장모음으로 바뀌는 것을 단계적으로 익히고 읽고 쓸 수 있게 한다. 글자카드와 챈트를 이용하면 효과적이다.

3.3.2.2 동화책 활용 방법

동화책 활용 방법은 어린이들이 문학적 배경 안에서 문해력을 기르는 데에 목표를 둔다. 또한 문학을 활용하는 지도는 읽고 쓰는 능력은 서로 밀접한 관계가 있는 과정이라는 전제를 근거로 삼는다(포프(Popp), 1996). 현재 ESL과 EFL교육과정에서 그림책의 효용성은 계속 인정을 받고 있다.

동화책을 활용하는 것의 장점은 2가지 측면으로 나눌 수 있는데, 지성적이고 창의적인 존재로서의 어린이들이 성장할 수 있다는 측면과 어린이들의 이야기책에 포함된 실제 영어와 문화를 학습할 수 있다는 측면이다. 그 많은 이유들의 기초적 전제는 바로 이야기는 어린이학습자들이 즐길 수 있고, 또 인지능력, 사고능력의 소양을 함양하는 데에 도움이 될 수 있다는 점이다. 그림책 활용법은 어린이들로 하여금 문해력 기능을 기르면서 동시에 문학을 감상하고 즐길 수 있는 능력을 기르게 하는 데 그 목적이 있다.

동화책 활용 방법이 어린이 영어 지도에 좋은 이유는 다음과 같다.

① 영어 동화책은 유아・아동을 대상으로 사용하기에 안전하고 흥미롭다.

② 실제적인 영어를 접할 수 있다.

③ 여러나라의 문화와 관습, 다양한 생활 양식 등을 소개하여 다양한 주제를 읽고 성장할 수 있다.

④ 언어적인 측면뿐 아니라, 음악, 미술, 과학 등과 같은 다양한 과목 내용도 접목시킬 수 있다. 그리고 어린이의 눈높이를 고려하여 연령별, 단계별 아이의 수준에 맞는 동화책을 고르는 것이 중요하며 리듬감과 음률이 있는 책으로 아이가 귀로 들었을 때 즐거운 동화책을 고르는 것도 중요하다.

3.3.2.3 읽기 자료의 활용

휴델슨(Hudelson, 1994)은 인쇄매체로 가득 찬 환경에서 생활하는 어린이들은 아주 어린 나이에 읽기 자료가 여러 가지 목적과 기능을 위해 쓰인다는 것을 배울 수 있는 장점이 있다고 주장한다. 읽기 자료가 풍부한 환경은 어린이들에게 문해력을 발달시킨다(콜린즈(Collins), 2004).

영어수업 교실에서, 읽기 자료가 풍부한 환경이라 함은 영어를 의사소통의 주언어로 사용하는 나라들에서 일반적으로 보이는 생활주변에서 쉽게 접할 수 있는 영어 인쇄매체를 많이 활용하는 환경을 말한다. 생활주변의 인쇄매체란 우리의 일상생활 주변에서 쉽게 보고 접할 수 있는 인쇄매체를 말하는데 간판이나 상표, 대형광고판 등에 쓰여진 인쇄매체들도 여기에 포함된다. 영어가 의사소통의 제1수단이 아닌 나라들에서조차 햄버거판매점, 피자점포 그리고 주유소들의 이름과 같은 영어간판들이 종종 보인다. 이런 시설들에서 발행하는 인쇄매체 자료를 활용하는 것도 좋은 방법이다.

교사들은 인쇄매체가 풍부한 환경을 교실에 조성하려고 노력해야 하며 인쇄매체들은 학습자들과 의미적 연관이 있는 것이어야 한다. 교사는 될 수 있는 한 생활 주변에서 접하는 인쇄매체들을 많이 비치해야 하고 특히 아래의 것들을 반드시 포함시켜야 한다.

- 학생들의 작품을 게시할 수 있는 게시판
- 어린이들이 배우고 있는 어휘의 단어 목록 표들
- 영어로 된 실제 문학작품, 동화책 그리고 논픽션 표제들
- 여행 포스터처럼 영어 표어가 있는 포스터들
- 시리얼 상자 꾸러미들처럼 영어로 쓰인 포장들
- 영어로 표기된 달력들

다양한 읽기 자료를 전시하기에 좋은 장소는 교실의 출입문이다. 교실 출입문을 사용하면 좋은 점은 모든 학생들이 수업 들으러 오고 갈 때 출입문을 지난다는 것이다. 또한 어린이들은 매 수업 전후 문 앞에서 기다려야 할 수도 있다. 게다가 문에 붙인 인쇄매체들을 간이 수업자료로 활용할 수 있다. 교실에 붙어 있는 여러 일련 단어들을 가지고 어린이들에게 바른 발음규칙 적용을 연습시킬 수 있다. 예를 들어, 문에 있는 door란 단어를 가리키고 있으면 "이것은 어떤 문자로 시작되지요?" "문자 d는 어떤 소리를 만들지요?" 등의 질문을 할 수 있다는 것이다.

3.3.2.4 학습자의 경험에 기초한 접근법

학습자의 경험에 기초한 접근법은 영어원어민 어린이와 ESL 및 EFL 어린이가 초보 문해력 기술을 발달시키는 데 도움이 되도록 사용된다. 학습자의 경험에 기초한 접근법은 의미 깊고도 즐거운 단체규모의 읽고 쓰기 경험이 될 수 있다. 학습자들은 단체 활동에 참가하고 나서 거기에서 일어난 일들을 그들 자신의 말로써 서술하게 된다.

교사는 서기의 역할을 담당하고 큰 종이에 어린이들이 말하는 모든 것을 쓴다.

어떤 교사들은 어린이가 말하는 그대로 적기도 하지만 때때로 문법에 맞게끔 경미한 수정을 가하기도 한다. 그 후 어린이들이 교사와 함께 그 텍스트를 읽고 또 읽는다. 교사는 그 텍스트를 파닉스 지도에 사용할 수 있다.

학습자의 경험에 기초한 접근법은 개별 어린이에게도 사용할 수 있다. 교사는 어린이에게 지난주에 무엇을 했는지 설명해달라고 할 수 있다. 그 어린이가 교사나 좀 더 진전된 영어 문해력을 가진 다른 학습자에게 그 이야기를 말해준다.

실비아 아쉬톤 워너(1985)는 뉴질랜드에서 마오리족 어린이들에게 영어를 가르쳤는데 어린이학습자들의 영어 문해력 기능 습득을 돕기 위하여 어린이들의 생각에서 나온 말을 활용하여 읽기 지도를 시도했다. 매일 아침 학생들이 교실에 들어올 때 그녀는 그날 그들이 배우고 싶은 말이 무엇인지 묻고 그 단어들을 작은 카드에 써두곤 했다. 그 말들에는 어린이들의 개인적 의미가 담겨있기 때문에 어린이들은 그 말을 빨리 배울 수 있을 것이다. 교사들은 어린이들에게 현재 배우고 있는 학습 주제와 관련이 있기 때문에 알고 싶거나 아니면 그저 단순히 알고 싶은 말들을 제시해보라고 요청할 수 있다. 이런 말들은 작은 색인카드나 학생들의 기록장에 적어둘 수 있다. 매주 각 학생 개인과 함께 개별적으로 그 단어들을 복습할 기회를 활용하여 읽기 지도를 더 효과적으로 할 수 있다.

3.3.2.5 질문의 기법 활용

읽기의 주목적은 이해에 있기 때문에, 교사는 문장으로 된 텍스트의 이해에 중점을 두고 학생들을 지도해야 한다. 이 절에는 학생들의 이해도 측정에 사용할 수 있는 질문들과 학생들의 이해능력 개선에 도움을 줄 몇 가지의 전략을 소개하고자 한다. 질문은 사려 깊고 신중하게 사용되어야 한다. 읽기수업에서 질문은 학생들의 이해도 검사를 위해서 또 학생들의 읽고 있는 바에 관해 생각하도록 유도하기 위해 사용된다. 어린이들이 읽기 전에 그들의 흥미를 촉발할 질문을 던져주어야 한다. 예를 들어 "이 책은 무엇에 관한 이야기일 것이라고 생각하니?", "이 이야기가 무서울 것 같니?", "왜 그렇다고(왜 그렇지 않다고) 생각하니?", "이런 곳에 가본 적이 있니?" 같은 질문을 하면 좋을 것이다.

여러 가지 질문을 할 때에는 학습자들의 얼굴을 자세히 살펴보는 것이 중요하다. 교사의 질문은 읽고 있는 대상에 대한 흥미와 열의를 자아내야 한다. 그 질문들은 어린이들이 혹시 정확하게 답변할 수 없을까봐 걱정하게 되는 질문들이어서는 안 된다. 어린이들이 텍스트에 관심을 가지게 만드는 질문을 하도록 노력해야 한다.

교사는 실제적인 사실을 활용하여 학생들이 흥미를 느끼게 만들 수 있는 질문들을 사용할 수도 있다. 예를 들면 5~6세 어린이들과 함께 트럭에 관한 책을 읽는다면 "어느 트럭을 제일 좋아하니?" "어느 것이 제일 크다고 생각하니?" "어느 트럭이 가장 빨리 달릴 것 같니? 왜 그렇지?"와 같이 어린이들에게 물을 수 있다. 이런 질문을 활용해서 학습자들의 읽기 능력을 지도할 수 있다.

3.3.3 교실수업에서의 읽기 평가

학생들의 문해력 기술을 평가하는 일은 복잡한 과정을 담고 있다. 특히 학생들이 제2언어로서 또는 외국어로서 영어를 배울 때 그들의 문해력 기능을 평가하는 일은 어렵다. 단어 의미의 이해, 소리의 구별, 단어 발음 등에 관한 학생의 능력을 평가할 필요만 있는 것이 아니고 학생들의 기록된 텍스트를 이해하는 능력을 평가할 필요가 있다.

어린이들이 특정한 읽기 구절을 이해하는지 측정하기 위하여 이해력에 관한 질문들이 사용될 수 있다. 또한 이런 질문 방식 이외의 기술들도 역시 사용되는데, 그 중 아주 효과적인 기술로 이야기 지도(한 이야기의 생생한 요약)가 있다. 이야기 지도는 학생들이 이야기의 중심 생각을 이해하는지를 측정하는 데에 도움이 된다. 가장 잘 알려진 이야기 지도로는 이야기 성분 지도와 사건 순서 이야기 지도 두 종류가 있다. 이야기 성분 지도의 작성을 위하여, 어린이들은 이야기의 다른 부분이나 요소들을 묘사해보라는 요청을 받는다. 어린이학습자들에게 특히 이야기의 배경과 주인공들에 대하여 묘사해보라는 요구가 주어진다. 또한 학습자들은 갈등과 그 해결 과정을 설명하라는 요청을 받게 된다. 이야기 성분 지도를 사용할 때는 지도의 각 요소의 묘사를 학생들의 언어 수준과 문해력 수준에 맞게 준비하는 것이 중요하다.

연구과제

1. 즐거움을 위한 읽기와 정보를 위한 읽기 과정의 차이점을 기술하시오.

2. 효과적인 파닉스 지도방법을 설명하시오.

3. "동화책 활용법"의 장점을 설명하시오.

3.4 쓰기 지도법

본 절의 목표는 ESL 또는 EFL 어린이학습자를 위한 쓰기지도와 관련된 문제들에 관해 논의하는 것이다. 어린이학습자와 관련된 쓰기란 무엇인지에 대한 서술로 본 장은 시작된다. 신체적 인지적 발달의 일부로서의 쓰기수업에 관한 배경정보가 제공된 후에, 교실에서 어린이가 만드는 쓰기 유형들을 제시하고자 한다. 그런 다음 쓰기 수업진행을 위한 기본적 제안을 내놓고 쓰기 지도를 위한 다양한 유형의 재료들의 사용법을 제안하고자 한다.

3.4.1 쓰기 기능의 이해

여러분은 쓰기란 단어가 언급될 때 무슨 생각을 하게 되는가? 당신은 연필을 손에 쥐고 활자체나 필기체로 글씨를 쓰는 행위를 생각할 수 있다. 또한 한 편의 이야기를 위해 작문하는 행위가 머릿속에 떠오를 수 있다. 혹은 윌리암 셰익스피어의 작품같이 다른 사람에 의해 완성된 행위로서 쓰기를 생각할 수 있다.

쓰기란 광범위한 것이기 때문에 쓰기란 말에서 다양한 이미지를 떠올린다는 것은 지극히 당연하다. 어린이학습자들을 지도할 때 어린이들은 영어로 쓰기를 배우는 것과 함께 영어구술의 기능도 갈고 닦게 되며, 나이에 따라서는, 그들 모국어의 문자언어기능도 발전시키기 시작한다는 것을 알아두어야 한다.

아직 모국어의 쓰기 기능을 갖추지 못한 학생이라면, 그는 제2언어에서도 쓰기 기능을 갖추지 못했을 것이란 점을 염두에 두어야 한다. 어린이학습자의 교사들은 어린이의 모국어 문해력이 지니는 가치를 과소평가하는 일이 없어야 한다.

4세부터 7세까지의 어린이들에게 쓰기지도를 할 때 두 개의 발달분야를 고려해야 한다. 첫째는 학생들이 연필을 손에 꼭 쥐고 종이 위에 글자를 쓰는 데 필요한 소(小) 근육운동 또는 신체적 기능을 갖추고 있나 하는 것이고, 두 번째는 그들이 생각들을 정리하여 종이 위에 쓰는 데 필요한 인지능력을 가지고 있나 하는 것이다.

글자를 만들어내는 신체적 행위와 자기 자신을 글의 형태로 표현하는 행위 모두는 어린이학습자에게 만만하지 않은 일이다. 발달정도에 따라서는 물리적으로 글자를 형성하려고 노력하는 일이 힘겹다고 느낄 수도 있고 생각들을 하나의 일관된 전체로 만들어낼 수 없을지도 모른다.

그러므로 그러한 어린이들의 교사들은 실제로 어떻게 글자를 만들고 작문을 하고 또 종이 위에 나타낼 생각들을 정리해야 하는지 그 방법들을 그들에게 가르쳐야 하는 중요한 과업에 직면하게 된다.

영어 원어민어린이들은 보통 필기체 쓰기를 배우기 전에 활자체 쓰기를 먼저 배운다. 활자체쓰기와 필기체쓰기의 예가 <도표 3-4>에 소개되어 있다. 활자체문자와 책에 있는 문자가 서로 닮았고, 또 많은 교사들에 의하면, 활자체 문자들에는 직선과 완전한 운들이 많이 있어서 필기체보다 쓰기가 쉬워서 학생들은 활자체를 먼저 배운다.

도표 3-4 활자체와 필기체의 글자 비교

활자체: My name is Minsu.
필기체: *My name is Minsu.*

어린이학습자들은 선, 원, 반원, 삼각형들을 그리는 것으로써 글자 쓰는 법을 익히는데 그것은 이러한 준비과정이 어린이들을 문자들이 가진 모양에 숙달시키는데 도움이 되기 때문이다.

ESL과 EFL의 쓰기를 배우는 어린이들은 영어문자 쓰기를 배울 때 또 다른 어려움에 봉착할 수 있다. 예를 들면 어린이들은 그들의 모국어에서 활자체쓰기에 앞서 필기체쓰기를 접할 수 있고 또는 그들의 모국어가 소리글자가 아니고 뜻글자일 수도 있다.

또한 그들은 왼쪽에서 오른쪽으로 진행되는 단어, 문장, 단락들의 방향에 익숙하지 않을 수도 있다. 영어 쓰기를 갓 배우기 시작했거나 영어와 다른 방향으로 글자나 문자를 쓰는 어린이학습자들을 위하여 교사들은 쓰기의 출발점을 명시하기 위해 페이지 맨 위에 왼쪽에서 오른쪽으로 향하는 화살표를 그려주기도 한다.

3.4.2 과정 중심 쓰기 지도법

과정 중심 쓰기 지도법(Process writing)은 제2언어 또는 외국어로서 영어를 배우는 어린이학습자들과 영어 원어민어린이들 모두가 영어의 쓰기기술을 발달시키는 데에 도움을 준다. 유창성의 강조가 「과정 중심 쓰기 지도법」의 두드러진 특징 중의 하나이기 때문에 「과정 중심 쓰기 지도법」은 특히 제2언어 또는 외국어로서의 영어 학습자들에게 적합한 방법이라 할 수 있다.

쓰기과정은 무엇을 주제로 쓸 것인가에 대해 생각하고 격식을 갖추어 정식으로, 또한 비공식적으로라도 생각들을 수집하는 것으로 시작된다.

쓰기의 최종단계는 발표하는 것이다. 넓은 의미의 발표는 사회적으로 공표하는 것이라 할 수 있다. 한 편의 작품은 정확한 어법에 의해, 타인과 공유될수 있는 형식으로 나타내어질 때 공표된다. 이 최종단계는 이전에 취해진 모든 조치들의 결과로 나타내는 제작품에 집중하고 표준철자법과 문법 등의 관례를 철저히 지킨다.

<도표 3-5>는 Caraline T. Linse(2006, p. 102)가 제시한 「과정 중심 쓰기 지도법」을 어린이들에게 지도할 때, 거치는 단계들을 요약해 놓은 것이다.

도표 3-5 **쓰기과정의 단계**

① 생각 정리하기
이 중요한 첫 단계는 어린이들이 쓸 준비를 하며 생각과 착상들을 수집할 기회를 얻는 단계이다. 이 단계를 충실히 수행한 어린이들은 아무런 망설임이나 걱정 없이 다음 단계인 쓰기를 쉽게 시작할 수 있다.

② 작문하기
어린이들은 이 단계에서 그들의 모든 아이디어들을 써 놓는다. 여기에서는 형식이나 정확성 심지어는 순서까지도 신경쓸 필요가 없다. 여기에서는 최대한 빨리 아이디어들을 옮겨 적는 것이 목표이다.

③ 수정하기
이 단계에서는 처음 써놓은 글들을 검사한 후 생각들을 논리정연하게 주제와 맞도록 다시 쓴다.

④ 편집하기
내용상의 실수 또는 문법이나 철자상의 실수가 없도록 학습자들이 교사나 보호자 또는 급우의 도움을 받아 자신의 글에 대해 교정 작업을 한다.

⑤ 발표하기
이 단계에서는 쓰기 작품은 다른 사람들에게 보여지거나 다른 이들과 함께 볼 목적으로 새로운 형식으로 다시 쓰여지는데, 그 새로운 형식은 바로 학생들이 만든 책 같은 특수지면에 발표되기 위한 형태 또는 컴퓨터를 통해 제시될 수 있는 형태를 말한다.

다음에서는 각 단계별 특징을 정리하고자 한다.

3.4.2.1 집필 전 생각 정리하기(Prewriting)

모든 글쓰기에는 생각 정리과정이 필요하다. 예컨대, 식료잡화류의 목록을 쓴다면, 생각 정리하기는 냉장고 속에 무엇이 있나 한번 살펴보는 것으로 충분할 것이다. 교실에서의 생각 정리하기는 그림그리기 활동처럼 단순한 활동이나 교사와 학생간의 토의로 나타낼 수 있다.

생각 정리하기의 일환으로 교사는 신문기사작성과 관련하여 아이들이 무엇을 했는지 회고해 본다. 학습자들이 했던 일에 대해 그들의 주의를 집중시키기 위해 몇 가지 질문을 던진다.

그런 다음 현재 진행되고 있는 일에 대해 생각해 보게 한다.

칠판에 어린이들의 생각을 적는다.

두 번째 생각 정리하기 활동으로서, 교사가 어린이들에게 여러 가지 신문기자의 내용에 맞는 그림그려보기를 요청한다. 교사는 교실 안을 배회하며 어린이들의 그림 작품을 관찰한다. 교실 안의 모든 학생들, 자주 무엇을 해야 할지 몰라하던 어린이까지도 활동적으로 참가한다.

생각 정리하기 활동을 통하여, 어린이들은 즉시 작업에 착수할 수 있는 아이디어를 얻어 낸다. 그 다음에는 신문기사에 맞는 제목을 쓰고 신문기사내용을 작성하기 시작한다. 일단 기사용 그림을 다 그린 후에 망설임 없이 내용작성을 바로 시작한다. 생각정리활동을 하느라고 보낸 시간이 어린이들로 하여금 자리에 앉자마자 쓸 수 있는 준비를 갖추게 한 것이다. 어린이들은 적절한 안내하에 충분한 시간을 갖고 아이디어를 보았기 때문에 비어있는 지면에 대해 걱정이나 두려움을 느끼지 않는다.

3.4.2.2 작문하기(writing)

생각 정리하기를 끝낸 다음의 단계는 생각과 아이디어들을 종이 위에 적어 놓는 것이다. 예를 들어 한 어린이가 그가 좋아하는 장난감의 사용법에 대한 소책자를 쓰려고 한다면 그가 그것을 가지고 놀 때 취하던 조치들을 기록하면 된다. 이때 어떤 단계를 빼먹거나 이중으로 겹쳐 기록한다고 해도 그것은 별 문제가 되지 않는다. 중요한 것은 생각들을 종이 위에 남기는 것이다. 쓰기과정상 이 부분에서는 주제와 관계된 어떤 아이디어도 써 놓을 수 있다는 점을 어린이학습자들은 알 필요가 있다. 나중에 다른 것들이 이 아이디어들에 더해지기도 하고 또 다음 단계에서 이 아이디어들이 재정리되거나 편집된다.

어떤 학습자들은 스스로는 재미있다고 여기지만 쓰기의 주제와는 전혀 관계가 없는 일들을 쓴다. 이런 학습자들에게는 정해진 주제와 관계있는 것을 써야 한다는 점을 환기시켜 주어야 할 것이다. 여기에 덧붙여 말하자면 학습자들이 그들이 흥미를 느끼는 것에 대해 쓰고 있는지를 잘 확인한다면 쓰기에서의 어리석음을 범할 확률을 줄일 수 있다.

이 과정에서 다음과 같은 실무적 조언을 항상 염두에 두어야 한다. 즉, 어린이학습자들에게는 백지와 연필 등의 표기도구들을 충분히 쓸 수 있게 확보해주어야 한다. 어린이학습자들의 정보재정리를 도우려면 문장들을 반복해서 다시 쓰는 번거로움 없이 문장들의 배열순서만 바꾸어 여러 가지 글들을 만들 수 있어야 하는데 이렇게 하기 위해서는 어린이학습자들의 문장 하나씩을 하나의 색인카드에 적어둬야 할 필요가 있고 바로 이런 이유 때문에 충분한 양의 종이와 필기구가 있어야 하는 것이다. 그 무엇도 어린이의 발전과정을 방해하고 그 기세를 약화시켜선 안 된다.

3.4.2.3 수정하기(revising)

글 쓴 사람이 교사나 다른 학생으로부터의 의견을 필요로 할 때 수정이 필요하게 된다. 어린이들에게는 단어들을 한 번 종이 위에 써 놓으면 그것으로 글쓰기는 끝난 것이라고 생각하는 경향이 있다. 또한 어린이들은 교사는 그저 모든 것이 다 좋다고 말해주거나 철자법 또는 문법상의 실수나 교정하는 편집담당자의 구실을 하면 되는 사람이라고 믿는다. 그 반면에 교사들은 학습자를 위한 상담자로서의 역할을 맡고 싶어 할 것이다. 교사의 역할은 어떻게 해야 읽는 이가 이해하고 재미를 느낄 수 있는 글을 쓸 수 있는지를 학습자들이 배우도록 도와주는 일이다. 교사 혼자서만 학생들에게 조언해 주어야 하는 것은 아니다. 학생 스스로 자기 글을 수정하는 방법을 배우는 것 외에도 급우, 보호자 또는 수업보조자들이 학생들의 수정작업을 도울 수 있는 것이다. 어쨌든 이 수정단계에서 대부분의 교사들은 학생들의 작품을 관찰한다. 이때 교사들은 문법이나 철자상의 실수가 아니라 내용적인 면에 중점을 두어 의견을 제시해야 한다. 어린이들은 그들의 글에서 어떤 생각과 구조를 유지하고 또 어떤 것을 바꾸어야 하는지 알 필요가 있다. 칭찬이나 개선을 위한 제안은 명확해야 한다. 최종적으로 당신의 조언은 칭찬의 기능과 향상을 위한 제안을 제시하는 기능 모두를 수행해야 한다.

3.4.2.4 편집하기(editing)

어린이들은 편집이 필요하다는 사실을 좀체 수긍하려 들지 않는다. 이미 완성했다고 생각하는 부분들을 다시 고쳐 쓴다는 일 자체가 그들에게는 힘든 일로 여겨지는 것 같다. 교사는 어린이들의 쓰기에 관한 열의가 꺾이지 않도록 해야 하고 다른 한편으로는 철자, 문법, 구두법의 표준관례에 맞게 쓰는 법도 가르쳐야 하기 때문이다. 가끔 필자는 어린이들에게 빨간 펜을 사용하여 그들 자신의 실수를 교정해 보라고 한다. 어떤 때는 어린이들에게 그들 자신이 쓴 글 중에서 몇 번이나 마침표 또는 대문자를 용법에 맞게 사용했는지 세어볼 수 있도록 물건 찾기(Scavenger hunt) 게임을 수행해보도록 지시한다.

학생들이 그들 자신이 쓴 글과 친구들이 쓴 글 속에서 어떤 점을 검사해야 하는지를 알려주는 점검목록도 큰 도움이 된다. 점검목록을 통하여 모든 사람들의 이름이 대문자로 시작되었는지 확인하도록 학생들을 상기시키는 방법을 그 한 예로 들 수 있고 또 점검목록에 이야기가 좋은 시작을 갖고 있는지 상기시키는 항목을 포함시키는 경우도 이에 해당된다.

3.4.2.5 발표하기(publishing)

한 편의 쓰기 작품의 편집이 끝나고 나면, 발표할 준비가 갖춰지게 된다. 발표란 그 작품이 다른 사람들과 공유될 수 있도록 그 작품에게 최종완료 체제를 갖추어주는 일이다. 발표는 어린이학습자들에게 아주 훌륭한 자극제가 될 수 있다. 예를 들어 어린이학습자들이 등굣길에 마주친 비에 대해 시를 짓는다고 가정할 수 있는데, 그러면 어린이들은 그들의 시들을 빗방울 모양의 종이에 표현하려고 천장으로부터 늘어뜨려 움직이게 달아둘 수 있다. 또는 어린이들은 예습이나 복습을 위한 제언을 담은 포스터를 만들어 그림이나 잡지에서 오려낸 사진들로 그것을 장식할 수도 있다.

3.4.3 교실수업에서의 쓰기 활동

제2언어로서의 영어 또는 외국어로서의 영어교실에서 어린이학습자들을 대상으로 습작 과정적 써보기를 실행하기는 어렵지 않다.

쓰기 기능의 발달을 위해 할애되는 시간의 양은 교육과정의 전체적 목표에 달려있다. 하지만 교육과정의 목표를 떠나서 어린이들은 그들의 아이디어를 적어놓을 기회와 용기를 가져야 한다. 습작 과정적 써보기의 여러 부분을 실천하기 위한 여러 가지 기술과 활동들이 이 절에서 논의된다.

3.4.3.1 저널쓰기(Journal Writing)의 활용

저널쓰기는 일기 또는 유사한 양식으로 자신에게 일어났던 일을 중심으로 기록하거나 체험했었던 일에 대한 생각들을 기록한 것을 말한다. 저널쓰기를 통해서 문장구조에 대한 이해력이 높아짐으로써 영어전반에 대한 학습능력 및 쓰기능력을 높일 수 있다. 저널쓰기는 개인저널, 대화형 저널, 독서기록 형식 저널, 수학 저널, 과학 저널, 미술 저널 등의 형식이 있다. 저널쓰기를 수업에 적용하는 방법은 다음과 같다.

① 저널형식을 정한다.

② 저널목적과 어떻게 사용할 것인지를 정한다.

③ 자료를 준비한다.

④ 저널 모델을 제시한다.

⑤ 실제 모델을 보여주면서 쓰기 방법, 어휘선택의 범위, 내용 구성 방법 등을 미리 보여준다.

⑥ 주제를 제시한다.

⑦ 주제와 관련된 질문에 친숙해지는 활동을 한다.

⑧ 쓰기활동을 한다.

3.4.3.2 그룹단위 쓰기 활동

어린이들은 그룹을 형성하여 같은 쓰기 과제를 가지고 협동적으로 작업할 수 있지만 그 그룹은 교사의 주도하에 주의 깊게 조직되어야 한다. 언어경험접근법 이야기를 실천함으로써 그룹단위 쓰기를 할 수 있다. 언어경험접근법은 어린이들의 읽기지도에 사용되지만 쓰기와 그룹단위 쓰기에도 사용될 수 있다.

어린이가 기여한 각 글의 행 옆에 그 어린이들의 이름 첫 글자를 써둠으로써 어린이들에게 그룹 구성원들이 함께 만드는 그룹 공동의 이야기 쓰기에 그 반의 여러 구성원들이 어떻게 기여하는지 보여줄 수 있다.

또한 교사들은 어린이학습자들이 그룹 공동의 책을 만들어내도록 할 수 있다. 즉 어린이들로 하여금 각자가 좋아하는 사물들에 대해 각각 다른 페이지를 배정받아 쓰게 할 수 있는 것이다.

어린이들 각자에게 배정된 페이지는 “My favorite thing are__________ .”의 형식과 같이 똑같은 문장으로 시작되게 할 수 있다. 그러고 나서 어린이들은 각자의 글을 완성하고 그림을 그려 넣는다.

어린이학습자들은, 서로 다른 주제의 글을 지어내기 위해 작은 그룹단위로 작업할 수 있다. 즉, 만일 과학보고서를 쓴다면 두 어린이는 간단한 실험을 실시하고 세 번째 어린이가 일어나는 상황을 지켜보며 그 발생상황을 적을 수 있는 것이다. 그 실험이 끝난 다음에 셋이 모여 그 리포트를 다시 쓰고 편집하고 공표할 수 있다.

그룹단위의 쓰기활동을 할 때 어린이들의 수정 작업을 돕는 데에 유용한 일반적 방법 중 하나는 쓰기협의를 갖는 것이다. 매 단락마다 한 번의 협의가 있을 수 있고 또 어떤 특정한 단락의 쓰기를 위해서는 일련의 연쇄협의들을 거칠 수도 있다.

또한 아무런 협의 과정을 거치지 않고도 한 단락을 써낼 때도 있다. 이 협의들은 교사와 학습자간 또는 학습자 자신들 사이에서 일어날 수 있다. 협의시간은 2~3분 내에 끝나는 짧은 것일 수 도 있고 아니면 30분 정도까지 늘어나는 긴 것일 수도 있다. 언제나, 그 협의는 글의 내용에 우선 초점을 맞추어야 한다. 인쇄 등을 위한 관례사항들은 차후의 협의를 통해 처리 될 수 있다. 효과적인 협의를 위해 어린이들은 그 자신과 그들 동료의 글에 대한 논평과 비평을 하는 방법을 지도받아야 할 것이다.

3.4.4 교실수업에서의 쓰기 평가

쓰기는 견본이 될 글 한 편을 이끌어내어 검사함으로써 평가된다.

견본글 한 편이 작성되도록 이끌어내어 그것을 검사함으로써 쓰기가 평가된다.

학습자들은 한 문장이나 한 문단 또는 한 편의 보고서 형식으로 견본글을 쓸 수 있는데 이 견본글은 소설 형식이거나 논픽션이거나 무방하며 통합적 측정기준이나 분석적 측정기준 어느 것으로도 평가될 수 있다.

북서 지역 교육 연구소(Northwest Regional Education Laboratory)는 다양한 유형의 쓰기활동에 활용할 수 있는 7개의 평가기준에 기초한 쓰기평가 체제를 개발했다. 그 분석 기준은 미국의 공립학교에 다니는 초등학생과 중학생을 위해 설계되었고 미국의 ESL 학생들에게 광범위하게 사용되었지만 그것은 또한 EFL 환경에서 가르치는 교사들에게도 유용하다. 측정 기준은 픽션과 논픽션 모두에 사용될 수 있게 설계되었다.

도표 3-6 6+1 항목 채점식 쓰기 평가 체계

아이디어

아이디어는 글의 주제를 전개시키고 농후하게 만드는 세부내용과 함께 글의 내용이요, 주된 논제이다. 메시지가 혼선을 주지 않고 명확할 때 아이디어는 강하게 드러난다. 작가는 재미있고 중요하고 유익한 세부내용, 즉 독자가 통상적으로 기대하거나 예측하지 못하는 종류의 세부내용에 대한 자세한 설명을 선호하기 마련이다.

조직

조직이란 글의 중심사고를 벗어나지 않는 범위 내에서 한 편의 글이 갖는 내적 구조, 줄거리, 정형화된 양식이다. 조직적 구조란 비교-대조나 연역적 논리 또는 요점 분석이나 중심 주제의 전개, 사건의 연대기적 역사나 기타의 다른 패턴 등에 의해 구성된다. 조직이 강할 때 글은 의미 깊게 시작되고 독자에게 기대감을 불러일으키게 한다. 사건들은 논리 정연하게 전개된다. 정보는 적당한 때에 적당한 분량으로 제공되고 독자들이 흥미를 잃는 일이 생기지 않는다. 글의 연결성이 강하다는 말은 그 글 속에서 한 생각에서 다음 생각으로 이어지는 다리들이 유지되고 있다는 뜻이며, 글의 조직을 잘 구성하는 것이 쓰기 과정에서 매우 중요하다.

작가의 특성

작가의 특성이란 이야기를 통해 표현되는 작가의 특성이며 실제 사람이 우리에게 전달해 주는 감각이다. 그것은 심장이고 글의 혼이며, 마술이요, 기지요, 느낌이요, 생명과 그 숨결이다. 작가가 글의 주제와 개인적인 연관이 있을 때 분명히 그 작가만의 것인 그 글에 작가 개인의 말투와 풍미를 부여한다. 그리고 그것은 다른 모든 작가들의 표시와는 다른 독특한 특성이다.

단어 선택

단어 선택이란 기능적인 방식이 아니라 독자를 감동시키는 방식으로 이야기를 나누는 풍부한 언어, 다채로운 언어, 정밀한 언어의 사용이다. 훌륭한 서술적 글쓰기에서는 강력한 단어 선택으로 그 글의 생각들이 분명해지고 확장된다. 설득적인 글쓰기에서의 주의 깊은 단어 선택은 독자에게 새로운 시야를 제공한다. 힘있는 단어 선택은 독자를 감동시킬 수 있는 특별한 말들을 고르는 것이 아니라 평범한 일상의 단어들을 잘 골라 사용하는 데에 그 특성이 있다.

문장 유창성

문장 유창성이란 언어의 율동과 흐름이고 단어 패턴의 소리이며, 글을 눈에만 작용시키는 것이 아니라 귀에도 작용하게 하는 방식이다. 큰 소리로 읽을 때 그 글이 어떻게 들리는지 알아보는 것이 바로 유창성 검사인 것이다. 유창한 쓰기에는 어조, 힘, 율동 그리고 움직임이 있다. 거기에는 독자의 읽기 진행을 방해하는 조잡한 단어 패턴은 없다. 문장들은 길이와 스타일 면에서 다양하고 잘 정제되어 있기 때문에 독자가 쉽게 읽어 내려간다.

부호 사용법

부호 사용법이란 철자법, 문법, 언어용법, 단락 나누기(적당한 곳에서 들여쓰기 하기), 대문자표기, 구두점 등으로 나타나며, 글에 있어서의 기계적 정확성을 의미한다. 교정을 보거나 편집을 할 때, 부호 사용법이 잘 지켜진 글에는 주의를 기울여 작업해야 한다. 좋은 필적이나 깔끔한 글씨체 등은 이 특성에 포함되지 않는다. 이 특성에는 위에서 열거된 것 외에도 많은 다른 것들이 내포되어 있다.

삽화

삽화란 시각적 요소와 언어적 요소를 갖추어 글쓴이의 메시지를 종이 위에 전시하는 방법이다. 아무리 생각과, 단어와 문장들이 뚜렷하고 정확하게 잘 구성되어 있다 하더라도 삽화의 지침이 지켜지지 않으면 그 글은 잘 읽히지 않는다. 우리 생활 주변의 텍스트와 그 표현 방식의 실례를 생각해보라. 어느 간판 또는 광고판이 더 우리의 주의를 끄는가? 어째서 다른 것을 제쳐놓고 어떤 한 CD를 선택하게 되는 것일까? 모든 훌륭한 작가들은 삽화 기법의 필요성을 인식하고 있다. 특히 자신의 텍스트와 함께 도표, 지도, 시각적 설명을 제시하는 기술성이 높은 작가들은 삽화의 중요성을 더욱 깊게 인식하고 있다.

(미국 북서 지역 교육 연구소, 2001; Coraline T. Linse, 2006)

이번 절에서는 어린이를 대상으로 영어교육을 실시하는 데 있어서 쓰기 기능을 어떻게 하면 잘 지도할 수 있는가에 대한 주제로, 쓰기 기능의 이해, 과정 중심 쓰기지도법, 교실수업에서의 쓰기 활동, 교실수업에서의 쓰기평가 영역에 대해서 고찰하였다.

연구과제

1. 과정중심 쓰기 지도법의 6가지 유형이란 무엇인가? 각 유형의 특징을 설명하시오.

2. 교실수업에서 효과적으로 지도할 수 있는 쓰기 지도법을 3가지 설명하시오.

3. 6+1 채점식 쓰기 평가 체계란 무엇인가?
   그 특징을 기술하시오.

3.5 어휘 지도법

이번 절의 목표는 어린이 영어 능력 향상을 위해서 어휘를 지도하는 방법을 고려해보는 것이다. 먼저 어휘란 무엇인가에 관한 설명과 함께 구술어와 문장어, 그리고 구술어 또는 문장어의 교육과정을 계획할 때 도움이 될 배경적 정보가 제공된다.

그 다음에 근래 수년 전부터 등장한 어휘력 지도의 원칙이 제시될 것이다. 덧붙여 어린이학습자들에게 어휘를 지도할 때 사용될 수 있는 일련의 기술들을 소개하여, 교실 수업에서 적절하게 활용할 수 있도록 한다.

3.5.1 어휘 지도의 배경

어휘력 발달은 언어발달의 중요한 양상이라 할 수 있는데, 최근 수년 동안 행해진 어휘발달에 관한 연구는 아주 흥미진진하다. 각양각생의 연구들이 적절한 어휘력 교육은 어학학습자, 특히 취학 연령의 학습자들에게 이롭다는 사실을 입증해왔다. 맥권과 벡(MeKeown and Beck, 2003)에 의하면, 학생들의 인지기능을 이용하고 학습자들에게 단어들을 실제 사용할 기회를 주는 공식 어휘력 교육과 함께 비공식 어휘력 교육도 같이 사용하는 것이 중요하다고 한다. 당신은 학생들이 어느 한 문장 내에서 두 단어 중 어느 단어가 더 적절한 표현인지를 분석하는 것과 같이 그들의 사고기능을 사용해주기를 바란다. 아이로 하여금 샌드위치에 관한 문장 내에서 enormous와 giant의 두 단어 중 한 단어를 선택하게 하는 일이 그 예이다.

또한 교사들은 학습목표단어를 사용한 복잡한 질문에 학습자가 대답하게 하거나 게임을 통해 학습자에게 학습목표단어를 사용할 기회를 주고 싶어 한다. 다양한 배움의 기회를 갖는 것은 학습자가 어휘력 향상을 통하여 전체적 언어능력을 고양시키는 데에 도움이 된다. 다시 말하자면 "어휘교육의 목표는 학생들을 단어에 정통하게 만들고 단어들이 읽기와 쓰기의 맥락 안에서 어떻게 작용하는지에 대한 학생들의 이해를 발달시키고 재미있는 방법으로 단어들을 능숙하게 다루기를 배움에 따라 단어에 대해 흥미진진하게 만드는 것이라 할 수 있다"(브랜드(Brand), 2004, p. 4).

교사들은 학습자들에게 유용한 단어를 가르치고 스스로 단어의 뜻을 알아내도록 돕는 전략을 가르침으로써 어휘학습을 촉진시켜야 한다. 유용한 단어들이란 높은 빈도로 출현하는(아이들이 자주 마주칠 수 있는) 단어들을 말한다. 요리하기에 흥미를 가진 어린이학습자에게는 recipe(요리법)와 ingredient(요리재료)란 단어는 의미 깊을 뿐 아니라 아주 유용할 수 있다. 기계에 흥미를 가진 어린이학습자에게는 gear와 lever란 단어가 유용하고 의미 깊을 것이다. 학습자들은 새 단어의 뜻을 알아내기 위한 어휘학습 전략을 습득할 필요가 있다. 그런 전략들은 학습자들 혼자서 새롭고 낯선 단어들과 마주치는 상황에서 뿐만 아니라 교실 안에서도 유용하다. 그런 전략들은 또한 그들이 보고 듣는 새로운 어휘 단어들을 습득하도록 아이들을 도와야 한다. 어휘는 듣기, 말하기, 읽기, 쓰기의 네 가지 기능의 지도 속에 융합되어야 한다. 예를 들자면 전신반응교수법 듣기 활동의 일부분으로 어휘항목을 포함시킬 수 있다는 것이다. 읽기 수업의 한 부분으로서 등장할 수 있는 특정어휘항목들을 또 다른 어휘 활동으로 학생들에게 소개시킬 수 있다.

3.5.2 어휘 지도의 원칙

ESL 또는 EFL 교육과정의 일환으로서 어휘발달에 집중할 때 도움이 되는 여러 가지 원칙들이 있다. 아래에 소개하는 원칙들은 영어발달의 여러 단계에 분포되어 있는 어린이학습자들에게 적용되는 것들이다. 그것들은 학습자들이 구술어 및 문장어의 언어기능을 발달시키는 데에 도움이 되게 사용될 수 있다. 어린이들이 아직 모국어로 읽고 쓰는 능력을 습득하지 못한 과정에 있다면 구두어상의 어휘발달에 중점을 둘 수 있다.

3.5.2.1 언어 활동을 시작하기 전 새로운 어휘를 지도하라

새로운 활동을 시작하기 전 어휘단어들을 가르치면 학생들은 두 가지 면에서 이점이 있다. 첫째는 학생들이 그 활동을 더 잘 이해할 수 있다는 것이다. 둘째는 미리 어휘단어들을 가르치면 학생들이 목표 어휘 단어를 더 실제적으로 습득하게 될 것이라는 점이다. 이 원칙은 이야기, 노래 그리고 언어요소가 풍부한 다른 여러 활동들에 잘 적용된다.

3.5.2.2 문맥 단서를 적절하게 이용하는 방법을 가르쳐라

학생들은 문맥 단서 이용법을 배우고 문맥에서 의미를 추정하는 것에서 이로움을 얻을 수 있다(데카리오(Decarrio), 2001). 이것이 학습자들이 생소한 단어들과 마주칠 때 사용할 수 있는 전략이다. 역으로, 문맥단서 이용법을 가르치는 것에 덧붙여, 맥권과 벡(Mckeown and Beck, 2003)은 문맥 단서가 생소한 단어의 의미 이해에 항상 도움이 되는 것은 아니라는 점을 지적했다. 특히 읽기에 있어, 문맥 단서로 그 의미를 찾아 낼 수 없을 때도 있다는 것을 인식해야 한다.

3.5.2.3 새 어휘 항목들을 반복해서 접하게 하라

어린이학습자들은 풍부한 문맥 환경 하에서 반복적으로 어휘 항목들을 접하게 될 때 교육적 효과를 거둔다. 바꾸어 말하자면, 월요일에 가르친 어휘단어가 수요일까지 기억에 남아있을 것을 기대해서는 안 된다는 말이다. 한번 나온 새 단어는 3~4주 내의 수업시간 중에 다양하게 상황을 바꾸어가며 여러 번 다시 나타나야 한다는 사실을 기억해두면, 교육기술 향상에 도움이 될 것이다. 학습자들은 어휘 입력이 다중 감각적으로 이루어지는 경우에도 도움을 받는다. 가옥의 방들에 관해 아이들을 가르치는 경우를 예로 들어보자. 월요일에 당신은 각방에 들어갈, 인형들이 사용할 가구들을 가져와서 아이들에게 어느 방으로 들어가면 좋은 가구인지 생각하게 할 수 있다. 그리고 수요일에는 가옥의 방들에 관한 그런 카드들을 가지고 다양한 어휘력 증진게임을 해보고 다음 주에는 인형들이 새집으로 이사해 들어가는 인형극을 보여주면 좋을 것이다. 또 다른 예로서 여러 가지 동물들의 이름을 배우는 경우를 들어보자. 첫째 시간에는 여러 동물들의 이름이 나오는 노래를 부르게 하고 일주일이 지나기 전에 학습자들에게 동물들의 그림을 그리게 하는 시간을 갖는다. 이때 학습자들이 그림을 그리는 동안 교사는 교실을 돌아다니며 무슨 그림이냐고 물어본다. 오리 그림을 그리고 있는 학생은 오리라고 대답을 하게 될 뿐만 아니라 그 학생의 주위에 있는 모든 학생들은 그 대답을 듣고 오리 그림의 연상에 동참하게 될 것이다.

3.5.2.4 학습자의 경험과 어휘 항목들을 연결시킬 수 있는 기회를 제공하라

심층처리(학습자의 경험과 관련하여 새로운 어휘를 처리하는 것)는 높은 인식 수준의 정보와 개인적 차원의 정보를 가진 작업을 의미한다. 심층처리는 정보가 더 잘 기억되게 한다. 학생으로 하여금 새 단어들과 학생 개인의 기존 지식간의 관계가 설정되도록 연결고리를 만들어 나가게 하는 것도 심층처리의 일면이다. 단순하게 단어목록과 그 뜻을 암기하는 것은 학생들의 어휘단어들을 개인적 어휘로 통합해 나가는 데에 별 도움이 되지 않는다.

심층처리는 어휘습득과 발달의 아주 중요한 요소이다. 그것은 또한 읽기와 읽기의 이해에 밀접한 관련을 가지고 있고, 또 전반적 언어발달과도 밀접한 관련이 있다. 심층처리란 학습자에게 특별히 의미 깊은 정황 속에서 한 단어를 사용하는 것과 관계가 있다. 단어들을 여러 특성과 속성에 따라 분류하는 일은 심층처리의 한 분야라고 할 수 있겠다.

또한 단어들을 학습자 각장의 생활과 결부시키는 일도 심층처리에 속한다. 수업 중에 어휘를 개인화시켜보는 것은 학생들의 심층처리에 크게 도움이 된다. 만일 당신이 위에서 언급되었던 가옥의 방들에 관한 수업을 진행하게 된다면, 당신은 학생들의 심층처리를 돕는 차원에서 학생들에게 각자의 집에 있는 방들에 대해 이야기하거나 글을 짓게 함으로써 그 과(課)의 수업을 마무리하려고 할 것이다.

3.5.2.5 사전을 사용하도록 지도하라

사전의 사용이 EFL과 ESL 교수 수단으로서의 원래 위치를 되찾고 있다(섬베리(Thornbury), 2002). 사전의 사용은 어린이학습자에게 도움을 준다. 6살이 안 된 아주 어린 아이들은 단어들을 여러 범주로 나누어 수록하고 있는 그림사전을 사용할 수 있다. 언어 발달과 문해력 발달의 초기 단계에 있는 어린이들도 그들의 어휘지식과 문맥 단서 이용능력의 양자를 증대시키는 수단으로서 그림 사전을 사용할 수 있다.

예를 들어 말하면 어린이들이 그레이트 프루트에 대해 배우고 있는 경우 아이들을 그림사전 내에 과일이라는 주제하에 마련된 절로 인도할 수 있고 그들은 그레이프 프루트가 과일이라는 것을 알아내게 된다. 영어 문해력이 있는 학습자들 역시 단어들이 알파벳순으로 나열된 사전을 사용할 수 있다. 어린이들에게 다양한 사전의 사용법을 지도하는 것은 교사가 해야 할 중요한 일이다. 대다수의 학생들에게 사전의 단어설명에서 맨 앞에 나온 의미가 가장 보편적인 뜻이라는 것을 알려주고 또 전자사전 사용의 한계성에 대해서도 주의시킬 필요가 있다.

3.5.2.6 학습자들에게 단어장을 활용시켜라

단어장은 학생들에게 다양한 어휘습득 전략을 개발할 기회를 제공하고 또 자신들의 학습을 더욱 잘 주도할 수 있게 해준다(화울즈(Fowles), 2002). 상위층 연령의 어린이들은 더욱 수준 높은 단어장과 사전을 만들 수 있겠으나, 언어발달과 문해력 발달의 초기단계에 있는 어린이들은 그들에게 맞는 그림 사전을 만들어 낼 수 있다.

3.5.3 교실수업에서의 어휘 활동

어린이들의 어휘력을 발달시키는 데에는 여러 가지 다양한 접근법과 활동들이 사용될 수 있다. 어휘지도에서 중요한 점은 어린이들이 의미 있게 생각하는 어휘항목들을 공부하도록 해야 할뿐 아니라 교육과정에 포함되어야 할 어휘항목들을 가르쳐야한다는 것이다.

3.5.3.1 오늘의 단어 활용

중점을 두어 지도할 특정 단어를 매일 선정하라. 교사가 미리 정해 둘 수도 있고 또는 어떤 단어가 그날의 주제가 될지 학생들에게 선정을 맡길 수도 있다.

만일 아이들이 밀림지대의 동물에 관해 배우고 있다면, 주제가 될 동물의 종류를 날마다 바꾸어가며 배우거나 또는 아이들로 하여금 각자 지정받은 날에 밀림지대와 관련된 새 단어를 학교에 가져오도록 시킬 수 있다는 말이다.

아니면, 당신이 출석 확인을 할 때 학생이 '네'라고 말하는 대신 그 날의 주제 단어를 말하면서 대답하게 할 수도 있고 또, 수업시간이 끝나기 직전 한 두 명의 학생에게 그 날의 주제 단어로 짧은 문장 짓기를 하게 할 수도 있는 것이다.

3.5.3.2 범주화 놀이

각 학습자로 하여금 서로 다른 어휘를 적은 한 벌의 그림카드나 한 번의 단어카드를 만들게 한다. 한 카드에 한 개의 어휘씩만 들어가야 한다. 학생들이 각자 자신의 카드를 한 벌씩 만들고 있을 때 교실 안을 돌며 그들의 단어에 관해 상의한다. 이 활동에서 4~7세의 어린이들이라면 16~20개의 단어들을 쉽게 다룰 수 있으며 더 나아가 많은 어린이들은 40개까지도 다룰 수 있을 것이다. 그런 후에 학생들에게 그들 자신의 주도로 2개에서 5개까지의 여러 범주로 나누어 그 단어들을 분류하게 하고 나서 어떤 근거로 그 범주들을 설정했는지 설명해 보라고 한다. 어리거나 미숙한 학생들에게 other 또는 miscellaneous 라는 범주를 하나 더 만들어 사용하게 할 수도 있다.

3.5.3.3 어휘 찾기 놀이

6살 정도의 아이들에게 그들의 나이나 언어수준에 맞는 EFL 또는 ESL 교과서를 주고 apple 같은 단어를 그 책에서 찾아보게 하라. 어린이학습자들은 어느 단원에 그 단어가 있을지 판단하기 위해 인지기능을 사용해야 할 것이다. 이 활동은 학습자들이 범주별로 단어들을 분류할 수 있는 능력을 갖추게 돕는다.

문해력이 없는 어린이들에게는 단순히 목표단어의 그림을 제시하고 그렇지 않은 어린이들에게는 칠판위에 목표단어를 적어 놓아준다. 그리고 어린이들이 그 단어를 찾으려고 어떤 추적궤도를 택했는지 설명해보라고 하라. 이때 그 단어와 같은 단어가 반드시 여러 페이지들에 분산되어 수록되어 있어야 함에 주의하고 당신이나 한 학생 지원자가 칠판에 모든 페이지의 숫자를 기록하면서 수업을 마무리해야 한다.

3.5.3.4 단어카드 찾기 놀이

12~20개의 그림 또는 단어카드를 탁자 위나 교실 바닥 위에 늘어놓는다. 그 후 잠깐 동안 학생들에게 그 카드들을 보여준 뒤 학생들의 눈을 감게 하고 카드 한 장을 치워 버린다. 그리고 학생 전체에게 또는 한 학생에게 어느 카드가 없어졌는지 물어본다. 이 게임을 더 흥미를 돋우고 재미를 주는 게임으로 만들려면 어린이들에게 없어진 그림이나 카드에 대해 설명해보라고 하라. 무엇이 없어졌는지 설명

해 보임으로써 학습자들을 더 숙련된 고도의 사고기능을 사용하게 된다.

3.5.3.5 단어맞추기 놀이

한 문장을 크게 읽거나 말해주면서 단어 한 개를 생략하고 어린이들에게 수수께끼의 단어 즉, 생략된 단어에 대해 추측하게 한다.

예를 들자면 당신은 "I like to put ________ and mustard on my hot dog."이라고 말한다는 것이다. 만일 어린이들이 당신의 생각과 다른 단어를 대면, 좋은 추측이지만 그 단어는 당신이 생각하고 있는 바가 아니라고 말해준다.

만일 당신이 "I wear a ________ on my head."라고 말할 때 한 학습자가 cap이라고 말하면 당신은 cap도 틀린 것은 아니지만 당신은 다른 단어를 생각 중이라고 말한다는 것이다. 창의적인 어린이들이 제시하는 답은 간혹 재미있는 토론이나 발견으로 이어지기도 한다. 어린이들에게 수수께끼 단어들을 주고 그 수수께끼 단어가 포함된 문장을 만든 후 수수께끼 단어를 생략한 채로 급우들에게 그 문장을 제시하고 그 단어를 추측해보라고 요청하게 할 수 있다.

3.5.3.6 집중하기 놀이

새 어휘 단어들을 가지고 집중하기 놀이를 해보자. 그림카드와 단어카드를 함께 이용하거나 그림카드와 단어카드 중 한 가지만으로 집중하기 놀이를 진행할 수 있는데 꼭 두 벌의 카드가 있어야 한다. 한 벌의 카드에는 어휘단어가 단독으로 또는 그림과 함께 인쇄되어 있고 또 한 번의 카드에는 어울리는 그림이나, 인쇄된 단어와 그 단어의 정의, 또는 그 단어의 뜻이 잘 드러나는 예문 등이 있어야 하는데, 총 16장 내지 24장이 가장 적당하다. 어휘력 시험 준비를 위해 공부할 때 사용할 수 있는 좋은 전략 내지는 게임은 바로 이 집중하기 놀이라고 생각한다.

집중하기 놀이를 하기 위해 카드들을 탁자 위에 앞면이 안보이게 엎어놓는다. 첫 번째 학습자가 두 장의 카드를 뒤집고 큰소리로 읽어 확인한다. 그 두 장의 카드가 짝이 맞으면 그 카드를 뒤집은 학습자가 보관할 수 있고 맞지 않으면, 그 카드들을 원래 있던 자리에 앞면이 안보이게 해서 다시 엎어 놓는다. 그러면 그 다음 사람이 두 장의 카드를 또 뒤집는다. 탁자위의 카드가 한 장도 남아있지 않을 때까지 번

갈아가며 놀이를 한다.

이번 절에서는 어휘지도 방법을 어린이학습자와 관련되어 논의하였다. 다음으로 말하기 듣기 읽기 쓰기의 네 기능 교육과정의 중요한 기초가 될 수 있는 어휘력 발달문제에 대해 조사하였다. 또한 학교에 다닐 연령층의 학습자들에게 적용할 수 있는 어휘력 발달의 기본 원칙들이 논의되었다. 마지막으로 교사가 선정한 단어와 학생들이 고른 단어를 익히는 데 필요한 여러 가지 기술과 전략들을 소개하였다. 이 전략과 기술들은 어린이 학습자를 대상으로 하는 영어교육과정을 알차게 발전시키는 데 이용될 수 있을 것이다.

이번 장에서는 어린이들에게 영어의 4기능(듣기, 말하기, 읽기, 쓰기) 및 어휘 지도법에 대해서 고찰하였다. 각 기능에 대한 이해와 교실수업에서의 지도 활동, 그리고 교실수업에서의 평가 방법에 대해서 고찰해보았다. 이번 장의 내용은 어린이를 대상으로 영어를 지도하고 있는 교사나, 교재 개발자, 교육 행정가들이 교육현장에서 적용할 수 있는 실제적인 방법론을 제시해주기 위해서 집필되었으며, 어린이 영어교육 현장에서 많은 도움을 줄 수 있으리라 판단한다.

연구과제

1. 어휘 지도의 6가지 원칙을 설명하시오.

2. 교실수업에서 효과적으로 활용할 수 있는 어휘지도 방법을 3가지 이상 설명하시오.

CHAPTER 04 교실수업 지도법

English Language Teaching for Children

이번 장에서 교실수업에서 어린이학습자를 효과적으로 지도할 수 있는 구체적인 방법론을 논의할 것이다. 우선 교실수업의 운영 원칙을 제시하고, 교사의 역할과 태도, 또한 긍정적인 수업분위기 조성 방법을 설명하고, 이러한 이론 위에서 수업계획안을 작성하는 원칙과 방법을 제안하고자 한다.

4.1 교실수업 운영의 원칙

어린이학습자들을 지도하는 교사들이 직면하고 있는 큰 문제 중의 하나는 교실운영 문제이다. 교사들은 한편으로는 학생들에게 친절하고 자애로운 도우미가 되고 싶을 뿐 어린이들이 무서워하는 엄한 감독자가 되고 싶어 하지는 않는다.

그러나 다른 한편으로 교사들은 교육의 진행을 위하여 교실 질서가 유지되기를 바라고 있다. 통제가 필요한 환경과 돌보아주어야 하는 환경의 사이에서 균형을 잡는 일은 어떤 교사에게도 쉬운 일이 아니요, 신임교사에게는 더더욱 어려운 일일 것이다. 이 절에서 우리는 학습에 도움을 주는 환경을 조성할 교실 운영전략들을 제시해보고자 한다.

4.1.1 수업 운영에 대한 명확한 규칙들을 수립하라

교사들이 기대하는 바가 무엇인가를 아는 것은 어린이들에게 중요한 일이다. 분명한 용어들로 규칙들을 명시해두고 교사들이 어린이들에게 기대하는 바가 무엇인지 확립해 놓아야 한다. 학년도 초에 그리고 교사들이 학생들에게 그 규칙을 환기시켜줄 필요가 있다고 느낄 때마다 바람직한 행실을 행동으로 보여주거나 분명히 지적해주기 바란다. 예를 들어 "내가 걸을 때 나의 손을 어떻게 하고 걷는지 잘 보아라." "이 탁자의 아이들 모두 어떻게 듣고 있는지 잘 봐라."와 같이 말이다.

교사가 수업 운영을 위해서 제정한 규칙은 우선 학교 정책과 일치해야 하고 또 학부모들에게도 전달되어서, 교사가 중요하게 정한 규칙이 학생과 교사에게 공유되어야 한다.

4.1.2 어린이학습자들이 스스로의 행동에 대한 판단 기준을 수립하도록 하라

좋은 행실과 나쁜 행실이라는 용어는 상대적이고 불확실하다. 교사가 어린이들에게 "너희들 지금 나빠!"라고 말하면 그들은 그 순간의 그들의 행동이 나쁘게 해석될 수 있다고 생각하지 않고 그들은 나쁜 아이들이라고 하는 것으로 주관화해서 생각하기 일쑤다. 어린이학습자들의 교사는, 어린이들 자체가 아니라 오직 그들의 행동에 관해서만 그 타당성을 논평하고 있는지 스스로를 엄정하게 지켜봐야 한다. 시간을 들여서라도 교사는 학습자들을 위하여 타당한 행실과 부적절한 행실의 개념에 관해 그들과 함께 논의해야 한다. 예를 들면, 어린이들에게 운동장에서 친구들과 함께 소리 지르며 노는 것은 타당하다 할 수 있지만, 교실에서 그러는 것은 부적절한 행동이라고 가르쳐야 한다.

4.1.3 칭찬과 처벌을 효과적으로 하라

교사들은 어린이들의 잘한 일이나 좋은 업적에 대해 상을 줄 것이다. 간혹 교사들은 적절치 않은 시상을 함으로써 무의식적으로 학습자들 사이에 건전하지 않은 경쟁 분위기를 조성할 수 있다. 어린이들이 상을 받는다는 외면적인 기쁨에 의지하도록 하기 보다는 자신들이 이룬 것에 대해 내면적인 만족감을 느낄 수 있게 자긍심을 고취시켜주는 것이 더 바람직하다 할 수 있다.

잘못된 행실을 교정해주고, 어린이의 행동에 반응을 보이는 일은 어린이학습자들의 지도교사로서 수행해야 할 일의 중요한 부분이다. 교사가 어린이들에게 보이는 반응의 유형은 명확해야 하고 어린이들이 지금 하고 있는 일과 관련돼 있어야 한다. 예를 들어 한 어린이가 창밖을 내다보며 수업에 집중하지 않는다면, 교사는 이렇게 말해야 할 것이다. “민수야, 약 5분 동안이나 창밖을 내다보고 있구나. 과제를 풀려면 창 밖 대신 네 책을 봐야 하는데 말이야.” 또는 “나는 이 테이블의 어린이들이 수업에 임하는 자세가 정말 마음에 든단다. 모두들 칠판을 주시하며 다음 지시사항을 참을성 있게 기다리고 있군!”이라고 거꾸로 말할 수도 있다.

교사로서 해당 반응을 주었는데도 나쁜 행실이 계속될 때도 여러 가지의 대응수단을 활용하여 학생들을 지도할 수 있다. 그 어린이를 다른 학습자들과 분리시키거나 수업을 잠시 중단시키고 교무실로 보낼 수 있다. 그렇지만 잘못된 행동을 보이는 그 어린이에게 절대로 당혹감이나 수치심을 느낄 만한 자극을 주지 않도록 조심해야 한다. 그 어린이를 현재 같이 지도하고 있거나 과거에 지도해 보았던 다른 교사들과 상의해서 그 교사들이 과거에 어떤 노력을 했었는지 알아보는 게 좋다. 불가피한 경우, 최종수단으로서 부모에게 알리거나, 학교행정담당자, 교사 그리고 학부모간 회의를 준비하여 현 상황에 따른 가능한 대책에 관해 논의할 수 있다.

4.1.4 수업 준비는 항상 예상 수준보다 충분하게 하라

어린이들이 몰두하거나 주의를 집중하거나 과업에 충실하거나 하게 만들 활동들을 항상 넉넉하게 준비해 두어야 한다. 어린이들은 할 일을 갖지 못했을 때 가장 빨리 무질서 상태에 빠져든다. 이런 이유로 교사가 즉시 사용할 수 있는 일련의 수업 지원용 활동들을 준비해 놓아야 하는 것이다.

잠시도 가만히 있지 못하는 학생들로 가득한 학급전체가 당신을 간절히 바라보며 "다음에 뭐 해야 해요?"라고 묻는 상황이라면, 재미있는 하나의 과제를 준비하는 것보다는 소진되지 않을 정도로 많은 활동들을 미리 준비해 두는 편이 더 바람직하다.

4.1.5 어린이들의 주의집중 기간을 활용하라

대부분의 어린이들은 긴 시간 동안 한 곳에 주의를 집중하지 못한다. 또한 모든 어린이들이 다 같이 같은 유형의 활동에서 배움을 얻고 즐거움을 느끼는 것이 아니다. 어린이들이 활동에 몰입되게 하려면 활동들의 균형을 고려해주어야 한다. 예를 들면, 균형이란 말을 통하여 의미하는 바는 어떤 활동이 시끄러웠으면 그 다음 활동은 조용한 것이어야 하고 대그룹활동만 계속하지 말고 소그룹활동이나 개인활동도 잘 섞여 있어야 한다는 것이다.

4.2 교사의 역할과 태도

이번 절에서는 교육현장에서 매우 중요한 역할을 수행하는 교사의 역할과 태도에 대해서 알아보고자 한다.

4.2.1 교사의 역할

교육 현장에서 교사는 교육 목표를 달성하는 데 매우 결정적인 역할을 수행한다. 영어교육 영역에서 교사의 역할에 대해서 다양한 정의가 존재해왔다. 그 중에 제조자로서의 교사, 의사로서의 교사, 심판관으로서의 교사, 정원사로서의 교사 등으로 정의하기도 한다(레베카 옥스퍼드 외(Rebecca Oxford et al.), 1998). 이번 절에서는 브라운(H.D. Brown, 2007)이 정의한 교사의 역할에 대해서 알아보고자 한다.

4.2.1.1 통제자로서의 교사

전통적인 교육 현장에서 교사는 교실수업의 모든 순간을 책임지는 통제자의 역할을 수행한다. 통제자로서의 교사는 학생들이 말해야 하는 때, 학생들이 사용해야 하는 언어 형태, 학생들이 해야 하는 일들을 결정한다. 어느 측면에서는 통제자로서의 교사는 매우 존경스럽게 보일 수도 있다. 그러나 학생들과의 상호작용이 이루어지기 위해서는 교사는 학생들의 자발적인 발화가 이루어지고, 학생들이 미리 연습해보지 않은 언어형태를 사용할 수 있고 표현의 자유가 허용될 수 있는 수업분위기를 만들어내야 한다. 그럼에도 불구하고 교사로서 어느 정도의 통제를 하는 것은 상호작용적인 수업기술을 성공시키는 데 매우 중요한 요소로 작용한다.

4.2.1.2 지휘자로서의 교사

상호작용적인 교실수업은 교사가 오케스트라의 지휘자나 연속극의 연출가와 같은 역할을 하는 것으로 운영될 수 있다. 학생들이 연습해본 언어 형태나, 즉흥적인 언어 수행에 참여할 수 있으나, 그 수업 진행 과정이 자연스럽고 무리없이 진행하도록 유지하는 것은 교사의 책임이다. 이러한 수업 과정에서 교사가 수행해야 하는 임무는 학생들로 하여금 실생활에서의 즉흥적인 상황에 참여하도록 유도하는 것이다.

4.2.1.3 관리자로서의 교사

이 역할은 교사가 학과목, 교과과정을 계획하고, 소규모 단위들을 보다 더 크고 긴 수업단위로 연결하여 각 개별 학습자들이 그 단위 안에서 창의적인 존재로 활동하도록 관리하는 것이다. 성공적인 협력과정에서 개별 학습자들이 그 집단의 궁극적인 목표를 유지하고 지속적인 평가과정에 참여하지만 그 과정 속에서 개별적인 자유는 보장된다.

4.2.1.4 촉진자로서의 교사

촉진자로서의 교사는 위에서 언급한 교사의 역할보다 덜 통제적인 역할이 학습과정을 통제하고, 학생들에게 학습과정을 보다 쉽게해주는, 학생들에게 놓인 장애물을 제거해주고, 지름길을 안내해주고, 어려운 과정을 쉽게 협상해주는 역할이 바로 촉진자로서의 역할이다. 촉진자로서의 교사의 역할은 학생들에게 언어에 대해서 직접적으로 언급하기 보다는 언어를 사용해봄으로써, 스스로 언어를 발견하는 것을 허용해주는 내적 동기의 원칙을 최대한으로 이용한다.

4.2.1.5 수업자료의 한 유형로서의 교사

수업자료의 한 유형으로서 교사가 역할을 수행한다는 것은 학생들이 먼저 교사에게 다가오도록 해주는 역할이다. 교사는 학생들이 요구할 때 조언을 하고 상담을 해줄 수 있다. 이 과정에서도 교사가 미리 수업을 계획하고, 어느 정도 통제를 해야 할 필요성이 있으나, 학생들에게 먼저 다가가기 보다는, 학생들이 그들의 언어 발달 과정을 진행하도록 뒤에서 지켜보는 역할을 수행한다.

4.2.2 교사의 수업 방식

교사의 개인적인 성향이나 태도에 따라서 가르치는 수업 방식이 매우 다양하다. 브라운(2007)은 다음과 같이 교사의 개인적인 성향을 연속선상에서 제시하고 있다.

내성적인 사람 ———————— 명랑한 사람
공식적인 사람 ———————— 비공식적인 사람
보수적인 사람 ———————— 개방적이고 투명한 사람
감정을 억제하는 사람 ———————— 극적인 사람
이성적인 사람 ———————— 감정적인 사람
차분한 사람 ———————— 분위기를 타는 사람
심각한 사람 ———————— 유머감각이 있는 사람
보수적인 사람 ———————— 개방적인 사람

양 극단에 속하는 성향을 가진 사람도 훌륭한 교사가 될 수 있다. 그러나 중요한 것은 어느 한 방향에 속하던지 일관성을 견지하는 것이 중요하다. 또한 교사가 가르치고 있는 교육적인 상황이 어떠한 문화적인 기대치를 가지고 있는가에 따라서 교사가 수업시간에 하는 언어적인 표현이나 행동이 달라질 수 있다.

다음은 문화적인 기대치가 다른 상이한 두 집단에서 교사에 대해서 갖는 문화적인 기대치를 정리한 것이다.

도표 4-1 문화적인 상황과 교사에 대한 기대감 비교

• 교사는 모든 정답을 알고 있는 것으로 기대된다.	• 교사는 "모른다"고 대답하는 것이 허용된다.
• 교사와 학생은 모두 감정을 억누르는 것이 기대된다.	• 교사와 학생은 모두 감정을 표현하는 것이 허용된다.
• 교사는 지적인 반대 표현을 개인적인 불충성으로 해석한다.	• 교사는 지적인 반대 표현을 자극제로 해석한다.
• 교사는 문제 해결 과정에서 학생들의 정확성을 높이 평가한다.	• 교사는 문제 해결 과정에서 학생들의 창의적인 접근법을 높게 평가한다.
• 학생들은 교사의 지적인 우수성을 존경한다.	• 학생들은 교사의 친밀함을 높게 평가한다.
• 학생들은 수업시간에 교사에 의해 지적을 당했을 때에만 발표를 해야 한다.	• 학생들은 자신의 생각을 자유롭게 표현하는 것이 장려된다.
• 교사는 체면을 손상해서는 안 되고, 그렇게 하는 것은 학생들에게 존경심을 잃게 되는 것이다.	• 교사는 자신들이 잘못했을 때를 시인하고 그렇게 해도 학생들의 존경을 유지할 수 있다.
• 학생들은 교사가 문제해결 방식을 모두 제시해 주기를 기대한다.	• 교사는 학생들이 문제해결 방식을 스스로 찾기를 기대한다.

(브라운, 2007, p. 252)

이상의 도표에서는 교사에 대한 문화적인 기대치가 서로 다른 교육상황을 예로 제시하고 있다. 교육적인 상황에서 중요한 점은 교사가 처한 문화적인 상황에 맞는 교사의 역할을 수행해야 한다는 점이고, 또한 교사와 학생들의 문화적인 상황이 서로 다른 경우에는 상대방의 문화적인 기대감을 존중해주어야 한다는 것이다.

4.3 긍정적인 수업분위기 조성

교육 현장에서 설정한 교육목표를 성공적으로 달성하기 위해서는 교사가 긍정적인 수업분위기를 조성하는 것이 절대적으로 중요하다. 특별히 학습자가 성인이 아니고 어린이일 경우에는 수업시간의 분위기가 학습의 성공을 결정적으로 좌우한다고 해도 과언이 아니다. 이번 절에서는 교사가 긍정적인 수업분위기를 조성하기 위해서 칭찬과 처벌을 적절하게 균형을 맞추어서 제시하는 것이 필수적인데, 진정으로 교육적인 효과를 발휘하는 칭찬과 처벌의 특징을 기술해보고 또한 교사가 학생들과의 친밀함을 유지하기 위해서 활용할 수 있는 방법론을 제시하고자 한다.

4.3.1 효과적인 칭찬과 비판

학생들과 교사 모두에서 만족스럽고 친밀한 수업분위기를 창출하는 데 있어서 칭찬과 비판의 균형을 맞추어서 효율적으로 수행하는 것이 필수적이다. 확실한 기준도 없이, 또 너무 빈번한 칭찬을 해주는 것은 교육적 목표 달성에 있어서 비효율적이다. 진정한 칭찬은 학생들이 다른 비판을 하였을 때 겸허하게 받아들이는 분위기를 만들어낼 것이다.

다음은 효과적인 칭찬과 비효과적인 칭찬의 차이점을 비교한 것이다.

도표 4-2 효과적인 칭찬과 비효과적인 칭찬의 차이점

효과적인 칭찬	비효과적인 칭찬
• 진정한 기쁨과 관심을 표현한다.	• 기계적이고 개인적인 관심 표현이 없이 천편일률적이다.
• 언어적이고 비언어적으로 다양하게 칭찬을 표현한다.	• 무분별한 획일성을 표현한다.

• 학생들의 성취에 대한 구체적인 사항을 지적해서 학생들이 자신이 무엇을 잘했는지를 구체적으로 파악하도록 한다.	• 일반적인 논평에 한정되어 있어서 학생들은 무엇을 잘했는지 알 수가 없다.
• 어려운 과업에 대해서 눈에 띄는 노력을 한 점을 인정해서 칭찬한다.	• 쉽거나 어려운 과업에 대해서 동일하게 칭찬한다.
• 성공을 노력의 탓으로 표현해서 앞으로 유사한 성공을 기대할 수 있다는 사실을 암시해준다.	• 성공을 능력, 행운, 혹은 다른 외부 요인의 탓으로 돌린다.
• 학업 목표 달성을 지속적으로 추구할 수 있도록 내적인 동기를 촉진시킨다.	• 단지 보다 더 많은 칭찬을 받기 위해서 외적인 동기를 촉진시킨다.
• 현재 진행 중인 의사소통 흐름을 방해하지 않고서 칭찬을 해준다.	• 현재 진행 중인 의사소통 흐름을 방해한다.

(브로피(Brophy), 1981)

4.3.2 학생들과 친밀감 유지

"친밀감"이란 긍정적인 수업분위기를 조성하는 데 없어서는 안될 매우 중요한 요인이다. "친밀감"이란 교사가 학생들에 대해서 형성하는 관계와 관심이며 신뢰와 존경심 위에서 형성되어서 학생들이 스스로를 유능하고 창의적인 존재로 느낄 수 있도록 이끌어주는 감정이다. 교실수업에서 교사가 학생들과 친밀감을 만들어낼 수 있는 방법은 다음과 같다.

- 개별 학습자에 대해서 한 인격체로서 진정한 관심을 표명한다.
- 개별 학습자의 발전에 대해서 피드백을 제공해준다.
- 학습자의 아이디어나 느낌을 공개적으로 공고화해준다.
- 학습자들이 생각하거나 말하는 내용을 존중해준다.
- 학습자들과 공감하고 학습자들을 비웃지 않는다.
- 학습자들과 한 팀으로 함께 일하고, 학습자들에 반대하지 않는다.
- 학습자들이 무엇을 달성하였거나 성취하였을 때, 진정한 즐거움을 표현한다.

이번 절에서는 효과적인 영어교육이 이루어지기 위해서 교실수업을 어떻게 효과적으로 진행하는가에 대해서 알아보았다. 어린이학습자를 대상으로 진행하는 수업에서 수립해야 하는 수업 원칙을 정리하였고, 또한 교육현장에서의 교사의 역할과 태도에 대해서 고찰해보았다. 마지막으로 효과적인 칭찬과 비판의 특징을 비교하여, 수업에서의 칭찬이 실질적인 교육 효과를 얻을 수 있는 방안을 모색하였으며, 학습자들과의 친밀함을 유지하여 긍정적인 수업 분위기를 창출하는 방법에 대해서 알아보았다. 교실수업에서의 교사의 역할과 분위기가 어린이학습자의 학습의 성패에 더욱 밀접한 연관을 지니고 있으므로, 이번 절의 주제가 어린이 영어교육에 시사하는 바가 크다고 할 수 있다.

4.4 수업계획안 작성 방법

수업을 계획함에 있어서 주어진 시간과 학습 내용에 따라서 정확하게 계획하여 진행하는 것이 필수적이다. 수업을 계획성 없이 진행하는 것은 추구하는 교육적 목표를 달성하는 데 어려울 뿐만 아니라 학습자들에게도 교육 내용에서 만족도를 제공하지 못하는 폐단을 발생시키기 때문에, 수업계획안 작성은 교실수업 지도법에서 매우 중요하다.

4.4.1 수업계획안 구성 요소

수업계획안을 구성할 때는 일반적인 목표, 학습목표, 자료와 도구, 수업 절차, 평가, 과제 내용이 꼭 포함되어야 한다. 다음은 각 항목들의 기본적인 특징을 정리한 것이다.

4.4.1.1 일반적인 목표

수업이 끝난 뒤에 성취될 수 있도록 하고자 하는 종합적인 목표를 세워야 한다. 이 목표는 일반적이어야 하며 일관된 주제를 뒷받침할 수 있어야 한다.

4.4.1.2 학습목표

수업을 통해 학생들이 터득해야 하는 것이 무엇인지를 명확하게 제시하는 것이 중요하다.

① 무엇을 달성하고자 하는가를 분명히 알고 있는지 확인하라.

② 수업의 일관성을 유지하라.

③ 너무 많은 것을 성취하고자 하는 것은 아닌지 미리 결정하라.

④ 수업이 끝난 뒤 학생들의 성취 여부를 평가하라.

학습목표는 궁극적인 목표(Terminal objectives)와 과정적인 목표(Enabling objectives)로 구분할 수 있는데, 궁극적인 목표는 측정이나 평가가 필요한 궁극적인 학습의 결과물을 목표로 설정해야 하고, 과정적인 목표는 상호 연관되어 있는 중간 단계이며 궁극적인 목표까지 이끌어주는 역할을 수행한다.

4.4.1.3 자료와 도구

좋은 수업 계획이란 수업시간에 교사가 가져가야 할 것, 준비해야 할 것이 무엇인지 아는 것까지를 포함한다.

4.4.1.4 수업 절차

① 수업 시작의 단계로 warm-up 같은 활동

② 다음에 대한 적절한 시간 분배를 고려한 활동

a) 전체 학생들이 참여하는 활동

b) 소집단 활동과 짝끼리 하는 활동

c) 교사가 말하는 시간

d) 학생이 말하는 시간

4.4.1.5 평 가

교사가 제대로 수업목표를 달성했는가를 알 수 있게 하는 것이다.

4.4.1.6 과 제

과제는 주의깊게 계획하고 학생들에게 정확하게 전달해야 한다.

4.4.2 수업계획안 구성 원칙

수업계획안을 구성하는 데는 일관성있는 원칙을 견지해야 한다. 다음에서는 구성 원칙에 대해서 간단하게 논의해보고자 한다.

4.4.2.1 수업계획안을 기본적으로 설계하는 방법

① 교육과정, 전체적인 계획, 교과서의 스타일을 숙지한 상태에서 교과서를 살펴본다.

② 전체 교육과정에 대한 이해와 학생들이 필요로 하는 것을 파악하여, 그 내용에 기초해서, 그 수업의 주제와 목적을 정하고 전체적인 목표를 써내려간다.

③ 교육과정과 학생들의 필요를 다시 고려해서, 그 수업의 최종 목표를 1~3개의 항목으로 추려낸다.

④ 그 항목들을 기초로 책에 있는 것들 중에서 수업시간에 가르칠 내용들을 바꾸거나, 없애거나 더할 것들을 정한다.

⑤ 그 수업이 어떻게 전개될 것인지에 대한 전체적인 골격을 세워본다.

⑥ 수업시간에 사용하게 될 설명 방법이나 교수법 활동들에 대한 체계적인 계획을 세워본다.

4.4.2.2 수업의 다양성, 단계성, 진행속도, 시간분배 문제

① 다양성: 대부분의 성공적인 수업은 학생들에게 수업시간 동안 다양한 활동을 제공함으로써, 학생들이 지적으로 예민하고, 열정에 차있게 한다.

② 단계성: 모든 수업의 요소들이 수업의 최종목표를 향해서 단계적으로 배열되어 있어야 한다.

③ 진행속도: 수업이 전체적으로 알맞은 보조(步調)를 맞추고 있어야 한다.

④ 시간분배: 계획보다 수업이 너무 일찍 끝나거나 늦게 끝나지 않도록 적절한 시간조절이 필요하다.

4.4.2.3 난이도의 조절

난이도의 조절은 일반적으로 경험에 의해서 익혀지게 되며, 교사가 학생의 입장에서 내용의 난이도를 생각해보는 것이 필요하다.

4.4.2.4 개인차의 고려

대개의 경우 수업설계는 평균적인 범주의 학습자를 대상으로 하지만 학습자의 언어능력이 다양함을 고려할 필요가 있다.

4.4.2.5 학생 발화와 교사 발화

수업 설계시 학생들이 자신들의 관심거리나 생각을 표현하는 기회를 가질 수 있도록 유의해야 한다.

4.4.2.6 교육과정 적용 문제

① 학습자 요소

a. 어떤 학습자들인가?

b. 언어 학습에서 그들이 요구하는 바는 구체적으로 무엇인가?

② 제도적 요소

a. 가르치고 있는 기관의 현실적 한계는 무엇인가?

b. 어떤 자료를 사용할 수 있는가?

4.4.2.7 강의노트

세세하게 기술된 지도안을 찾느라 시간을 낭비하는 일을 막고, 수업이 올바른 순서로 명료하게 진행되도록 적절한 강의노트를 작성해야 한다.

4.4.3 수업계획안 예시

교실 수업을 진행하기 위해 작성하는 수업계획안에 대해서 정해진 형식이 있는 것은 아니지만 일반적으로 사용되는 수업계획안의 한 예를 제시해보면 다음과 같다.

과			반	
수업 목적				
수업 목표				
교재 및 교구				
문장 구조				
어휘				
수업진행 과정	내용	활동	시간	교재
도입부	복습			
전개부	• 듣기 전 활동 • 테이프 듣기 • 전체 학생들과 토론 • 학생들의 사전 경험과 연결시키는 활동 • 듣기 활동 #1 • 듣기 후 활동 #2 • 과제 부여			
평가				

교사는 수업을 진행하기에 앞서, 수업의 목표, 교재 및 시청각 자료, 수업활동, 과제 부여 등에 대해서 세심한 주의를 기울여서 계획안을 작성해야 한다. 이러한 사전의 계획이 없이 수업에 임하게 되면 초기에 설정한 교육목표를 달성하는 것이 불가능할 수도 있다. 특히 학습자가 성인이 아니라 어린이인 경우에는 무계획적인 수업이 어린이 학습과정에 끼치는 부정적인 효과가 더욱 클 것이다.

따라서 이번 장에서 제시한 교실 수업의 운영원칙 및 수업 계획안 작성 원칙에 의거하여 어린이 영어 수업을 진행해야 할 것이다.

연구과제

1. 이번 장에서 기술한 교실 운영의 원칙 중에서 여러분들이 가장 중요하다고 생각하는 원칙을 5가지를 선택하여 설명하시오.

2. 이번 장에서는 교사의 역할을 5가지로 구분하여 정의하였는데, 각 역할의 특징을 기술하시오.

3. 효과적인 칭찬과 비효과적인 칭찬의 특징을 비교하시오.

4. 수업계획안 작성의 구성 요소를 설명하시오.

CHAPTER 05

어린이 영어교육의 주요 쟁점

English Language Teaching for Children

이번 장에서는 어린이 영어교육과 관련된 주요 쟁점에 대해 알아보고자 한다. 어린이학습자들에게 제2언어로서의 또는 외국어로서의 영어를 지도하는 일은 점진적으로 발전해나가고 있는 분야이고, 어린이 영어교육 분야의 문제점을 개선하기 위해 많은 노력이 현재 세계적으로 진행되고 있다. 특히 난독증이나 주의력결핍증과 같은 특수한 요구를 지닌 어린이학습자들을 지도하는 방법을 알아보고, 또한 어린이를 지도하는 입장에서 학부모와의 협력 방안을 모색해본다. 마지막으로 우리나라 어린이 영어교육의 현황을 고찰해보고자 한다. 어린이 영어교육이 탄생하게 된 이론적 배경을 고찰하고, 현재 우리나라에서 어린이 영어교육이 실시되고 있는 사립 교육기관과 초등학교 영어교육의 특징을 살펴본다. 이 과정에서 지적된 문제점에 대해서도 그 해결방안을 모색해 보는 것이 본 장의 목표이다.

5.1 학습자의 특수한 문제

수업에 참석하고 있는 많은 학습자들은 어떤 형태로든 도움이 필요한 특수요구를 가지고 있다. 이런 요구들은 시각 및 청각장애로부터 학습에 영향을 미치는 여러 특별한 문제들에 이르기까지 매우 다양하다.

어린이학습자의 교사들이 교실에서 장애자들의 특수요구와 마주 대할 확률은 두 가지 이유에서 나이가 조금 많은 학습자들을 지도하는 교사들보다 더 높다. 첫째, 전 세계 어린이들의 거의 대다수는 특별히 심한 장애를 가지고 않는 한 학교에 다니기 때문이다. 안타깝게도 좀 나이가 많은 학습장애자들은 학교를 중퇴하는 것으로 보인다. 둘째, 특수요구를 가진 어린이학습자들은 학업을 계속 진행하는 데 필요한 전략을 아직 개발하지 못했거나 배우지 못했기 때문이다.

그러므로 그 어린이들에게 교사는 학습 전략들을 어린이들이 배우도록 도와줄 수 있는 첫 번째 사람이 되는 것이다. 심각한 중증 장애를 가진 어린이들이 자신을 돌보아줄 도우미 없이 교실에 올 가능성은 거의 없기에 그러한 중증 장애를 가진 학습자를 지도하는 경우보다는 교사는 시각적 또는 청각적 장애가 있는 어린이들을 지도해야 할 입장에 놓일 수 있다.

또한 난독증이나 주의력결핍장애가 있는 어린이를 지도하게 될 수 있다. 일반적으로 교사는 전문 의료인이 아니기 때문에, 난독증이나 주의력 결핍 장애에 관한 진단을 시도할 수는 없다. 그렇지만 만일 한 학습자가 특별한 교육적 요구를 지닌 것으로 진단될 때는 학교에 있는 적절한 교육행정담당자에게 알려줄 수 있다. 그리고 일단, 진단이 내려진 뒤라면 그 진단을 내려준 전문가와 함께 특수요구를 가진 학습자들을 돕는 데 사용될 수 있는 전략적 수업 기술을 개발하는 데 협력할 수 있다.

5.1.1 난독증

난독증이란 어린이가 외국어로서의 영어 또는 제2언어로서의 영어를 학습하는 데 뿐만 아니라, 모국어를 배우는 데도 영향을 끼치는 학습장애를 말한다. 역사적으로 실독증(失讀症)이라고도 불려온 난독증(dyslexia)이란 용어는 「이야기의 어려움」이란 의미를 가진 그리스어에서 온 말이다. 난독증의 원인으로 알려져 있는 바는 뚜렷한 게 없으나 유전과 아주 어릴 때의 청력상실과 연관이 있는 것으로 알려져 있는데 가벼운 난독증과 심각한 난독증으로 구분된다. 예를 들면, 난독증이 있는 학생은 왼쪽과 오른쪽을 혼동한다.

만일 한 문단에서 읽을 수 있었던 단어가 그 종속문단에서 다시 나왔을 때, 그 단어를 전혀 못 알아보는 학생이 있다면 그 학생은 난독증 증상을 가진 것일 수도 있다. 난독증의 정도가 심하든 약하든 문제점을 빨리 간파하여 집중적으로 지도하는 것이 그 해결의 열쇠이다.

외국어로서의 영어를 지도하는 교사들은 어린이들이 모국어의 문해력 기능을 완전히 갖추기 전까지는 영어의 문해력을 지도하는 것이 적절하지 않다는 것을 알고 있을 것이다. 예를 들어 한 어린이가 모국어의 표음문자나 표의문자 같은 부호를 익히지 못했다면 그에게 새로운 부호체계를 가르치는 일은 타당하지 않은 것이다. 불행하게도, 외국어로서의 영어를 가르치는 교사들이 근무하는 많은 나라에서는 거의 대부분의 초등학교 교사들이 난독증 학습자의 요구에 효과적으로 대처할 훈련을 공식적으로 받는 경우가 매우 드물다.

만약 교사가 이런 입장에 처해진다면, 일단 어린이학습자들의 읽기지도를 전담하고 있는 교사들과 상의해야 한다. 그러면 더 나아가 전문가 집단과 연락하여 도움을 받을 수 있게 될 것이다.

영국 난독증 협회의 웹사이트에서 인용한 <도표 5-1>은 교사들이 주의를 기울여야 할 징후들을 제시하고 있다.

도표 5-1 난독증 징후들

한 어린이가 여기에 있는 여러 징후들 중 서너 개 이상의 징후들을 보인다면 좀 더 세밀한 검사를 받아보아야 한다. 난독증 때문일 수도 있고 또 다른 이유들 때문 일수도 있다. 여기에 있는 것들이 바로 점검표상의 목록은 아니다.

1. 지속적 요인들

난독증에는 오래 지속되는 요소들이 많이 있는데 이들은 아주 어린나이부터 나타낼 수 있다. 그들은 난독증 어린이가 졸업 할 때까지도 두드러지게 나타낸다.
다음은 그 예들이다.

- 뚜렷한 이유 없이 기분 좋은 날과 기분 나쁜 날 간의 편차가 두드러진다.
- 위, 아래 또는 안과 밖 같이 방향을 나타내는 말에 혼동을 일으킨다.
- 요일이나 숫자 등의 순서를 잘 구분하지 못한다.
- 난독증/실독증의 가족병력이 있다.

2. 취학 전(5세 이하)

- toddler's club을 cobbler's club이라고 한다든지 하는 문구들의 무질서성을 되풀이 한다.
- lamppost를 lampshade라고 하는 등 어떤 말을 전혀 다른 말로 바꾸어서 쓴다.
- 탁자, 의자 같은 일상적 물건들의 상표를 기억하지 못한다.
- cat, mat, sat같은 운율단어와 유아용 동요를 배우지 못한다.
- 언어발달이 보통 예상보다 늦게 이루어진다.

*** 취학 전 비언어적 징후들**

- 걸음걷기는 일찍 시작했는데 기어본 적이 없다. – 기는 대신 엉덩이를 바닥에 대고 끌며 움직이거나 배로 꿈틀거리며 움직였다.
- 옷을 제대로 입을 줄 모르고 신발의 왼쪽, 오른쪽이 바뀌는 일이 되풀이된다.
- 읽어주는 것을 듣기는 좋아하지만 글자나 단어들에는 흥미가 없다.
- 남의 말을 듣지 않거나 주의를 기울이지 않아서 자주 야단맞는다.
- 지나치게 경쾌하게 걷다가 사물들에 자주 부딪치고 걸려 넘어진다.
- 잡기, 차기, 공 던지기, 뛰어다니기, 제자리 뛰기, 간단한 박자에 맞추어 박수치기를 하지 못한다.

3. 초등학생 나이(5~12세 사이)

- 책읽기와 철자법에 유난히 서툴다.
- 글자와 숫자를 제대로 쓰지 못한다.
- 탁자, 알파벳, 관용어구 등을 기억하지 못한다.
- 틀린 단어들을 알아채지 못하고 글자의 순서를 바르게 배치하지 못한다.
- no/on 같은 단어들 또 b와 d같은 글자를 여전히 자주 혼동한다.
- 간단한 계산에도 아직도 손가락이 필요하거나 종이에 표시를 해야만 한다.
- 집중력 결핍
- 읽은 내용을 이해하지 못한다.
- 쓰기할 때 걸리는 시간이 보통 아이들보다 길다.
- 언어 처리를 빠른 속도로 할 수 없다.

*** 초등학생 나이의 비언어적 징후들**

- 구두끈, 타이, 옷매무새 정돈에 어려움이 있다.
- 일주일, 한 달, 일 년의 순서를 알지 못하고 좌우분간을 못한다.
- 이상한 데에 신경을 쓰고 이상한 면을 잘 알아서 당신을 놀라게 한다.
- 아직도 좌우를 혼동하고 방향 감각이 뒤떨어진다.
- 자아상이 빈약하고 자신감이 없다.

(영국 난독증 협회, 2005; Caroline T. Linse, 2006, pp. 193-195)

5.1.2 주의력결핍장애 / 과잉행동장애

어린이학습자를 지도해본 경험이 많은 교사들의 그룹을 상대로 하여 주의력결핍장애(ADD)나 주의력결핍과잉행동장애(ADHD)를 가진 어린이를 지도해본 적이 있냐고 물어보면, 그들은 즉시 그렇다고 고개를 끄덕인다.

교사들이 이러한 장애를 가진 어린이들을 진단할 수는 없고 또 진단해서도 안 되는 일이지만, 교사들은 그 증상에 관한 여러 징후와 증상들을 인지할 수는 있다.

교사는 ADD(Attention Deficit Disorder, 주의력결핍장애)와 ADHD(Attention Deficit Hyperactivity Disorder, 주의력결핍과잉행동장애)의 여러 증상들을 보이는 어린이를 발견한 경우 빠짐없이 모두 보고해야 한다. 만약 한 어린이가 ADD나 ADHD라고 진단이 내려지면 학교당국이 배정해주는 전문가와 공동 노력하여 어린이의 요구를 충족시킬 계획을 세워야 할 것이다. 하지만 그와 동시에 그 어린이를 제외한 다른 학습자들에게 방해가 되는 일이 전혀 없도록 주의해야 한다.

도표 5-2 ADD와 ADHD의 징후와 증상들; ADD 또는 ADHD 증상 어린이들을 지도하기 위한 전략들

1. ADD와 ADHD의 징후와 증상들

세세한 부분에 세심한 주의를 기울이지 못하거나 부주의로 인한 실수가 잦다.
어구나 글자를 이상한 모양이 되게 만들고 알아보기 어렵게 글씨를 쓴다.
과업이나 활동 수행시 지속적으로 주의를 기울이지 못한다.
지시에 잘 따르지 않고, 과제나 일과를 완수하지 못한다.
지속적인 정신노동이 필요한 과업들을 피하려 들거나 극도로 싫어한다.
일상적 활동들을 잘 잊는다.

과제와 활동을 수행할 능력이 없다.
과업이나 활동 등에 필요한 물건들을 잃어버리기 일쑤다.(연필, 도구, 숙제)
조용히 여가 활동을 즐기지 못한다.
행동이 엔진에 의해 이루어지듯 부산스럽고 조용히 앉아 있지를 못한다.
질문이 채 주어지기도 전에 불쑥 오답을 던져서 다른 어린이들을 방해한다.

2. ADD와 ADHD를 가진 어린이들을 위한 전략
숙제나 수업을 마칠 때까지 자리를 자주 이동할 수 있게 허용한다.
종이를 나누어주게 한다든지, 심부름을 시킨다든지, 화분에 물을 주게 한다든지 함으로써 몸을 움직이게 만들어주는 일을 할당한다.
한 활동에서 다른 활동으로 옮겨가기 위한 신호로 음악을 사용한다.
이야기해줄 때 큰소리, 부드러운 소리, 속삭이는 소리 등의 다양한 어조를 사용한다.
작업을 지시하거나 할당해줄 때 자주 휴식을 취할 수 있도록 여러 단계로 나누어준다.
문제를 해결하거나 과업을 수행하게 하기 전에 그 문제나 과업에 대해 교사에게 말로 설명해줄 수 있게 지도해준다.
지속되는 듣기를 해야 할 동안에는 손으로 무엇인가를 할 수 있도록 허용해 준다: 스트레스 조절용 공, 걱정거리 잊기 용 돌조각, 종이접기, 점토 주무르기 등.
아이가 수업에 귀를 기울이고 있지 않음을 일깨워주기 위해 눈에 띄지 않는 방법으로 신체적인 신호를 가해준다.
남과 다르고 창의적이고, 상상력이 있는 그 학생의 생각을 나타내보일 기회와 그의 독창성을 동료들이 인정해줄 수 있는 기회를 제공한다.
지시를 내리거나 수업을 진행할 때 다 감각적 전략을 활용한다.

(미국 학습 장애 협회, 2005(Adapted from Learning Disabilities Association of America, 2005); Caroline T. Linse, 2006, pp. 195-196)

위 <도표 5-2>는 교사들이 ADD와 ADHD의 징후들을 인지하고, 또 교사들이 그런 증상들을 보이는 학습자들을 도울 전략들을 익히는 데 도움이 될 내용을 제시하고 있다.

5.2 학부모와 협력하기

교육자들은 부모가 어린이교육에 관련되는 일이 가지는 유익한 점과 중요성을 오랫동안 인식해왔다(레빈슨(Levinson), 1999). 학교가 어린이의 학부모와 소통하는 것은 교육현장에서 매우 중요하다.

학교와 교사들은 학습자의 가족들과 긍정적 협력관계를 만들어나가도록 노력해야 한다(라이트풋(Lightfoot), 1978). 부모가 학교일에 관여하는 것은 아이들이 사회적으로, 정서적으로, 인지적으로 또 학습 면에서 발전하는 데 도움이 된다. 사실상 조부모나 형이나 누나같이 친부모가 아닌 가족 구성원들이 어린이들을 보살펴주는 경우도 많지만, 여기에서는 학부모라는 용어를 그대로 사용한다.

어떤 학부모들은 다른 학부모들보다 더 적극적으로 참여한다. 학부모들은 자기의 아이들의 나이가 많아질수록 아이들의 교육문제에 직접적으로 간여하지 않으려는 경향이 있다(에크레스와 해롤드(Eccles and Harold), 1996). 가장 좋은 상황은 부모와 교사들이 그들의 어린이가 사회적으로 정서적으로 발달하도록 돕기 위해 같이 일하며 서로 협력관계를 이루어가는 것이다.

한 가지 예로 부모와 떨어져 있기를 두려워하는 「분리불안증」으로 시달리고 있는 5세 어린이의 경우를 생각해 보자. 이 어린이가 유치원에 다니기 시작할 때, 현명한 부모와 교사라면 합심해서 노력하며 마음 산란한 아이를 안심시킨 후 교실에 출석시킬 것이다. 특히 어린이가 경증의 장애가 있을 경우라면 부모와 교사 협력하여 어린이의 학습 발전을 도울 수도 있다.

학부모들이 어린이들의 학교교육에 직접적으로 관여할 수 있는 방법은 다양하고 그 폭이 넓다. 어떤 부모들은 아이를 차에 태워, 아침에 교실 문 앞에 내려주고 또 학교수업이 끝나자마자 그곳으로 아이들 데리러 올 것이다. 이런 부모들이 그들의 아이들을 기다리고 있을 동안 학교에서 벌어지고 있는 일들을 유심히 살펴보는 경우는 아주 잦다. 어떤 부모들은 개학식이라든가, 방학이 끝난 후의 개학의 밤 행사, 총회, 전시회, 소풍, 교사 학부모회의 또는 교사-학부모 모임 등과 같은 정규 행사에 참석할 것이다. 학부모와의 연계를 위한 어떤 노력에서도 의사소통이 제일 중요하다.

어린이학습자들을 지도하고 있는 모든 교사들은 학부모들이 어린이들의 학교교육에 참여하면서 학교교육과 연계를 갖도록 만들기 위해 노력해야 한다.

다음에서는 교사와 학부모 사이의 협력관계를 모색하는 방법에 대해서 고찰해 보고자 한다.

첫째, 학습자들의 가족들에 대해 파악한다. 이 과정에서는 학생들의 이야기나 그림을 통해서 가족관계를 파악한다.

둘째, 학생들이 어떤 어린이이며 학습자인가에 대해 부모로부터 정보를 얻는다. 학부모들이야말로 자신들의 어린이들에 관해 전문가임을 교사들을 기억해야 한다.

마지막으로 양방향의 의사소통과 신뢰의 바탕 위에서 교육적 협력관계를 창출하기 위하여 부모와 합심하여 일한다. 학부모와의 협력관계를 발전시킴으로써 학습자들이 성과를 올릴 때, 교사는 그 기쁨을 학부모들과 함께 할 수 있다. 다음에서는 학부모의 참여와 연계 방안을 모색해 볼 수 있는 구체적인 방법에 대해서 알아보고자 한다.

5.2.1 학습자들의 가족에 관해 파악하기

어린이의 가족에 관해 많이 알수록 학습자 개인에 대해 더 잘 파악하며 그들의 욕구와 환경에 맞는 맞춤형 배려와 가르침을 베풀 수 있다. 교사가 어린이의 가족에 대해 알면, 어린이가 집에서 벌어지는 상황에 관하여 말하거나, 그림을 그리거나, 글을 쓸 때 그 배경을 이해할 수 있다.

어린이영어 교재에서 흔하게 등장하는 주제가 가족이므로 어린이들은 영어수업 교실에서 가족에 관하여 자주 이야기하게 된다. 교사는 집에서 어린이 개인을 돌보아주는 사람이 누구인지 알고자 신경을 써야 한다. 이것을 알면 어린이에게 적당한 질문을 하고 적당한 충고를 할 수 있게 되어 교사가 어린이의 학습을 개인화할 수 있게 된다. 예를 들어, 학생의 그림이나 글 속에 형이 자주 등장하면, 필자는 가족에 관한 토의시간을 이용하여 그에게 그의 형에 관해 넌지시 물어볼 것이다. “What is your brother's name?” “How old is your brother?” 또는 “What does your brother like to eat?”처럼 말이다.

만약, 어떤 어린이의 그림 속에 할머니가 지속적으로 등장하면, 그 어린이가 공연을 하게 될 학교 조례행사에 할머니를 초대하여 참관시키도록 그 어린이에게 제안할 수도 있다.

5.2.2 학습자들의 글과 그림을 통해 파악하기

문해력이 있는 어린이들은 그들의 가정생활에 관한 질문에 대해 글로 답을 쓸 수 있다. 교사들은 어린이의 가정생활상에 대해 더 잘 알 수 있도록 만드는 데에 어린이들이 도울 수 있는 다양한 종류의 쓰기 활동이 있다. 예를 들어 어린이들은 제1장에서 소개된 "I like to have _______ help me when it is hard for me to do something." 같은 문장의 빈칸을 채울 수도 있다.

아주 쉽게 학습자의 가정사를 파악하는 방법은 그들의 그림을 잘 살펴보는 것이다. 당신은 학습자의 가정에서 누가 그를 돌봐주었는지 당신이 알 수 있도록 학습자에게 힌트를 유발하거나 시사하도록 만들 수 있다.

5.2.3 학부모로부터 정보를 얻기

모든 부모들은 자신들의 아이에 관해서는 다른 누구보다 잘 알고 있다. 학부모들과 언어소통이 안 되는 경우가 있다고 하더라도, 교사들은 학부모들로부터 그들의 솔직한 의견을 얻어내야만 한다. 학부모들로부터 정보를 얻어내는 데에는 다양한 방법이 있다. 예를 들어 학년도 초에 설문지를 배포하여 학부모로부터 배포된 설문지의 문항에 대한 답을 받아볼 수 있다. 또 학부모들이 학년도 초에 인터뷰 형식의 회의를 통하여 어린이들에 대한 정보를 교사에게 제공할 수도 있다.

5.2.4 자유편지를 이용하기

일부 학교에서는, 학부모들께 그들의 모국어로 그들의 어린이에 관한 편지를 써서 학교로 보내달라는 요청을 한다. 이 편지들을 통하여 학부모들에게 한 사람의 인간으로서 또한 한 학습자로서의 어린이에 관한 학부모의 유용한 식견들은 모두 다 제공해달라고 요청하는 것이다. 학부모들이 편지를 단 몇 줄을 쓰든지 몇 장을 쓰든지는 전적으로 학부모들의 자유의사에 맡긴다. 처음에 얼핏 생각할 때에는 부모가 자신의 아이에 대해 칭찬만 나열할 것 같지만 실제로는 부모들이 그들의 아이에 관해 말할 때 통상적으로 아주 정직하여, 학습자에 대해서 매우 객관적인 평가를 할 수 있다.

5.2.5 주말활동에 대한 보고서를 이용하기

어느 사설유치원에서는 학부모들이 매주 월요일 아침마다 지난 주말동안에 가족들이 무엇을 하며 지냈는지에 대해 짧은 편지를 학교로 보낸다. 이런 유형의 정보는 교사가 어린이들의 수업을 개개인의 사정에 맞추어 진행하기 쉽게 해준다. 학부모들은 그들의 모국어로 서식 <도표 5-3>을 채워 작성을 마친 후 아이 편에 학교로 보내준다.

도표 5-3 주말 보고서의 예

Child's name: ______________ Date: ______________

What did your family do over the weekend? Did you do special event such as a birthday party? Did you ____________________________________?

Did anyone ____ ?

Who ___________________________ ?

____

____

____

아래 예)를 보면, 교사는 어린이가 무엇을 했는지에 대하여 영어로 유도질문을 하기 위해서 주말 보고서에 있었던 정보를 이용하고 있다. 교사는 질문에 답하는데 필요한 어휘를 대화에서 사용하려고 주의를 기울인다. 아래 인용문의 예를 보면, 어린이가 질문에 딱 들어맞지 않는 답을 한다. 교사는 계속 진행하며, 질문 내에 답이 끼워 넣어져 있는 다른 질문을 던진다.

교사는 바로 학부모들이 제공해준 정보를 이용하여 이렇게 할 수 있는 것이다. 교사는 또한 동물원 동물에 관하여 이 어린이개인을 위한 개별 수업을 진행할 수도 있다.

예)

교사: Where did you go over the weekend?

학생: It was great.

교사: Did you do the movies or the park?

학생: The movies.

교사: What did you see?

학생: Movie: Peter Pan.

5.2.6 수업정보를 공유하기

수업에 관한 정보를 학부모와 공유해야 하는 이유는 학부모들에게 선생님이 진행하는 영어수업의 강의 요목에 관한 정보를 알려주면 학부모들이 어린이들의 교실에서 일어나는 일들을 더 잘 이해할 수 있기 때문이다. 어떤 학부모들은 그 자신이 과거에 영어를 배웠던 방식과 똑같이 자신의 아이가 영어를 배워야 한다고 강하게 믿고 있다. 그러나 영어지도에 관한 사고방식은 지난 20년간 현저하게 변화하였다. 그러므로 어떤 학부모들이 영어수업은 문법에 중점을 두어야 한다느니, 다른 것은 아무리 잘해봐야 전혀 학구적일 수 없다느니 할 때, 당신의 교사로서 책임감을 보여 미술활동, 음악활동 그리고 이야기하기 등이 어린이들이 영어로 의사소통하는 기능을 발달시키는 데 얼마나 많은 도움을 주는지 설명해주어야 한다.

학부모들과의 정보 공유는 소식지의 형태, 웹페이지 그리고 학부모와의 정보회의 등을 통하여 이루어질 수 있다.

5.3 우리나라 어린이 영어교육 현황

이번 절은 어린이 영어교육의 주요 쟁점 중에서 우리나라 어린이 영어교육 현황을 고찰하고 현행 문제점과 해결 방안을 제시하고자 한다. 우선 조기 영어교육의 필요성을 주장하는 생물학적, 심리·사회학적인 이론을 고찰하여 조기 영어교육의 타당성을 입증하고자 한다. 또한 우리나라에서 진행되고 있는 조기 영어교육의 현황을 사교육 분야와 초등학교 교육내용으로 구분하여 살펴보고, 현황 파악에 근거하여 진단한 문제점을 해결하는 방안을 제시하고자 한다.

5.3.1 조기 영어교육 이론

조기 영어교육의 이론적 기초는 촘스키(Chomsky)의 "언어습득장치(LAD: Language Acquisition Device)이론"과 신경생리학자 펜필드(Wilder Penfield, 1953, 1959), 레네버그(1967) 등이 주장한 "언어습득의 결정적 시기(critical period)가설"을 들 수 있다. "언어습득장치"이론은 아동이 환경 속에서 자연적으로 언어 자료를 접하게 되면, 언어습득장치를 통하여 자연스런 처리 과정이 이루어져서 자연스럽게 출력이 된다는, 즉 학습자가 의식하지 못하는 사이에 자연스럽게 언어가 습득된다는 주장을 탄생시켰다. "언어습득의 결정적 시기"가설은 인간은 생리학적으로 언어를 자연스럽게 습득할 수 있는 시기가 사춘기까지이고, 이 시기가 지나면 생리학적인 제약에 따라서 언어습득이 어려워진다는 가설이다. 이 결정적 시기 가설에 의하면 사춘기를 기점으로 하여 대뇌 반구의 편기화(Lateralization) 현상이 완성되어, 이 시기를 기점을 언어습득능력에 변화가 생기므로 이 시기 이전에 제2언어를 교육시켜야 한다는 점을 주장하였다.

그러나 영어교육 학자들 간에서 "결정적 시기"에 대한 이견이 존재하기도 한다. 톰 서브(Tom Seove, 1969)는 펜필드의 가설을 찬성하지만 원어민 같은 발음 수준을 습득하는 것과 구문 및 어휘를 습득하는 과정은 다소 차이가 있다는 점을 주장했고, 롱(Long)은 원어민 같은 발음 습득이 가능한 것은 사춘기 이전에 아니고 6세 이전의 시기라는 점을 지적했다. 또한 레네버그는 이러한 학자들의 이견을 종합하여 "수정된 결정시기가설"을 제안하였다. 이러한 이론적 근거에 기초하여 인간은 태어날 때부터 언어습득 장치를 내재적으로 가지고 태어나며 인간이 언어를 습득하는 능력은 사춘기 전후로 마감된다는 언어습득의 결정적 시기 가설이 조기 영어교육 이론에 근거를 제공하게 되었다.

또한 크라센이 주장한 제2언어 습득가설(제1부 제2장 참조)에서도 조기영어교육에 대한 이론적 토대를 찾을 수 있다. 크라센은 언어 습득이 일어날 수 있는 조건으로 이해가능한 입력을 많이 제공하고 또한 학습자들이 수업 시간에 심리적인 거부감이 생기기 않도록 감정여과 장치를 낮추는 것을 제안했다. 따라서 이 이론에 의하면 사춘기 이후에 언어 습득이 어려운 이유는 언어습득장치가 무력화되거나 언어 습득의 결정적 시기론에 이유가 있는 것만이 아니고 학습자의 심리적이고 사회적인 요인에 그 이유가 있다고 보았다. 즉 사춘기가 지나면서 제2언어 습득에 장애 요인이 되는 감정여과장치가 급속도로 증가하므로, 이러한 상황이 제2언어 습득을 어렵게 만든다는 주장이다. 이러한 가설에 의하면 사춘기 이전에 제2언어를 배우기 시작하면 정의적 측면에서 감정여과 장치의 영향이 별로 없기 때문에 완벽하게 제2언어를 습득할 수 있는데, 이 정의적인 측면에서 보면 제2언어 교육을 시작하는 시기는 대개 8세전후가 적합하다고 할 수 있다.

특히 발음이나 음운 습득과 연령(age)의 관련성을 주장한 연구결과는 많다. 오야마(Oyama,1976)는 어릴 때 미국에 이민 온 이주민이 사춘기 이후에 이민 온 사람보다 영어의 듣기 능력이 우수하고, 크라센(1983)도 사춘기 이후에는 발음이나 음운 습득에 어려움이 있다고 주장하였다. 또한 6-15세에 영어를 배우는 어린이가 11-13세에 영어를 학습한 어린이 보다 발음 측면에서는 더 빨리 습득한다는 연구 결과도 있다. 올슨 사무엘(Olson-Samuels, 1973)은 ESL 상황에서 영어를 동일한 기간과 조건에서 성인과 아동 학습자들에게 제2언어를 교육시킨 결과 어린이들이 성인보다 원어민 화자의 발음을 정확하게 모방하려는 경향이 강하기 때문에 외국어를 더 정확하게 배울 수 있다고 주장했다. 이민 사회에서 어린이이가 성인보다 더 유창하게 영어를 구사하는 것은 어린이가 성인들보다 영어 사용 환경에 사회적 심리적으로 거리감을 덜 느끼기 때문이다(제1부 제3장, 3.4 참조).

이상에서 다양한 연구 결과를 종합해서 판단하건대, 제2언어 교육을 위한 최적의 연령을 정확하게 얘기할 수는 없으나, 언어 능력에 대한 앞에서 설명한 이론 위에서 조기영어교육의 타당성이 출발하게 된다. 생리학적 근거, 심리 사회적인 요인을 모두 종합한 결과 사춘기 이전에 제2언어를 습득하는 것이 이상적이고, 이러한 학문적인 근거 위에서 조기 영어교육 이론이 탄생하게 된 것이다.

5.3.2 우리나라 어린이 영어교육의 현황

본 절에서는 우리나라 어린이 영어교육의 현황을 사설 교육기관과 초등학교에서 실시하는 내용으로 구별하여 고찰하고, 어린이 영어교육 과정에서 어떤 문제점들이 있는지 진단해보고 발전 방향을 모색해보고자 한다.

5.3.2.1 사설 교육기관의 영어교육 현황

우리나라에서는 세계화 시대에 부합하는 인재를 양성한다는 교육 목표를 달성하기 위해서, 영어교육에 대한 열기가 매우 뜨거운 것이 사실이다. 1997년부터 초등학교 교육과정 속에 영어가 정식 교과목으로 채택되었으나, 초등학교 내에서 이루어지는 영어교육 이외에 초등학교에 입학하기 전과 또 초등학교 과정 중에도 사설 교육기관에서 진행되는 영어교육이 매우 활발하게 진행되고 있다.

조기 영어교육을 담당하고 있는 사설교육기관 중에서 대표적인 것은 영어학원이다. 우리나라에서 초등학교에 입학하기 전 어린이들은 주로 영어학원, 학습지나 개인교습의 형태로 영어교육을 받고 있다. 일반적으로 영어학원은 1일 1-2시간, 1주일 2-3회 수업하는 방법을 취하고 구어중심으로 어린이 학습자의 흥미와 관심을 잃지 않는 범위에서 영어에 접하는 방식을 취하고 있다. 교사는 한국인 교사와 외국인 교사가 공동으로 가르치며, 최근에 들어서는 한국인 교사를 배제하고 외국인 교사만으로 운영하는 학원도 많아지고 있는 추세이다.

어린이 학습자들이 학교 교육 이전에 사설교육으로 많이 접하는 방식이 학습지이다. 학습지 교육은 교사가 주당 1-2회 가정을 방문하여 교재의 내용에 따라 지도를 하는 방식을 취한다. 요즈음에는 유선 전화나 화상 전화 또는 인터넷을 활용한 사설교육 기관도 성행하고 있는 실정이다. 또한 조기 영어교육의 한 방법으로 개인지도를 통해서 어린이 학습자에게 영어를 지도하는 방법도 널리 활용되고 있는 방법이다.

5.3.2.2 초등학교의 영어교육 현황

우리나라 영어교육의 역사에서 초등학교에 영어가 처음으로 도입된 것은 제4

차 교육과정시기부터이다. 제4차 교육과정 시기인 1982년부터는 영어가 초등학교에서 특별교과로 지정되어서 공식적인 초등학교 영어교육이 실시되었다. 제4차 교육과정의 내용을 살펴보면 1982년도부터는 초등학교 4학년 이상에서 특별활동 시간에 주당 1시간 정도 희망하는 학생들을 대상으로 영어교육이 진행되었다. 제5차 교육과정에서는 초등학교 재량시간이라는 제도가 신설되어서 3학년부터 6학년까지 학년별로 연간 최소 34시간을 배정하고 학교 재량에 따라서 특정 내용을 지도할 수 있도록 허용해주었다. 이 재량 시간 내에서 컴퓨터, 영어, 한자 등 특정 교과의 보충 또는 심화 학습에 필요한 내용을 교육시키도록 하였다. 제6차 교육과정에서는 초등학교 영어교육은 교과, 특별활동, 학교 재량 시간으로 구성되었고 이 시기에는 5차 교육과정 시기까지 채택하였던 문법 중심 교수요목을 탈피하여 의사소통 중심의 교수요목에 의거하여 영어의 4기능 지도 방법이 제시된 변화를 보여주었다. 제7차 교육과정 시기인 1997년부터는 영어과목이 초등학교 교육과정에서 정식 과목으로 채택되어 영어는 공교육의 범위 안으로 편입되어서 더욱 발전하게 되었다(박경자 외, 2013).

이렇듯 영어교육의 중요성이 강조됨에 따라서 초등학교에서도 정식 교과목으로 채택되는 변화를 겪게 되었고 이러한 경향은 영어교과서와 교재도 다양하게 발전하는 모습에서 증거할 수 있다. 즉 초등학교 영어 교과서, 교사용 지침서, 녹음테이프, 비디오 테이프, CD, 인터넷 자료 등이 질적으로 우수하게 발전해왔다.

또한 교육부에서는 초등학교 영어교육을 전담할 수 있는 교원확보에도 많은 준비를 기울여왔으며, 초등학교 교사가 영어 과목을 담당하기도 하지만 학교당 1명 이상의 영어전담 교사나 원어민 교사를 두어서 한국인 교사와 팀티칭이나 연구 및 자료 개발에 협력하는 제도를 마련하였다. 또한 초등학교 교실 수업에서 시청각 자료를 효과적으로 활용할 수 있도록 인터넷 설비, VCR, TV, 녹음기를 갖춘 교육환경을 구축하였다. 교과 내용을 흥미 있게 설명할 수 있도록 CD-ROM을 다양하게 개발하고 인터넷을 활용하여 만화, 게임 등을 통한 멀티미디어 영어 학습이 진행되도록 교육환경을 발전시켜왔다. 이렇듯 우리나라 초등학교 학생들을 대상으로 진행하는 영어교육이 처음 교육과정에 도입되기 시작한 시점보다는 질적·양적으로 눈에 띄는 발전을 거듭해왔지만, 이러한 발전과정에서 문제점도 노정되어 왔으며 앞으로 우리나라 어린이들을 대상으로 하는 영어교육이 더욱 발전하기 위해서는 다음과 같은 문제점들을 시정해나가야 할 것이다.

5.3.2.3 우리나라 어린이 영어교육의 문제점

앞에서 사설영어교육 기관과 초등학교에서 실시하고 있는 영어교육에 대한 현황을 간략하게 살펴보았다. 이러한 영어교육 현황을 분석하면서 다음과 같은 문제점이 있음을 발견하게 되었다.

첫째는 조기 영어교육을 담당하고 있는 우수한 교사를 확보하는 문제이다. 특히 사설학원에서 영어교육을 담당하고 있는 영어 강사의 자격 문제를 들 수 있다. 해마다 늘어나고 있는 사교육 영어 시장에서 활동하고 있는 영어 강사들의 자격을 검증할 수 있는 제도가 마련되어 있지 않고, 단지 영어권에서 생활하여 영어 구사력이 있다는 것만으로 영어강사로 채용된 경우가 많아서, 교육자로서의 자질이나 영어교육에 대한 전문적인 지식을 갖추었는지를 입증할 수 있는 방법이 없는 것이 현실적인 문제점으로 지적될 수 있다.

또한 초등학교 영어교육 현실에서도 초등학교 영어교육이 성공을 거두기 위해서는 영어교육에 대한 전문적인 소양과 교사로서의 자질을 겸비한 교사를 확보해야 하며, 영어를 영어로 가르칠 수 있는 교사 재원을 마련해야 할 필요성이 점점 높아지고 있는 추세이다.

둘째는 교사의 재교육 문제이다. 영어를 담당하는 교사들을 처음부터 우수한 인적 자원으로 선발할 수 있는 것이 가장 좋은 방법이지만, 영어교육을 담당하고 있는 교사들이 영어를 주기적으로 새롭게 훈련할 수 기회가 매우 적은 것이 현실이다. 따라서 현재의 교사 연수 프로그램을 보다 발전시켜서 심도 있는 재교육이 가능하도록 해야 할 것이다.

셋째는 교실수업 환경을 학생들의 흥미를 유발하고 몰입식 교육을 할 수 있는 환경으로 조성해야 한다. 완전 몰입식 교육이 현실적으로 어려움이 있을 수 있지만, 수업 자체가 영어교재로 활용될 수 있도록 하고, 수업도 영어로 운영하는 방식을 점차적으로 도입해야 할 것이다.

넷째는 어린이학습자에게 적합한 의사소통 중심의 교수법을 개발해야 한다. 영어교육의 발전 역사 속에서 다양한 영어교수방법이 존재해왔다. 그러나 학습자의 연령, 개인적 성향 등을 고려하여 학습자에게 적합한 교수 방법을 적용하는 것이 어린이 영어교육의 성패를 좌우할 것이다. 본 저서의 제2부 제2장에서도 어린이 학습자들에게 적합하게 적용할 수 있는 교수 방법론을 소개하였지만, 궁극적으로는 언어의 4기능을 골고루 발달시켜서 학습자의 의사소통 능력을 발달시키는 영어교수방법론을 개발하고 적용한다면 어린이 영어교육 분야에서 많은 발전을 이룰 수 있을 것이다.

이번 장은 어린이 영어교육 분야에서 논의의 대상이 될 수 있는 주요 쟁점을 논의하였다. 즉 난독증이나 ADD 혹은 ADHD 장애를 겪고 있는 학습자들의 특수한 요구를 접하는 문제, 학부모와 협력하는 방안, 그리고 우리나라에서 진행되고 있는 어린이 영어교육의 현황과 문제점들을 고찰하였다.

세계화 추세 속에서 능동적으로 활동할 수 있는 인재를 양성하기 위해서는, 세계 공용어로 활용되고 있는 영어의 의사소통능력을 배양시키는 것이 제일 중요한 과업일 것이다. 이러한 세계화의 추세 속에서 영어교육에 대한 열의가 점점 더 높아지고 있는 것은 명백한 사실이다. 그러나 어린이를 대상으로 영어를 지도하는 과업은 다른 분야보다 더 세심한 주의와 배려가 필요할 부분이며, 어린이 시기부터 일관성 있는 원칙과 체계적인 지도 방법으로 교육시켜서 올바른 이중언어 구사자 혹은 제2언어로서의 영어 구사자로 교육시킬 수 있다면 영어교육 분야에서 매우 만족할 만한 성과를 거두었다고 할 수 있을 것이다.

이번 저서는 어린이 영어교육의 기초이론과 어린이 영어교육 지도 방법론에 대한 최신 이론의 고찰을 통해서 어린이 영어교육의 최신 이론 체계와 구체적이고 효과적인 지도 방법론을 수립하는 것을 목표로 하였다. 현재 영어교육 분야에서 근무하고 있는 선생님과 연구자들, 또한 미래에 영어교육 분야에 헌신하기를 꿈꾸는 젊은 학생들에게 이 저서가 올바른 길잡이 역할을 할 수 있기를 기대해본다.

연구과제

1. 학습자들의 특수한 문제 중 난독증과 주의력 결핍증의 일반적인 특징을 설명해보세요. 또한 그 학습자들의 특수한 요구를 어떻게 대처해야 하는지 그 방법론을 기술해보세요.

2. 주말보고 과제:
어린이들이 주말동안 가족과 함께 할 수 있는 여러 유형의 활동에 관한 목록을 만들어 보세요. 그 답에 대하여 학생들과 논의해보세요.

3. 학부모와의 협력 방안을 모색해볼 수 있는 방법을 3가지 이상 기술하세요.
어린이들이 학교에서 겪을 수 있는 일반적인 유형의 문제들을 목록화해보세요. 위의 문제를 해결하기 위해서 학부모와 협력할 수 있는 구체적인 방안을 기술해보세요.

4. 조기 영어교육을 지지해주는 이론을 설명하세요.

5. 우리나라 어린이 영어교육의 현안 과제를 지적하고, 그 해결 방안을 제시해보세요.

참고문헌

김혜경 · 양은미. 2012. 놀이를 활용한 어린이 영어교육. 서울: 진샘미디어.

박경자. 1984. 심리언어학. 서울: 고려대학교 출판부.

박경자 · 장복명. 2002. 영어교재론. 서울: 박영사.

박경자 · 장복명. 2011. 언어교수학(개정판). 서울: 박영사.

박경자 · 이재근 · 장복명. 2013. 영어과 교육과정 입문. 서울: 경문사.

장복명. 1985. "제2언어로서의 영어교육에 대한 역사적 고찰". 고려대학교 석사학위 논문(미출간).

장복명. 1995. "제6차 교육과정과 영어교과서 연구". 고려대학교 박사학위 논문(미출간).

장복명. 1998. "중학교 영어교재 개발". 영어교육입문, 570-601. 서울: 박영사.

장복명. 1999. "표현기능 지도내용을 통한 현행 영어교과서 평가". 영어어문교육, 5, 123-147.

장복명. 2000. "영어교재를 통한 화용론 지도 방안". 영어어문교육, 6, 180-197.

장복명. 2002. "영어교재 개발의 기초 이론". 영어교육의 이해, 59-78. 서울: 박영사.

Allen, S., Genesee, F., Fish, S. and Cargo, M. 2002. Grammatical constraints on early bilingual code-mixing: Evidence from children learning lunktitut and English. Paper presented at the boston University Conference of Language Development.

Alptekin, C., Ercetin, G. and Bayyurt, Y. 2007. The effectiveness of a theme-based syllabus for young L2 learners. *Journal of Multilingual Development*, 28(1): 1-17.

Anderson, A. and T. Lynch. 1988. *Listening*. Oxford: Oxford University Press.

Anderson, N. 2003. Reading. In. D. Nunan(ed.), *Practical English Language Teaching*. New York, NY: McGraw-Hill, 67-86.

Asher, J. J. 1977. *Learning Another Language Through Actions: The Complete Teacher's Guide Book*. Los Gatos, CA: Sky Oaks Productions.

Ashton-Warner, S. 1985. *Teacher*. New York, NY: Touchstone Books: Simon and Schuster.

Baca, L. M. and H. T. Cervantes. 1998. *The Bilingual Special Education interface*. Upper Saddle River, NJ: Merrill-Prentice Hall.

Baddeley, A. D. 1992. Working memory. Science, 255: 556-559.

Baddeley, A. D. 1994. The magic number seven: Still magic after all these years? *Psychological Review*, 101: 353-356.

Bailey,K. 2005. *Practical English Language Teaching: Speaking*. New York, NY: McGraw-Hill.

Baker. C. 2000. *A Parents' and Teacher's Guide to Bilingualism, 2nd Edition*. Clevendon, UK: Multilingual Matters.

Baker, C. 2006. *Foundations of Bilingual Education and Bilingualism*. Clevedon: Multilingual Matters.

Batstone, R. 1994. *Grammar*. Oxford: Oxford University Press.

Bergeron, B. S. and M. Bradbury-Wolff. 2002. *Teaching Reading Strategies in the Primary Grades*. New York, NY: Scholastic Books.

Berk, L. 2000. *Child Development*. Needham Heights, MA: Pearson Education Company.

Berk, L. 2005. *Child Development*. Boston: Allyn and Bacon.

Berk, L. E. and A. Winsler. 1995. *Scaffolding Children's Learning: Vygotsky and Early Childhood Education*. Washington D.C.: NAEYC.

Berril, D. P. and M. Gall. 2000. *Penpal Programs in the Primary Classroom*. Markham, ON, Canada: Pemroke Publishers.

Best, D. L. and Ornstein, P. A. 1986. Children's generation and communication of mnemonic organisational strategies. *Developmental Psychology*, 22: 845-853.

Binet, A. and Simon, T. 1916. *The Development of Intelligence in Children*. Vineland, NJ: Publications of the Training School at Vineland(reprinted 1980 by Williams Publishing Co, Nashville, TN).

Birdsong, D. 1999. *Second Language Aquisition and the Critical Period Hypothesis*. Mahwah, NJ: Lawrence Erlbaum Associates.

Biriotti, L. 1999. *Grammar is Fun: Young Pathfinder 8*. London: CILT.

Bjorklund, D. F. and Jacobs, J. W. 1985. Associative and categorical processes in children's memory: The role of automaticity in the development of organisation in free recall. *Journal of Experimental Child Psychology*, 39: 599-617.

Blachowicz, C. L. and P. Fisher. 2000. Vocabulary Instruction. *Handbook of Reading Research Volume Ⅲ* (Kamil, M. L., P. B. Mosenthal, and R. Barr. eds.). Mahwah, NJ: Lawrence Earlbaum.

Blondin, C., M. Candelier, P. Edelenbos, R. Johnstone, A. Kubanek-Gernab, and T. Taeschner. 1998. *Foreign Language in Primary and Preschllo Education: a Review of Recent Research within the Europe Union*. London: CILT.

Bosch, L. and Sebástian-Gallés, N. 1997. Native-language recognition abilities in 4-month-old infants from monolingual and bilingual environment. *Cognition*, 65: 33-69.

Bourke, K. 1999. *The Grammar Lab: Books 1-2*. Oxford: Oxford University Press.

Bradshaw, D. and J. Hadfield. 2003. *Excellent Book1. Harlow*, UK: Pearson, Longman.

Brand, M. 2004. *Word-Savvy: Integrating Vocabulary, Spelling and Word Study: Grades 3-6*. Portland, ME: Stenhouse Publishers.

Brewster, J., G. Ellis, and D. Girard. 2002. *The Primary English Teacher's Guide*. Harlow: Penguin English.

Brazelton, B. and S. Greenspan. 2000. *The Irreducible Needs of Children: What Every Child Must Have to Grow, Learn, and Flourish.* Cambridge, UK: Perseus Publishing.

Brindley, G. 2003. Classroom-Based Assessment. In D. Nunan(ed.), *Practical English Language Teaching.* New York, NY: McGraw-Hill, 309-328.

British Dyslexia Association. *Indications of Dyslexia.* [updated 2 March 2004; cited 6 May 2005]. Available from http://www.bda-dyslexia.org.uk/extra320.html.

Brown, H. D. 2000. *Principles of Second Language Learning and Teaching. 4th ed.* White Plains, NY: Addison Wasley-Longman.

Brown, H. D. 2007. *Teaching by principles.* 2nd ed. White Plains, NY: Addison Wasley-Longman.

Brumfit, C., Moon, J. and Tongue, R.(eds). 1991. *Teaching English to Children.* London: Collins ELT.

Bruner, J. S. and A. Garton. 1978. *Human Growth and Development.* Oxford: Clarendon Press.

Brunswick, E., Goldscheider, L. and Pilek, E. 1932. Untersuchungen zur Entwiklung des Gedachtnisses (Studies on the development of memory). In W. Stern and O. Lippmann(eds.), *Beihefte zur Zeitscrift fur Angewadte Psychologie* 64. Leipzig: Ambrosius Barth.

Brunzel, P. 2002. *Kulturbezogenes Lernen und Interkuturalitát. Zur Entwiklung kultureller konnotationen im Französischunterricht der sekundarstufe I. (the Topic of culture and Interculturality: Study on the Development of Cultural Connotations in the Teaching of French at the Lower Secondary Level).* Tübingen: Narr.

Buis, K. 2004. *Making Words Stick.* Ontario, Canada: Pembroke Publishers.

Burke, J. 2000. *Reading Reminders: Tools, Tips and Techniques.* Portsmouth, NH: Heinemann Boynton/Cook.

Burstall, C., M. Jamieson, S. Cohen, and M. Hargreaves. 1974. *Primary French in Balance.* Slough: NFER Publishing Company.

Butler, Y. 2004. What levels of English proficiency do elementary school teachers need to attain to teach EFL? Case studies from Korea, Taiwan, and Japan. *TESOL Quarterly,* 38(2): 245-278.

Cabrera, M.P. and P.B. Martinez. 2001. The effects of repetition, comprehension checks, and gestures, on primary school children in an EFL situation. *ELT Journal,* 55(3): 281-288.

Cameron, L. 2001. *Teaching Languages to Young Learners.* Cambridge, UK: Cambridge University Press.

Campbell, R. 2002. *Reading in the Early Years: Handbook.*(2nd ed.). Buckingham: Open University Press.

Candlin, C. and Derrick, J. 1973. *Language.* London: CRE.

Carlo, M. S., D. August, B. McLaughlin, C. E. Snow, C. Dressler, D. Lippman, T. Lively, and C. White. 2004. Closing the gap; addressing the vocabulary needs of English language learners in bilingual and mainstream classrooms. *Reading Research Quarterly,* 39.2: 188-215.

Celece-Murcia, M. 2001. *Teaching English as a Second or Foreign Language.* 3rd ed. Boston, MA: Heinle & Heinle.

Centre for Information on Language Teaching and Research(CILT). *My Languages portfolio* [updated 2001; cited 11 May 2005]. Available from http://www. nacell.org.uk/resources/pub_cilt/portforlio.pdf.

Chang, Bok-Myung. 2002. The Development of English Educational Materials based in the 7th National Curriculum of Korea. *Journal of Pan-Pacific Association of Applied Linguistics*, 6(1): 15-29.

Chang, Bok-Myung. 2007. Historical Survey on the English Education Development in Korea in *World Englishes and Miscommunications,* 13-25. Tokyo: Waseda University Press.

Chang, Bok-Myung. 2008. English Acquisition through NNS-NNS Interaction in EFL Context. *English Language and Literature Teaching*, 13(2): 1-23.

Chang, Bok-Myung. 2009. Korea's Education Policy Innovations to Lead the Nation into the Globalized World. *Journal of Pan-Pacific Association of Applied Linguistics*, 13(1): 83-97.

Chang, Bok-Myung. 2010. Cultural Identity in Korean English. *Journal of Pan-Pacific Association of Applied Linguistics*, 14(1): 131-145.

Chang, Bok-Myung. 2011. The Roles of English Language Education in Asian Context. *Journal of Pan-Pacific Association of Applied Linguistics*, 15(1): 191-206.

Chang, Bok-Myung. 2012. The Effect of International Distance Learning on University-level English Language Education in Korea. *Journal of the Korea English Education Society*, 11(2): 1-24.

Charrington, M. and C. Covill. 2003. *Peekaboo 1*. Oxford, UK: Macmillan Education.

Child Guidance Clinic. *Child Guidance Clinic* [updated Fabruary 2005, cited 14 May 2005]. Available from http://www.childguidanceclinic.ca/.

Chin, N. B. and Wigglesworth, G. 2007. *Bilingualism: An Advanced Resource Book*. London: Routledge.

Clark, M. 1990. *The Best of Aesop's Fables*. London: Walker Books Ltd.

Cohen, D. 2002. *How the Child's Mind Develops*. Hove: Routledge.

Cohen, S. P., Tucker, R. and Lambert, W. E. 1967. The comparative skills of monolinguals and bilinguals in perceiving phoneme sequences. *Language and Speech*, 10: 159-168.

Collins, K. 2004. *Growing Readers*. Portland, ME: Stenhouse Publishers.

Comeau, L., Genesee, F. and Lapaquette, L. 2003. The modeling hypothesis and child bilingual code-mixing. *International Journal of Bilingualism*, 7: 113-126.

Conn-Beall, P., S. Hagen-Nipp, N. Spense-Klein, and L. Guida. 2002. *Wee Sing 25th Anniversary Celebration. Los Angeles*, CA: Price Stern Sloan.

Creese, A. and Martin, P. 2003. Multilingual classroom ecologies: Interrelationships, interactions and ideologies. *International Journal of Bilingual Education and Bilingualism*, 6(3-4): 161-167.

Cook, G. 2000. *Language Play, Language Learning*. Oxford, UK: Oxford University Press.

Cook, V. 1986. *Second Language Learning and Language Teaching. 3rd ed*. New York, NY: Arnold Publishers.

Corden, R. 2000. *Literacy and Learning through Talks: Strategies for the Primary Classroom*. Buckingham: Open University Press.

Council of Europe. 2001. *Language Portfolios for Children*. London: Centre of Information on Language Teaching.

Cowley, J. 1999. *Mrs. Wishy-Washy*. Bothel, WA: The Wright Group.

Cummins, J. 1981. The role of primary language development in promoting educational success for language minority children. In California State Department of Education(eds.), *Schooling and Language Minority Students: A Theoretical Framework*. Los Angeles: Evaluation, Dissemination and Assessment Centre, 3-49.

Cummins, J. 1983. Language proficiency and academic achievement. In J. Oller(ed.), *Issues in Language Testing Research*. Rowley, MA: Newbury House, 108-129.

Cummins, J. 1984. *Bilingualism and Special Education: Issues in Assessment and Pedagogy*. Clevedon: Multilingual Matters.

Cummins, J. 2000. Putting language proficiency in its place. In J. Cenoz and U. Jessner(eds.), English in Europe; The Acquisition of a Third Language. Clevedon: Multilingual Matters, 54-83.

Cummins, J. 2003. Bilingual education. Basic principles. In J.-M. Dewaele, A. Housen and Li wei(eds.), *Bilingualism: Beyond Basic Principles*. Multilingual Matters, 56-66.

Cummins, J. and Corson, D.(eds.) 1997. *The Encyclopedia of Language and Education 5: Bilingual Education*. Dordrecht: Kluwer.

Cunningsworth, A. 1995. *Choosing your Course Book*. Oxford: Macmillan.

Cunningham, A. and R. Shagoury. 2005. *Starting with Comprehension: Reading Strategies for the Youngest Learners*. Portland, ME: Stenhouse Publishers.

Daniels, H. and M. Bizar 2004. *Teaching the Best Practice Way; Methods that Matter K-12*. Portland, ME: Stenhouse Publishers.

Datta, M. and C. Pomphrey. 2004. *A World of Languages: Developing Children's Love of Languages: Young Pathfinder 2*. London: CILT.

Davies, P. 2004. *All Aboard!* 2. Oxford, UK: Macmillan Educational Publishers.

Davine, M., Tucker, R. and Lambert, W. E. 1971. The perception of phoneme sequences by monolingual and bilingual elementary school children. *Canadian Journal of Behavioural Science*, 3: 72-76.

Day, E. and Shapson, S. 1996. *Studies in Immersion Education*. Clevedon: Multilingual Matters.

Decarrico, J. S. 2001. Vocabulary learning and teaching. *Teaching English as a Second or Foreign Language*. 3rd ed.(M. Celce-Murcia ed.), Boston, MA: Heinle & Heinle.

De Houwer, A. 1995. Bilingual language acquisition. In P. Fletcher and B. MacWhinney(eds.), *The Handbook of Child Language. Oxford: Blackwell*, 219-250.

Derrick, J. 1977. *Language Needs of Minority Group Children*. Windsor, UK: NFER.

Diaz-Rico, L. and K. Weed. In Press. *The Crosscultural, Language and Academic Development Handbook: A Complete K-12 Refrence Guide*. Boston, MA: Allyn and Bacon.

Dorn, L. J. and C. Soffos. 2001. *Scaffolding Young Writers: A Writers' Workshop Approach*. Portland, ME: Stenhouse Publishers.

Dudeney, G. 2000. *The Internet and the Language Classroom*. Cambridge: Cambridge University Press.

Dulay, H. and Burt, M. 1974. Natural sequences of child second language acquisition. *Language Learning*, 24: 37-53. Reprinted in E. Hatch(ed.), *Second Language Acquisition: A Book of Readings. Rowley*, MA:

Newbury House.

Eccles, J. and R. Harold. 1996. *Family Involvement in Children's and Adolescents' schooling.* In Dumn, J. and A. Booth. Family-School Links: How Do They Effect Educational Outcomes? Mahwah, NJ: Lawrence Erlbaum.

Echevarria, J., D. Short, and m.E. Vogt. 2000. *Making Content Comprehensible for English Lanugage Learners.* Needham, MA: Allyn & Bacon.

Edelenbos, P., Jhonstone, R. and Kubanek, A. 2006. *The main pedagogical Principles Underlying the Teaching of Languages to Very Young Learners.* Brussels: European Commission.

Edwards, H. p., Doutriaux, C. W., McCarrey, H. and Fu, L. 1977. *Evaluation of the Federally and provincially funded extensions of the second language programmes in the school of the Ottawa Roman Catholic Separate School Board, Ottawa.* Ottawa: Roman Catholic Separate School Board.

Egan, L. H. 2001. *Best Ever Vocabulary and Word Study Games: Grades 4-8.* New York, NY: Scholastic Books.

Eilers, R. E., Pearson, B. Z. and Cobo-lewis, A. B. 2006. Social factors in bilingual development: The Miami experience. In P. Mccardle and E. Hoff(eds.), *Childhood Bilingualism: Research on Infancy through school Age.* Clevedon: Multilingual matters, 68-90.

Eisele, B., R. Hanlon, C. Eisele, S. Hanlon, and B. Hojel. 2004. *Hip Hip Hopray!* 3 White Plains, NY: Longman Pearson Education.

Elkind, D. 2001. *The Hurried Child: Growing up Too Fast Too Soon, 3rd ed.* Cambridge, MA: Perseus.

Ellis, R. 1997. *SLA Research and Language Teaching.* Oxford, UK: Oxford University Press.

Ellis, G. and J. Brewster. 2002. *Tell It Again: The New Storytelling Handbook for Primary Teachers.* London, UK: Longman, Penguin Books.

Enomoto, K. 1994. L2 perceptual acquisition: The effect of multilingual linguistic experience on the perception of less novel contrast. *Edinburgh Working Papers in Applied Linguistics*, 5: 15-29.

Finchler, J. and K. O'Malley. 2000. *Testing Miss Malarkey.* New York, NY: Walker & Company.

Fischer, K. W. and Rose, S. P. 1995. Concurrent cycles in the dynamic development of brain and behaviour. *SRCD Newsletter* 3-4: 15-16.

Flavell, J. H. 1992. Cognitive development: past, present and future. *Developmental Psychology*, 28: 998-1005.

Flavell, J. H. 2000. Development of children's knowledge about the mental world. *International Journal of Behavioural Development*, 24: 15-23.

Flege, J. E. 1999. *Age of Learning and Second Language Speech.* In Bird Song D. Second Language Acquisition and the Critical Period Hypothesis Mahwah. NJ: Lawrence Erlabum.

Fowles, C. 2002. Vocabulary Notebooks: implementation and outcomes. *ELT Journal*, 54/4: 380-389. *Longman Children's Picture Dictionary.* 2003. Hong Kong, PRC: Pearson Education North Asia Limited.

Freeman D. and Y. Freeman. 2004. *Essential Linguistics.* Portsmouth, NH: Heinemann.

Garajová, K. 2001. *Fremdaprachen in primaschulbereich.* Marburg: Tectum.

Garcia Mayo, M. P. and Garcia Lecumberri, M. L.(eds.), 2003. *Age and the Acquisition of english as a foreign Language*. Clevedon: Multilingual matters.

Gardner, H. 1985. *Frames of Mind*. New York, NY: basic Books.

Garvie, E. 1990. *Story as a Vehicle*. Clevedon: Multilingual Matters.

Geller, K. 2001. *Follow the Directions and Drwa it All by Yourself*. New York, NY: Scholastic Books.

Genesee, F. 1983. Bilingual education of majority language children: The immersion experiments in review. *Applied Psycholinguistics*, 4: 1-46.

Genesee, F. 1987. *Learning Through Two Languages*. Cambridge, MA: Newbury House.

Genesee, F., Holobow, N., Lambert, W. E., Cleghorn, A. and Walling, R. 1985. The linguistic and academic development of English speaking children in French schools: Grade four outcomes. *Canadian Modern Language Review*, 41(4): 669-685.

Genesee, F., Nicoladis, E. and Paradis, J. 1995. Language differentiation in early bilingual development. *Journal of Child Language*, 22: 611-631.

Gibbons, P. 2002. *Scaffolding Language, Scaffolding Learning: Teaching Second Language Learners in the Mainstream Classroom*. Portsmouth NH: Heinemann.

Girbert, I. 2003. *Essential Motivation in the Classroom*. London and New York: RoutedgeFalmer, Taylor and Francis Group.

Goto Butler, Y. 2004. 'What levels of English Proficiency do elementary school teachers need to attain to teach EFL? Case studies from Korea, Taiwan, and Japan.' *TESOL Quarterly* 38(2): 245-278.

Graham, C. 1979. *Jazz Chants for Children*. New York, NY: Oxford University Press.

Greig, A. and J. Taylor. 1999. *Doing Research with Children*. London: Sage Publications.

Greenwell, J. 2003. *Kid's Safari*. New York, NY: McGraw-Hill.

Gronlund, G. and B. Engel. 2001. *Focused Portfolios: A complete Assesment for the Young Child*. St. Paul, MN: Red Leaf Press, A Division of Resources for Child Caring.

Grosjean, F. 1994. Indivisual bilingualism. *The Encyclopedia of Language and Linguistics*. Oxford: Pergamon, 1656-1660.

Gunning, T. G. 2004. *Creating Literacy Instruction for All Children*. Boston, MA: Allyn and Bacon.

Halliwell, S. 1992. *Teaching English in the Primary Classroom*. Harlow: Longman.

Hammerly, H. 1982. *Sythesis in Second Language Teaching: An Introduction to Languistics*. Blaine, Wash.: Second Language Publications.

Harley, B. and Hard, D. 1997. Language aptitude and second language proficiency in classroom learners of different starting ages. *Studies in Second Language Acquisition*, 19: 379-400.

Harley, B., Hart, D. and Lapkin, S. 1986. The effects of early bilingual schooling on first language skills. *Applied Psycholinguistics*, 7(4): 295-322.

Hawkins, E. 1984. *Awareness of Language: An Introduction*. Cambridge: Cambridge University Press.

Head, K. and Taylor, P. 1997. *Readings in Teacher Development*. Oxford: Heinemann.

Heilman, A. W. 2002. *Phonics in Proper Perspective*. 9th ed. Upper Saddle Rive, NJ: Merrill-Prentice Hall.

Hill, D. 2003. Survey: Graded Readers. *ELT Journal*, 55(3): 300-324.

Hong, E. and R. Milgram. 2000. *Homework: Motivation and Learning Preference*. Westport, CT: Bergin and Garvey.

Hudelson, S. 1994. *Literacy Development of Second Language Children(Gennese, F. ed.) Educating Second Language Children: The whole child, the whole curriculum, the whole community*. Cambridge, UK: Cambridge University Press.

Hyltenstam, K. and N. Abrahamsson. 2001. Age and L2 Learning: The hazards of matching practical "implications" with theoretical "facts." *TESOL Quarterly*, 35: 151-170.

Jantscher, E. and Landsiedler, I. 2000. Foreign language education at Australia primary schools: An overview. In M. Nikolov and H. Curtain(eds.), *An early Start: Young Learners and Modern Languages in Europe and Beyond*. Strasbourg: Council of Europe, 13-28.

Johnson, R. K. and Swain, M.(eds.) 1997. *Immersion Education: International Perspectives*. Cambridge: Cambridge University Press.

Johnstone, R. 1999. *Education Through Immersion in a Second or Additional Language at School: Evidence from International Research*. Stirling: Scottish CILT.

Johnstone, R. 2002. Addressing the age factor: Some implications for language policy. Strasbourg: Council of Europe.

Kachru, B. B. 1992. *The Other Tongue: English across Cultures*. Champaign, IL: University of Illinois Press.

Kail, R. 1993. The role of a global mechanism in developmental change in speed of processing. In M. L. Howe and R. Pasnak(eds.), *Emerging Themes in Cognitive Development 1: Foundations*. New York: Springer Verlag.

Kail, R. 1997. Processing time, imagery and spatial memory. *Journal of Experimental Child Psychology*, 64: 67-78.

Kennedy, T. J., Nelson, J. K., Odell, M. R. L and Austin, L. K. 2000. The FLES attitudinal inventory. *Foreign Language Annals*, 33(3): 278-289.

Kitchener, K. S., Lynch, C. L., Fischer, K. W. and Wood, P. K. 1993. Developmental range of reflective judgment: The effect of contextual support and practice of developmental stage. *Developmental Psychology*, 29: 893-906.

Klein, E. C. 1995. Second versus third language acquisition: Is there a difference? *Language Learning*, 45: 419-465.

Krashen, S.D. 1986. *The Input Hypothesis: Issues and Implications*. London, UK: Longman.

Krashen, S.D. 1987. *Principles and Practice in Second Language Acquisition*. Upper Saddle River, NJ: Prentice-Hall International.

Kubanek-German, A. 1998. Primary foreign language teaching in Europe – trends and issues. State of the art survey article. *Language Teaching*, 31: 193-205.

Kunzinger, E. L. 1985. A short therm longitudinal study of memorial development during early grade school. *Developmental Psychology*, 21: 642-646.

Lanvers, U. 1999. Infant bilingualism: A longitudinal case study of two bilingual siblings. Exeter University, UK.

Lanza, E. 1997. *Language Mixing in Infant Bilingualism*: A Sociolinguistic Perspective. Oxford: Clarendon Press.

Lasagabaster, D. 1997. *Creatividad y conciencia metalingüística: Incidencia en el aprendizaje del inglés como* L3. Leioa: University of the Basque Country.

Lasagabaster, D. 2000. Three languages and three linguistic models in the Basque educational system. In J. Cenoz and U. Jessner(eds.), *English in Europe*: The Acquisition of a Third Language. Clevedon: Multilingual Matters, 179-197.

Lawrence, D. 1987. *Enhancing Self-esteem in the Classroom*. London: Paul Chapman.

Learning Disabilities Association of America. *Attention Deficit Disodrer/Attention Deficit Hyperactivity Disorder* (ADD/ADHD). [updated 2 March 2004; cited 6 May 2005]. Available from http://www.ldantal.org/aboutld/teachers/understanding/ adhd.asp.

Legutke, M. K., Müller-Hartmann, A., Schocker-v. Ditfurth, M. 2009. *Teaching English in the Primary School*. Stuttgart: Klett Lerntraining.

Leopold, W. 1949. Original invention in language. *Symposium*, 3: 66-75.

Levick, M. 1998. *See What I'm Saying: What Children Tell US Through Their Art*. Dubuque, IA: Islewest Publishing.

Levinson, M. 1999. *The Demands of Liberal Education*. Oxford, UK: Oxford University Press.

Lewis, G. 2004. *The Internet and Young Learners: Resource Books for Teachers of Young Students*. Oxford, UK: Oxford University Press.

Lightfoot, S. L. 1978. *Worlds Apart: Relationships between Families and School*. New York, NY: Basic Books.

Likata, T. 2003. Interkulturelle Bildung und Erziehung im Fremdsprachenunterricht der Grundschule. Begründung- Konzepte- Bewährung. Dissertation, Passau University.

Lindholm-Leary, K. J. 2001. *Dual Language Education*. Clevedon: Multilingual Matters.

Linse, T. Caroline. 2006. *Practical English Language Teaching: Young Learners*. MaGraw-Hill ESL/EFL.

Linse, C. 1997. *The Treasured Mailbox: How to Use Authentic Correspondence with Children in Grades K-6*. Portmouth, NH: Heinemann Educational book.

Linse, C. and E. Schottman. 2002. *Fingerprints First Letters 2*. Oxford, UK: Macmillan Educational Books.

Low, L., Brown, S., Johnstone, R. and Pirrie, A. 1995. *Foreign Languages in Primary schools: Evaluation of the Scottish Pilot Project* 1993-1995: *Final Report*. Stirling: Scottish CILT.

McGilly, K. and Siegler, R. S. 1990. The influence of encoding and strategic knowledge on children's choices among serial recall strategies. *Developmental Psychology*, 26: 931-941.

McGraw-Hill Math 2nd Grade Student Book. 2001. New York, NY: McGraw-Hill.

McLaughlin, B. 1994. *Second Language Acquisition in Childhood, Vol. 1 Preschool Children* Hillsdale, NJ: Lawrence Erlbaum Associates.

McLaughlin, B. and Nayak, N. 1989. Processing a new language: Does Knowing other languages make a difference? In H. W. Dechert and M. Raupach(eds.), *Interlingual Processes*. Tübigen: Gunter Narr, 5-16.

MaGraw-Hill Science 2nd Grade Student Book. 2001. New York, NY: McGraw-Hill.

Marinova-Todd, S., D. B. Marshall, and C. Snow. 2001. Missing the point: A response to Hyltentam and Abrahamsson. *TESOL Quarterly*. 35: 171-176.

Marinova-Todd, S.K., B. Marshall, and C. Snow. 2003. Three Misconceptions about Age and L2 Learning. *TESOL Quarterly* 34(1): 15-33.

McCaleb. S. P. 1997. *Building Communities of Learners: A Collaboration among Teachers, Students, Families, and community*. TESOL Quarterly, 35: 171-176.

McClellan D.E. and L.G Katz. *Assessing Children's Social Competence*. [updated 2001; cited 31 March 2005]. Available from http://vtaide.com/png/ERIC/Social- Competence-Checklist.htm.

McKeown, M. G. and I. Beck. 2003. Chapter 2: Direct and rich vocabulary instruction. *Vocabulary instruction: Research to practice* (J. Baumnann and E. Kame'eum eds.). New York, NY: Guilford Publications.

Meisel, J. M. 1994. Code-switching on young bilingual children: The acquisition of grammatical constraints. *Studies in Second Language Acquisition*, 16: 413-441.

Methold, K., S. Procter, M. Graham, M. McIntosh, and P. FitzGerald. 2001. *Gogo loves English* 2. Hong Kong, PRC: Longman Asia ELT.

Miller, G. A. 1956. The magical number seven, plus or minus two: some limits on our capacity for processing information. *The Psychological Review*, 63(1): 81-97.

Moon, J. 2000. *Children Learning English*. Oxford, UK: Macmillan Education.

Morgan, J. and M. Rinvoucri. 2003. *Vocabulary. 2nd ed.* Oxford, UK: Oxford University Press.

Muñoz, C. 2000. Bilingualism and trilingualism in school students in Catalonia. In J. Cenoz and U. Jessner(eds.), *English in Europe: The acquisition of a Third Language*. Clevedon: Multilingual Matters, 157-178.

Murray, B. P. 2002. *The New Teacher's Complete Sourcebook. Grades K-4*. New York, NY: Scholastic Professional Books.

Murphy, J. 2003. Pronunciation. *In D. Nunan*(ed.), *Practical English Language Teaching*. New York, NY: McGraw-Hill, 111-128.

Nation, I.S.P. 2003. Vocabulary. In D. Nunan(ed.), *Practical English Language Teaching*. New York, NY: McGraw-Hill, 129-152.

Nation, R. and McLaughlin, B. 1986. Novices and experts: An information processing approach to the 'good language learner' problem. *Applied Psycholinguistics*, 7: 41-56.

National Institute of Child Health and Human Development. 2000. Chapter 4: Comprehension, Part Ⅰ, Vocabulary Instruction. *Report of the National Reading Panel: Teaching children to read, an evidence-based assessment of the scientific literature on reading and its implications for reading instruction.(NIH Publication No. 00-4754)*. Washington, D.C: U.S. Government Printing Office,

4/13-4/35.

Nayak, N., Hansen, N., Krueger, N. and McLaughlin, B. 1990. Language-learning strategies in monolingual and multilingual adults. *Language Learning*, 40: 221-244.

Nicholson-Nelson, K. 1998. *Developing Students; Multiple Intelligences*. New York, NY: Scholastic Professional Books.

Nicoladis, E. and Genesee, F. 1998. Parental discourse and code-mixing in bilingual children. *International Journal of Bilingualism*, 2: 85-100.

Nicoladis, E. and Secco, G. 2000. The role of a child's productive vocabulary in the language choice of a bilingual family. *First Language*, 58: 3-28.

Nikolov, M. 1999. Why do you learn English? Because the teacher is short. A study of Hungarian children's foreign language learning motivation. *Language Teaching Research*, 3(1): 33-56.

Nikolov, M. 2000. The critical period hypothesis reconsidered: Successful adult learners of Hungarian and English. *International Review of Applied Linguistics in Language Teaching*, 38 (2): 109-124.

Nikolov, M. and Curtain, H. (eds.) 2000. *An Early Start: Young Learners and Modern Languages in Europe and Beyond*. European Centre for Modern Languages, Strasbourg: Council of Europe Publishing.

Nixon, C., and M. Tomlinson. 2003. *Primary Grammar Box: Grammar games and activities for young learners*. Cambridge, UK: cambridge University Press.

Nunan, D. 1989. *Designing Tasks for the Communicative Classroom*. Oxford: Oxford University Press.

Nunan, D. 2003. Methodology. In D. Nunan(ed.), *Practical English Language Teaching*. New York, NY: McGraw-Hill, 3-22.

Nunan, D. 2003. The Impact of English as a Global Language on Educational Policies and Practices in the Asia-Pacific Region. *TESOL Quarterly*. 37: 589-613.

Nurturing Social Emotional Development of Gifted Children(n.d.). [cited 31 march 2005]. Available from http://www.mental-health-matters.com/articles/article. php?artID=398

Ohta, A. S. 2001. *Second Language Acquisition Processes in the Classroom: Learning Japanese*. London: Lawrence Erlbaum Associates.

Olson, C. B. 2003. *The Reading/Writing Strategies for Teaching and Learning in the Secondary Classroom*. Boston, MA; Allyn and Bacon.

O'Malley, M. and L. Valdez-Pierce. 1996. *Authentic Assessment for English Language Learners: Practical Approaches for Teachers. Reading*, MA: Addison-Wesley.

Ornstein, P. A., Naus, M. J. and Liberty, C. 1975. Rehearsal and organisational processes in children's memory. *Child Development*, 46: 818-830.

Oxford, Rebecca et al. 1998. Clashing metaphors about classroom teachers: Toward a systematic typology for the language teaching field. *System* 26: 3-50.

Paradis, J. 2001. Do bilingual two-year-olds have separate phonological systems? *International Journal of Bilingualism*, 5(1): 19-38.

Paradis, J. 2005. Grammatical morphology in children learning English as a second language: Implications of similarities with specific language impairment. *Language, Speech, and Hearing Services in Schools*, 36: 172-187.

Paradis, J., Nicoladis, E. and Genesee, F. 2000. Early emergence of structural constraints on code-mixing: Evidence from French-English bilingual children. In F. Genesee(ed.), *Bilingualism: Language and cognition*. Cambridge: Cambridge University Press, 245-261.

Patterson, J. L. and Pearson, B. Z. 2004. Bilingual lexical development: Influences, contexts and processes. In B. A. Goldstein(ed.), *Bilingual language Development and Disorders in Spanish-English Speakers*. Baltimore, MD: Brookes Publishing, 77-104.

Paul, D. 2003. *Teaching English to Children in Asia*. Hong Kong, PRC: Longman Asia ELT.

Peal, E. and Lambert, W. 1962. The relation of bilingualism to intelligence. *Psychological Monographs*, 76: 1-23.

Pearson, B. Z., Fernandez, S. C. and Oller, D. K. 1993. Lexical development in bilingual infants and toddlers. *Language Learning*, 43: 93-120.

Phillips, S. 1993. *Young Learners*(Resource Books for Teachers). Oxford: Oxford University Press.

Pinter, A. 2006. *Teaching Young Language Learners*. Oxford Handbooks for Language Teachers. Oxford: Oxford University Press.

Pinter, A. 2011. *Children Learning Second Languages*. Palgrave Macmillan.

Paget, J. 1926.1955. *The language and Thought of the Child*. London: Routledge and Kegan Paul.

Piper, T. 1993. *Language for All our Children*. New York, NY: Merrill (Imprint of Macmillian).

Romaine, S. 1995. *Bilingualism*.(2nd ed.). Oxford: Blackwell.

Reilly, V. and S. K. Ward. 1997. *Very Young Learners*(Resource Books for Teachers). Oxford: Oxford University Press.

Rixon, S. 2000. Collecting eagle's eye and more intimate data on young learners of English. In M. Crook and A. Hughes(eds.), *Teaching English to Young Learners: First International TEYL Research Seminar Papers*. York, UK: EFL Unit, University of York.

Rogoff, B. 1990. *Apprenticeship in Thinking: Cognitive Development in Social Context*. Oxford: Oxford University Press.

Romaine, S. 1995. *Bilingualism*. Oxford: Blackwell.

Ronjat, J. 1913. *Le Développement du langage observé chez un enfant bilingue*. Paris: Champion.

Rosenfeld, A. and N. Wise. 2000. *The Over Scheduled Child: Avoiding the Hyper Parenting Trap*. New York, New York: St. Martin's Press.

Satchwell, P. 1997. *Keep Talking: Teaching in the Target Language: Young Pathfinder 4*. London: CILT.

Saunders, G. 1983. *Bilingual Children: Guidance for the Family*. Clevedon: Multilingual Matters.

Schneider, W. 2006. Memory development in childhood. In U. Goswami(ed.), *Blackwell Handbook of Childhood Cognitive Development*. Oxford: Blackwell Publishing, 236-256.

Schneider, W. and Bjorklund, D. F. 1992. Expertise, aptitude and strategic remembering. *Child Development*, 63: 461-473.

Schneider, W. and Bjorklund, D. F. 2003. Memory and knowledge development. In J. Valsiner and K. J. Connolly(eds.), *Handbook of Developmental Psychology*. London: Sage. 370-404.

Seeley, C. and E. Romijin. 1991. *TPR Is More than Commands-At All Levels*. Berkeley, CA: Command Performance Language Institute.

Shin, S. J. 2005. *Developing in Two Languages*. Clevedon: Multilingual Matters.

Siegler, R. S. 1995. How does change occur: A microgenetic study of number conservation. *Cognitive Psychology*, 28: 225-273.

Siegler, R. S. 1996. *Emerging Minds: The Process of Change in Children's Thinking*. New York. Oxford University Press.

Simon, H. A. 1974. How big is a chunk? *Science*, 183: 482-488.

Singleton, D. 1987. Mother-and other-tongue influence on learner French. *Studies in Second Language Acquisition*, 9: 327-346.

Singleton, D. and L. Ryan. 2004. *Language Acquisition: The Age Factor*.(2nd ed.). Clevedon: Multilingual Matters.

Skutgabb-Kangas, T. and Toukomaa, P. 1976. *Teaching Migrant Children's Mother Tongue and Learning the Language of the Host Country in the Context of the Sociocultural Situation of the Migrant Family*. Helsinki: The Finnish National Commission for UNESCO.

Slattery, M., and J. Willis. 2003. *English for Primary Teachers Resource Book for Teachers of Young Students*. Oxford, UK: Oxford University Press.

Sokolik, M. 2003. Writing. In D. Nunan(ed.), Practical English Language Teaching New York, NY: McGraw-Hill, 87-107.

Strutt, G. F., Anderson, D. R. and Well, A. D. 1975. A developmental study of the effects of irrelevant information on speeded classification. *Journal of Experimental Child Psychology*, 20: 127-135.

Suárez-Orozco, M. M., Suárez orozco, C. and Baolian Qin, D.(eds.) 2005. *The New Immigration*. London: Routledge.

Sundin, K. 2000. English as a first foreign language for young learners: Sweden. In M. Nikolov and H. Curtain(eds.), *An Early Start: Young Learners and Modern Languages in Europe and Beyond*. Strasbourg: Council of Europe, 151-158.

Swan, M. 2000. The output hypothesis and beyond: Mediating acquisition through collaborative dialogue. In J. P. Lantolf(ed.), *Sociocultural Theory and Second Language Learning*. Oxford: Oxford University Press, 97-114.

Swain, M. and Lapkin, S. 1995. Problems in output and the cognitive processes they generate: A Step towards second language learning. *Applied Linguistics*, 16(3): 371-391.

Swain, M., and S. Lapkin. 1998. 'Interaciton and second language learning: two adolescent French immersion students working together.' *The Modern Language Journal*, 83: 320-338.

Tharp, R. G. and Gallimore, R. 1988. *Rousing Minds to Life: Teaching, Learning and Schooling in Social Context*. Cambridge: Cambridge University Press.

Thatcher, R. W. Lyon, G. R., Rumsey, J. and Krasnegor, J. 1996. *Developmental Neuroimaging*. San Diego, CA: Academic Press.

Thomas, W. and Collier, V. 2003. The multiple benefits of dual language. *Educational Leadership*, 61: 61-64.

Thomsen, H. 2003. Scaffolding target language use in D. Little, J. Ridley, and E. Ushida(eds.): *Learner Autonomy in the Foreign Language Classroom: Teacher, Learner, Curriculum and Assessment*. Dublin: Authentik.

Thornbury, S. 2002. *How to Teach Vocabulary*. Essex, UK: Pearson, Longman.

Tomilinson, C.A. 1999. *The Differentiated Classroom: Responding to the Needs of All Learners*. Alexandria, VA: ASCD(Association for Supervision and Curriculum Development)

Tomlinson B.(ed.). 2003. *Developing Materials for Language Teachers*. London: Continuum Cromwell Press.

Tompkins, G. E. 2000. *Teaching Writing: Balancing Product and Product*. Upper Saddle River, NJ: Prentice Hall, Pearson.

Vaca, J. L, R. T. vaca, and M. K. Grove. 1995. *Reading and Learning to Read*. New York, NY: HarperCollins.

Vale, D. and Feunteun, A. 1995. *Teaching Children English*. Cambridge: Cambridge Educational Press.

Vihman, M. 1996. *Phonological Development: The Origins of Language in the Child*. Cambridge, MA: Blackwell Publishers.

Vihman, M. 1998. A developmental perspective on code-switching: Conversations between a pair of bilingual siblings. *International Journal of Bilingualism*, 2: 45-84.

Volterra, V. and Taeschner, T. 1978. The acquisition and development of language by bilingual children. *Journal of Child Language*, 5: 311-326.

Vygotsky, L. 1978. *Mind in Society*. Cambridge, MA: Harvard University Press.

Vygotsky, L. 1978. *Mind and Society: The development of higher psychological processes*. Cambridge, MA: Harvard University Press.

Vygotsky, L. 1962. *Thought and Language*. Cambridge, MA: MIT press.

Walter, T. 1996. *Amazing English: How-TO Handbook*. Reading, MA: Addision Wesley.

Warriner, D. S. 2007. Transnational literacies: Immigration, language learning and identify. *Linguistics and Education*, 3-4: 201-214.

Well, G. 1985. *Language, Learning and Education*. Windor: NFER-Nelson Publishing Company Limited.

Wightman, M. 1981. *The French Listening Comprehension Skills of Grade Six English Programme Students; Second Year of Testing*. Ottawa: Research Centre, Ottawa Board of Education.

Winzer, M. and K. Mazurek. 1998. *Special Education in Multicultural Contexts*. Upper Saddle River, NJ: Merrill-Prentice Hall.

Wong-Fillmore, L. 1983. The language learner as an individual: Implications of research on individual differences for the ESL teacher. In M. A. Clarke and J. Handscombe(eds.), On TESOL '*82: Pacific Perspectives on Language Learning and Teaching*. Washington, DC: TESOL, 157-171.

Wood, D., Bruner, J. and Ross, G. 1976. The role of tutoring in problem solving. *Journal of Child Psychology and Psychiatry*, 17: 89-100.

Wood D. J., J. S. Bruner, and G. Ross. 1976. The role of tutoring in problem solving. *Journal of Child Psychology and psychiatry*, 1976(17): 89-100.

Wragg, T. 1991. *Class Management*. London: Routledge.

Wright, A. 1997. *Creating Stories with Children*. (Resource Books for Teachers). Oxford: Oxford University Press.

Yeldin, J. 2003. *Teacher talk and writing development in an urban, English-as-a-second-language, first-grade classroom*. Cambridge, MA: Unpublished doctoral dissertation Harvard Graduate School of Education.

Young, A. and Helot, C. 2003. Language awareness and/or language learning in French primary schools today. *Language Awareness*, 12(3-4): 234-246.

유용한 WEB Site

The Child Development Institute
(www.childdevelopmentinfo.com/index.htm)

National Association for the Education of Young Children
(www.naeyc.org)

Alexander Graham Bell Association for the Deaf and Hard of Hearing
(www.agbell.org)

Songs for Teaching
(www.songsforteaching.com)

Tongue Twisters for Children
(www.indianchild.com/tongue_twisters.htm)

The International Children's Digital Library
(www.icdlbooks.org)

The International Reading Association(IRA)
(www.reading.org)

National Council of Teachers of English
(www.ncte.org)

National Writing Project
(www.writingproject.org)

Little Explorers English Picture Dictionary
(www.enchantedleraning.com/dictionary.html)

Word Central
(www.wordcentral.com)

Cambridge Young Learners English Language Tests
(www.cambridgeesol.org/exams/yle.htm)

Council of Europe: European Language Portfolio
(www.coe.int/portfolio)

Northwest Regional Lab Analytic Writing Assessment
(www.nwrel.org/assessment/index.php)

Parent Zone
(www.parentzonescotland.gov.uk)

The U.S. based Parent Teacher's Association
(www.pta.org/)

The Association for Supervision and Curriculum Development
(www.ascd.org)

찾아보기

ㄷ

ㄹ

ㅁ

ㅂ

ㅅ

장 복 명

현재 남서울대학교 영어과 교수

[학력 및 경력]
고려대학교 영어교육과 졸업
고려대학교 일반대학원(석사, 박사)
고려대학교, 동덕여자대학교, 순천향대학교, 아주대학교 강사 역임
남서울대학교 대외협력부장 역임
남서울대학교 국제문화교류원장 역임

[학회활동]
범태평양 응용언어학회(Pan-Pacific Association of Applied Linguistics) 공동부회장 역임
한국영어어문교육학회 편집이사
현대영어교육학회 홍보이사
범태평양 응용언어학회(Pan-Pacific Association of Applied Linguistics) 공동회장

[저서]
영어과 교육과정 입문(공저). 2013. 경문사
언어교수학(공저). 2011(개정판). 박영사
World Englishes and Miscommunications(공저). 2007. Waseda University
CCDL Teachers' Manual-1(공저). 2006. Waseda University
교사를 위한 영어교육의 이론과 실제(공역). 2004. 경문사
삶과 언어(공저). 2002. 경문사
영어교육의 이해(공저). 2002. 한국문화사
영어교재론(공저). 2002. 박영사
언어와 문화(공역). 2001. 박이정

[주요 논문]
2012. The Effect of International Distance Learning on University-level English Language Education in Korea, *Journal of the Korean English Education Society*, 11(2).
2011. The Roles of English Language Education in Asian Context, *Journal of Pan-Pacific Association of Applied Linguistics*, 15(1).
2010. Cultural Identity in Korean English, *Journal of Pan-Pacific Association of Applied Linguistics*, 14(1).
2009. Korea's English Education Policy Innovations to Lead the Nation into the Globalized World, *Journal of Pan-Pacific Association of Applied Linguistics*, 13(1).
2008. English Acquisition through NNS-NNS Interaction in EFL Context, *English Language & Literature Teaching*, 13(2).

어린이 영어교육

초판인쇄 2013년 8월 10일
초판발행 2013년 8월 20일

지은이 장복명
펴낸이 안종만

편 집 김선민·문선미
기획/마케팅 안상준
표지디자인 김지은
제 작 우인도·고철민

펴낸곳 (주) 박영사
서울특별시 종로구 평동 13-31번지
등록 1959. 3. 11. 제300-1959-1호(倫)
전 화 02)733-6771
f a x 02)736-4818
e-mail pys@pybook.co.kr
homepage www.pybook.co.kr
ISBN 978-89-6454-483-9 93370

정 가 16,000원